KB017986

다지쌤이 콕 집은 초등 사회/중등 역사 **교과서 필수 용어**

전국의 예비 중학생, 중학생 여러분!
'역사'하면 어떤 생각부터 드나요?
대부분의 학생들은 '양이 많고, 외울 게 많다.'라고 생각할 거예요.
외울 게 많다 보니 무엇을 정확하게 외우고 이해해야 하는지조차
어려워하고 포기하는 경우가 대부분일 테고요.

역사는 중요한 핵심 용어들만 잘 정리해 두면 어렵지 않게 공부할 수 있어요.
'3·1 운동'이 뭔지는 알아도 어떤 사건을 배경으로 일어났고, 어떤 사건에
영향을 주었는지 설명할 수 있는 사람은 드물 거예요.
하지만 '6·10 만세 운동'을 같이 공부해 놓는다면, 6·10 만세 운동이
3·1 운동을 계승했다는 사실을 어렵지 않게 기억할 수 있답니다.

서로 관련 있는 사건이나 인물, 제도 등을 함께 묶어 그 용어의 배경과
전개 과정, 영향까지 본질적으로 이해할 수 있도록 정리한 책이
바로 '뭔말 역사 용어 150'이에요.
교과서 곳곳에 흩어져 있는 관련 용어들을 묶어서 정리해 주니까
자연스럽게 역사의 흐름까지 파악할 수 있게 되지요.
학생들이 꼭 알아야 하는 핵심 용어들만 쏙쏙 뽑아 정리한
이 책으로 역사 공부를 재미있게 시작해 보세요!

자, 이제 여러분도 짹짹이가 될 준비되었나요?

역사 강사 이다지

어렵고 외울 거 많은 역사를

이다지do 쉽게

알려 준다니!

그래서

뭔말 역사 용어 150

이렇게 공부해요

Step 1 퀴즈 풀며 흥미 유발

25

한국사

주먹도끼 vs 가락바퀴 | 선사

앞에 있는 모델에게 어울리는 소품은 무엇일까요?

Q

난이도 ★★☆

다지쌤의 첫 번째 수업 주제는 'VR로 만나는 선사 시대 패션 위크'예요. 각 시대를 대표하는 모델이 멋진 포즈를 취하고 있어요. 앞에 있는 모델에게 어울리는 소품은 무엇일까요?

단서
- 구석기 시대 사람들은 막집이나 동굴에 살면서 동물의 가죽으로 옷을 만들어 입고, 주먹도끼와 같은 뗀석기를 사용했다.
- 신석기 시대 사람들은 움집에 살면서 가락바퀴와 같은 간석기로 실을 뽑아 옷을 만들어 입었다.
- 앞에 있는 모델이 서 있는 곳의 배경을 살펴보자.

① 주먹도끼 ② 가락바퀴

퀴즈 ▸ 일상 속 사례를 재미있는 퀴즈로 구성했어요. 호기심을 갖고 답을 추리하다 보면 역사 용어의 의미를 알 수 있어요.

단서 ▸ 퀴즈의 정답을 알아맞힐 수 있도록 2~3개의 단서를 제공했어요. 어렵다고 지레 겁먹지 말고 퀴즈 속 그림과 단서를 통해 차근차근 풀어 보세요.

Step 2 비교하며 본격 학습

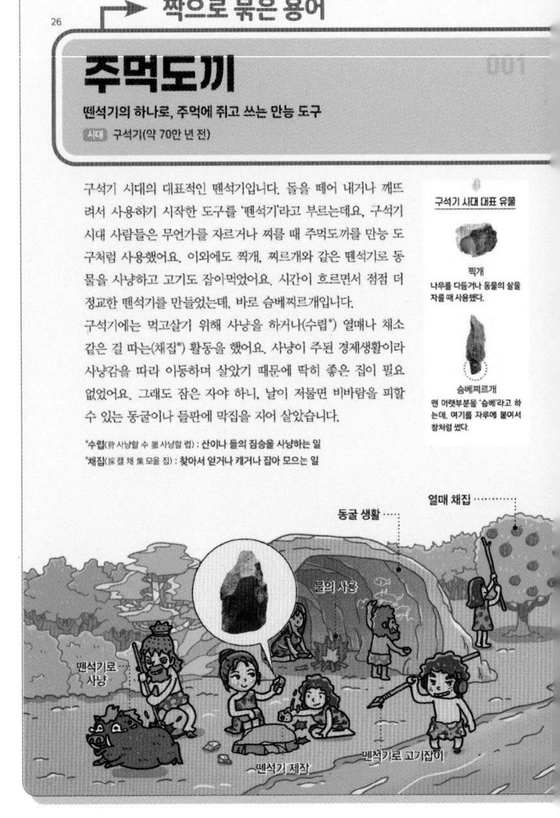

26

짝으로 묶은 용어

001

주먹도끼

뗀석기의 하나로, 주먹에 쥐고 쓰는 만능 도구

시대 구석기(약 70만 년 전)

구석기 시대의 대표적인 뗀석기입니다. 돌을 떼어 내거나 깨뜨려서 사용하기 시작한 도구를 '뗀석기'라고 부르는데요, 구석기 시대 사람들은 무언가를 자르거나 찌를 때 주먹도끼를 만능 도구처럼 사용했어요. 이외에도 찍개, 찌르개와 같은 뗀석기로 동물을 사냥하고 고기도 잡아먹었어요. 시간이 흐르면서 점점 더 정교한 뗀석기를 만들었는데, 바로 슴베찌르개입니다.

구석기에는 먹고살기 위해 사냥을 하거나(수렵*) 열매나 채소 같은 걸 따는(채집*) 활동을 했어요. 사냥이 주된 경제생활이라 사냥감을 따라 이동하며 살았기 때문에 딱히 좋은 집이 필요 없었어요. 그래도 잠은 자야 하니, 날이 저물면 비바람을 피할 수 있는 동굴이나 들판에 막집을 지어 살았습니다.

*수렵(狩 사냥할 수 獵 사냥할 렵) : 산이나 들의 짐승을 사냥하는 일

*채집(採 캘 채 集 모을 집) : 찾아서 얻거나 캐거나 잡아 모으는 일

구석기 시대 대표 유물

찍개
나무를 다듬거나 동물의 살을 자를 때 사용했다.

슴베찌르개
맨 아랫부분을 '슴베'라고 하는데, 여기를 자루에 붙여서 창처럼 썼다.

필수용어 ▸ 초·중등에서 꼭 알아야 할 역사 용어 150개를 뽑았어요. 헷갈리는 용어를 짝으로 묶어 비교하며 확실하게 개념을 익혀요.

한 줄 요약 ▸ 한자어 뜻풀이와 한 줄 요약으로 용어를 가장 쉽게 정리해요.

Step 3 핵심 정리로 마스터

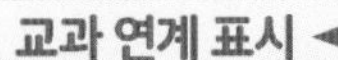

중3 선사 문화와 고대 국가의 형성

가락바퀴

002

간석기의 하나로, 실을 뽑을 때 사용하는 도구

시대 신석기(약 1만 년 전~기원전 3000년 무렵까지)

신석기 시대의 대표적인 간석기입니다. 구석기 시대 때 사람들은 동물의 가죽으로 옷을 만들어 입었지만 신석기 시대 때는 훨씬 다양한 패션이 가능해져요. 실을 뽑는 도구인 가락바퀴가 있었으니까요! 뽑아낸 실로 옷과 그물, 낚싯줄도 만들었지요.

구석기 시대까지만 해도 인간은 식량을 주어진 환경에서 얻을 수밖에 없었어요. 그러나 신석기 시대부터는 자신의 노동으로 식량을 생산하는 농사가 시작돼요. 이게 신석기 혁명이죠. 이때부터는 더 정교한 도구가 필요해져요. 그래서 탄생한 도구가 갈아 낸 돌인 '간석기'예요. 가락바퀴 말고 대표적인 간석기로 갈돌과 갈판이 있어요.

농사로 식량을 얻으니 사람들이 정착*해 살기 시작합니다. 농사에는 물이 필수적이니 강가에 자리를 잡고, 여전히 물고기도 잡아야 하니 바닷가에도 살았죠. 곡식을 저장하는 토기도 만들었어요. 밑바닥이 뾰족한 빗살무늬 토기가 대표적입니다.

*정착(定 정할 정 着 붙을 착) : 일정한 곳에 자리를 잡아 머물러 삶.

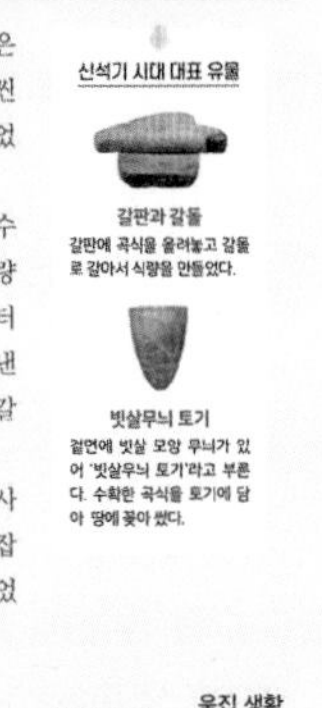

갈판과 갈돌
갈판에 곡식을 올려놓고 갈돌로 갈아서 식량을 만들었다.

빗살무늬 토기
겉면에 빗살 모양 무늬가 있어 '빗살무늬 토기'라고 부른다. 수확한 곡식을 토기에 담아 땅에 꽂아 썼다.

스토리텔링 ▶ 이야기처럼 술술 읽히도록 최대한 쉬운 말로 용어의 의미를 풀었어요. 핵심을 콕 집어낸 설명과 다양한 예시로 즐겁게 학습해요.

한 판 그림 ▶ 한 장 가득 펼쳐지는 그림을 통해 용어의 의미를 직관적으로 이해해요.

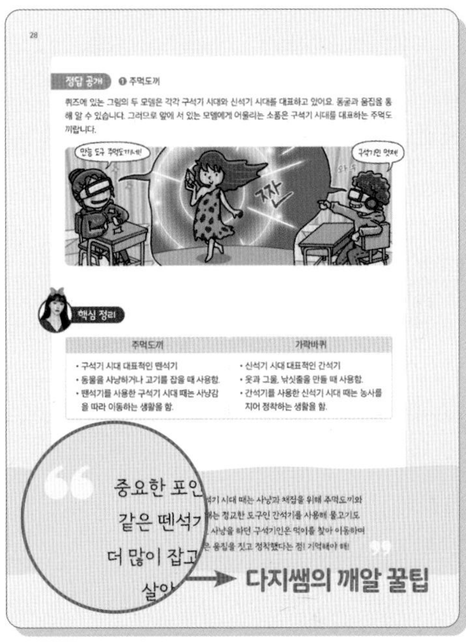

28

정답 공개 ❶ 주먹도끼

퀴즈에 있는 그림의 두 모델은 각각 구석기 시대와 신석기 시대를 대표하고 있어요. 동굴과 움집을 통해 알 수 있습니다. 그러므로 앞에 서 있는 모델에게 어울리는 소품은 구석기 시대를 대표하는 주먹도끼랍니다.

핵심 정리

주먹도끼	가락바퀴
• 구석기 시대 대표적인 뗀석기 • 동물을 사냥하거나 고기를 잡을 때 사용함. • 뗀석기를 사용한 구석기 시대 때는 사냥감을 따라 이동하는 생활을 함.	• 신석기 시대 대표적인 간석기 • 옷과 그물, 낚싯줄을 만들 때 사용함. • 간석기를 사용한 신석기 시대 때는 농사를 지어 정착하는 생활을 함.

중요한 포인 …석기 시대 때는 사냥과 채집을 위해 주먹도끼와 같은 뗀석기 …때는 정교한 도구인 간석기를 사용해 물고기도 더 많이 잡고 … 사냥을 하던 구석기인은 먹이를 찾아 이동하며 살아 …은 움집을 짓고 정착했다는 점! 기억해야 해!

핵심 ▶ 그림을 곁들인 야무진 해설과 깔끔한 표 정리로 용어 학습을 완벽하게 마무리해요.

이런 역사 용어를 배워요

이 책에서 만날 역사 용어 150

한국사

뭔말 역사 용어 150			쪽수	초·중등 교과 연계 단원
001 주먹도끼	VS	002 가락바퀴	25p	5-2 옛사람들의 삶과 문화 중3 선사 문화와 고대 국가의 형성
003 고조선	VS	004 위만 조선	29p	5-2 옛사람들의 삶과 문화 중3 선사 문화와 고대 국가의 형성
005 근초고왕	VS	006 소수림왕	33p	5-2 옛사람들의 삶과 문화 중3 선사 문화와 고대 국가의 형성
007 광개토 대왕	VS	008 장수왕	37p	5-2 옛사람들의 삶과 문화 중3 선사 문화와 고대 국가의 형성
009 성왕	VS	010 진흥왕	41p	5-2 옛사람들의 삶과 문화 중3 선사 문화와 고대 국가의 형성
011 굴식 돌방무덤	VS	012 돌무지덧널무덤	45p	5-2 옛사람들의 삶과 문화 중3 선사 문화와 고대 국가의 형성
013 울산항	VS	014 벽란도	49p	5-2 옛사람들의 삶과 문화 중3 남북국 시대의 전개 중3 고려의 성립과 변천
015 무구정광대다라니경	VS	016 팔만대장경	53p	5-2 옛사람들의 삶과 문화 중3 남북국 시대의 전개 중3 고려의 성립과 변천
017 원효	VS	018 의상	57p	5-2 옛사람들의 삶과 문화 중3 남북국 시대의 전개

뭔말 역사 용어 150			쪽수	초·중등 교과 연계 단원
019 교종	VS	020 선종	61p	5-2 옛사람들의 삶과 문화 중3 남북국 시대의 전개
021 후백제	VS	022 후고구려	65p	5-2 옛사람들의 삶과 문화 중3 남북국 시대의 전개
023 서희	VS	024 윤관	69p	5-2 옛사람들의 삶과 문화 중3 고려의 성립과 변천
025 식목도감	VS	026 교정도감	73p	5-2 옛사람들의 삶과 문화 중3 고려의 성립과 변천
027 고려 삼사	VS	028 조선 삼사	77p	5-2 옛사람들의 삶과 문화 중3 고려의 성립과 변천 중3 조선의 성립과 발전
029 노비안검법	VS	030 전민변정도감	81p	5-2 옛사람들의 삶과 문화 중3 고려의 성립과 변천
031 음서	VS	032 과거	85p	5-2 옛사람들의 삶과 문화 중3 고려의 성립과 변천 중3 조선의 성립과 발전
033 삼국사기	VS	034 삼국유사	89p	5-2 옛사람들의 삶과 문화 중3 고려의 성립과 변천
035 의천	VS	036 지눌	93p	5-2 옛사람들의 삶과 문화 중3 고려의 성립과 변천
037 국자감	VS	038 성균관	97p	5-2 옛사람들의 삶과 문화 중3 고려의 성립과 변천 중3 조선의 성립과 발전

이런 역사 용어를 배워요

뭔말 역사 용어 150			쪽수	초·중등 교과 연계 단원
039 일천즉천	VS	040 노비종모법	101p	5-2 옛사람들의 삶과 문화 중3 고려의 성립과 변천 중3 조선 사회의 변동
041 상감 청자	VS	042 백자	105p	5-2 옛사람들의 삶과 문화 중3 고려의 성립과 변천 중3 조선의 성립과 발전
043 은병	VS	044 상평통보	109p	5-2 옛사람들의 삶과 문화 5-2 사회의 새로운 변화와 오늘날의 우리 중3 고려의 성립과 변천 중3 조선 사회의 변동
045 권문세족	VS	046 신진 사대부	113p	5-2 옛사람들의 삶과 문화 중3 고려의 성립과 변천
047 농상집요	VS	048 농사직설	117p	5-2 옛사람들의 삶과 문화 중3 고려의 성립과 변천 중3 조선의 성립과 발전
049 집현전	VS	050 규장각	121p	5-2 옛사람들의 삶과 문화 5-2 사회의 새로운 변화와 오늘날의 우리 중3 조선의 성립과 발전 중3 조선 사회의 변동
051 의정부	VS	052 비변사	125p	5-2 옛사람들의 삶과 문화 중3 조선의 성립과 발전 중3 조선 사회의 변동
053 사대	VS	054 교린	129p	5-2 옛사람들의 삶과 문화 중3 조선의 성립과 발전
055 훈구	VS	056 사림	133p	5-2 옛사람들의 삶과 문화 중3 조선의 성립과 발전
057 서원	VS	058 향약	137p	5-2 옛사람들의 삶과 문화 중3 조선의 성립과 발전

뭔말 역사 용어 150			쪽수	초·중등 교과 연계 단원
059 임진왜란	VS	060 병자호란	141p	5-2 옛사람들의 삶과 문화 중3 조선의 성립과 발전
061 북벌	VS	062 북학	145p	5-2 사회의 새로운 변화와 오늘날의 우리 중3 조선의 성립과 발전
063 남인	VS	064 서인	149p	5-2 옛사람들의 삶과 문화 중3 조선 사회의 변동
065 영조	VS	066 정조	153p	5-2 사회의 새로운 변화와 오늘날의 우리 중3 조선 사회의 변동
067 대동법	VS	068 균역법	157p	5-2 옛사람들의 삶과 문화 5-2 사회의 새로운 변화와 오늘날의 우리 중3 조선 사회의 변동
069 통신사	VS	070 연행사	161p	5-2 옛사람들의 삶과 문화 중3 조선 사회의 변동
071 풍속화	VS	072 민화	165p	5-2 사회의 새로운 변화와 오늘날의 우리 중3 조선 사회의 변동
073 개화파	VS	074 위정척사파	169p	5-2 사회의 새로운 변화와 오늘날의 우리 중3 근·현대 사회의 전개
075 갑신정변	VS	076 갑오개혁	173p	5-2 사회의 새로운 변화와 오늘날의 우리 중3 근·현대 사회의 전개
077 독립 협회	VS	078 대한 제국	177p	5-2 사회의 새로운 변화와 오늘날의 우리 중3 근·현대 사회의 전개

이런 역사 용어를 배워요

뭔말 역사 용어 150			쪽수	초·중등 교과 연계 단원
079 만민 공동회	VS	080 관민 공동회	181p	5-2 사회의 새로운 변화와 오늘날의 우리 중3 근·현대 사회의 전개
081 국채 보상 운동	VS	082 물산 장려 운동	185p	5-2 사회의 새로운 변화와 오늘날의 우리 중3 근·현대 사회의 전개
083 신민회	VS	084 신간회	189p	5-2 사회의 새로운 변화와 오늘날의 우리 중3 근·현대 사회의 전개
085 무단 통치	VS	086 문화 통치	193p	5-2 사회의 새로운 변화와 오늘날의 우리 중3 근·현대 사회의 전개
087 토지 조사 사업	VS	088 산미 증식 계획	197p	5-2 사회의 새로운 변화와 오늘날의 우리 중3 근·현대 사회의 전개
089 3·1 운동	VS	090 6·10 만세 운동	201p	5-2 사회의 새로운 변화와 오늘날의 우리 중3 근·현대 사회의 전개
091 봉오동 전투	VS	092 청산리 대첩	205p	5-2 사회의 새로운 변화와 오늘날의 우리 중3 근·현대 사회의 전개
093 의열단	VS	094 한인 애국단	209p	5-2 사회의 새로운 변화와 오늘날의 우리 중3 근·현대 사회의 전개
095 조선 의용대	VS	096 한국 광복군	213p	5-2 사회의 새로운 변화와 오늘날의 우리 중3 근·현대 사회의 전개

뭔말 역사 용어 150			쪽수	초·중등 교과 연계 단원
097 발췌 개헌	VS	098 사사오입 개헌	217p	5-2 사회의 새로운 변화와 오늘날의 우리 6-1 우리나라의 정치 발전 중3 근·현대 사회의 전개
099 5·18 민주화 운동	VS	100 6월 민주 항쟁	221p	6-1 우리나라의 정치 발전 중3 근·현대 사회의 전개
101 7·4 남북 공동 성명	VS	102 6·15 남북 공동 선언	225p	5-2 사회의 새로운 변화와 오늘날의 우리 6-2 통일 한국의 미래와 지구촌의 평화 중3 근·현대 사회의 전개
세계사				
103 메소포타미아 문명	VS	104 이집트 문명	231p	중2 문명의 발생과 고대 세계의 형성
105 인도 문명	VS	106 중국 문명	235p	중2 문명의 발생과 고대 세계의 형성
107 춘추 전국 시대	VS	108 위진 남북조 시대	239p	중2 문명의 발생과 고대 세계의 형성 중2 세계 종교의 확산과 지역 문화의 형성
109 진시황제	VS	110 한 무제	243p	중2 문명의 발생과 고대 세계의 형성
111 아케메네스 왕조 페르시아	VS	112 사산 왕조 페르시아	247p	중2 문명의 발생과 고대 세계의 형성
113 아테네	VS	114 스파르타	251p	중2 문명의 발생과 고대 세계의 형성

이런 역사 용어를 배워요

뭔말 역사 용어 150			쪽수	초·중등 교과 연계 단원
115 마우리아 왕조	VS	116 굽타 왕조	255p	중2 문명의 발생과 고대 세계의 형성 중2 세계 종교의 확산과 지역 문화의 형성
117 수	VS	118 당	259p	중2 세계 종교의 확산과 지역 문화의 형성
119 나라 시대	VS	120 헤이안 시대	263p	중2 세계 종교의 확산과 지역 문화의 형성
121 카노사의 굴욕	VS	122 아비뇽 유수	267p	중2 세계 종교의 확산과 지역 문화의 형성
123 십자군 전쟁	VS	124 백년 전쟁	271p	중2 세계 종교의 확산과 지역 문화의 형성
125 르네상스	VS	126 종교 개혁	275p	중2 세계 종교의 확산과 지역 문화의 형성
127 명	VS	128 청	279p	중2 지역 세계의 교류와 변화
129 도요토미 히데요시	VS	130 도쿠가와 이에야스	283p	중2 지역 세계의 교류와 변화
131 상업 혁명	VS	132 산업 혁명	287p	중2 지역 세계의 교류와 변화 중2 제국주의 침략과 국민 국가 건설 운동

뭔말 역사 용어 150			쪽수	초·중등 교과 연계 단원
133 엘리자베스 1세	VS	134 루이 14세	291p	중2 지역 세계의 교류와 변화
135 영국 혁명	VS	136 프랑스 혁명	295p	중2 제국주의 침략과 국민 국가 건설 운동
137 러다이트 운동	VS	138 차티스트 운동	299p	중2 제국주의 침략과 국민 국가 건설 운동
139 양무운동	VS	140 변법 자강 운동	303p	중2 제국주의 침략과 국민 국가 건설 운동
141 제1차 세계 대전	VS	142 제2차 세계 대전	307p	중2 세계 대전과 사회 변동
143 대공황	VS	144 뉴딜 정책	311p	중2 세계 대전과 사회 변동
145 장제스	VS	146 마오쩌둥	315p	중2 세계 대전과 사회 변동 중2 현대 세계의 전개와 과제
147 트루먼 독트린	VS	148 닉슨 독트린	319p	중2 현대 세계의 전개와 과제
149 고르바초프	VS	150 덩샤오핑	323p	중2 현대 세계의 전개와 과제

인물 관계도

재니
• 잭슨의 누나이자 원조 짹짹이
• 역사 속 유명한 대사와 문장을 시도 때도 없이 반복함.
남매이자 라이벌(?)
애제자♥
원조 짹짹이♥
잭슨
새내기 짹짹이
소중한 집사
반려묘♥
룰루
곰이
댕댕이
룰루, 곰이, 댕댕이
• 도도하고 독립적인 다지 쌤의 고양이들
• 웬만한 사람보다 역사를 더 잘 알고 있음.
다지쌤
• 반박 불가! 현 시점 역사 분야 최고의 선생님
• 제자들을 '짹짹이'라고 부름.
제자들을 부르는 애칭. 제자들이 지식을 갈구하는 참새처럼 보인다고 붙여진 이름.
앙투안
비밀 짹짹이
비밀 짹짹이
미나

• 주변에 관심 1도 없는 초등 6학년
• 오로지 관심 있는 건 춤과 춤 영상 업로드

• 잭슨의 반에 전학 온 프랑스인 아빠와 한국인 엄마 사이에서 태어난 혼혈인
• 호기심이 많음.

• 잭슨의 소꿉친구이자 옆 반 친구
• 똑부러지고 새침함.

짹짹이들, 다지쌤을 만나다.

새벽 5시.

다지쌤의 하루가 시작되었어요. 오늘도 어김없이 다지쌤은
꼭두새벽부터 일어나 강의를 준비했어요.
"하아~. 어떤 질문들이 올라왔을까?"
강의 게시판에는 다지쌤의 시선을 이끄는 글들이 줄을 이었어요.

잠시 고민하던 다지쌤은 무언가를 결심한 듯 노트북의 키보드를 열심히 두드리기 시작했어요.

딸깍.

"다 됐다!"
다지쌤은 만족한 듯 씨익 웃었어요.

잭슨네 집
누나, 내 춤 좀 봐 줘. 택톡에 올릴 거야.
다지쌤 연구소에 가야 돼. 조교 짹짹이가 빠지면 안 되지. 미안~.
쌩~

대학생이라고 나랑 잘 놀아 주지도 않고 맨날 다지쌤, 다지쌤……. 다지쌤이 나보다 중한가!
무엇이 중하냐고!!
헐~

잭슨은 서운했어요.
누나 재니가 동생에게 원래 이렇게 무심한 건 아니었거든요.

잭슨은 누나가 대학생이 되기 전부터 조금씩 이상해지기 시작했다고 생각했어요.
'그러니까, 그게 언제부터였더라?'

몇년전
몇 년 전 겨울 방학, 그 무렵
재니는 인강을 듣기 시작했어요.
다지 쌤~

그리고 툭하면 이상한 말로
잭슨을 당혹스럽게 했죠.
대한민국
골~~!!
하나가
모두이고
모두가 하나이다!

삼일절인 3월 1일 아침, 태극기 게양을 깜빡했던 날엔
걸걸한 목소리로 이런 말을 했지요.
역사를 잊은 민족에게
미래란 없다, 이놈아!
헉
아악!
왜 이래!
그 목소리
또 뭐고!

초밥이 꼭
배처럼 생겼다!
오 정말!
신에게는 아직
12개의 초밥이
남아 있사 옵니다!!

재니가 이럴 때마다 잭슨은
알쏭달쏭하기만 했어요.
대체
뭔 말을
하는 거야?
우물우물
난 문장 수집가야.
넌 이런 말
이해 못 하지?

부모님은 그런 재니가 마음에 들었어요.
인강을 듣기 시작한 그 무렵부터
재니는 책을 들여다보기 시작했거든요.
특히 역사 성적이 수직 상승했답니다.
하지만 잭슨은 누나 재니가
영 마음에 들지 않았어요.
누군가에게 누나를
빼앗긴 것만 같았거든요.

'대체 그해 겨울 방학 때 무슨 일이 있었길래 누나가 이렇게 변한 걸까?'

지이잉

외계인에게 잠깐 납치라도 당했던 걸까?

타노스 과일

맛있어~

아니면 악당이 준 이상한 열매를 먹었나?

철썩

그것도 아니면 공부 잘하는 남자 친구가 생겼나?

갸웃

'아무리 대학생이라지만 너무해. 누나를 다시 예전으로 돌려놓겠어!

그런데, 어떻게? 무슨 수로?'

고민에 고민을 거듭하던 어느 날,
잭슨은 자신의 반 전학생인 앙투안, 소꿉친구 미나와 이야기를 나누다 깜짝 놀랐어요.

얼마 후 학교

앙투안! 이따 나랑 춤 공연 보러 가자. 전학 왔으니 동네 구경도 시켜 줄게.

짹짹이의 의무……, 아, 아니야! 미안해 잭슨! 나 못 가.

다지쌤의 오프라인 특강 이벤트

참가 대상 '예비 중을 위한 이다지의 역사 교실' 수강생

참여 방법 다지쌤이 낸 역사 퀴즈 맞히기(DM 전달)

당첨자 발표 선착순 3명 개별 연락

오늘 저녁에 나랑 춤 공연 보러 갈래? 동네 축제에 CTS 온대!

놉! 오늘은 어디 가야 해. 이 모범생 짹짹이……, 아, 아냐.

휙

← 이다지의 역사 연구소

정답은 광개토 대왕이에요!

안녕하세요. 이다지의 역사 연구소입니다. 특강 이벤트에 당첨된 것을 축하드립니다!

'**짹.짹.이?**

가만 근데 어디서 들어 봤는데……, 아, 그래 누나!!!'
잭슨은 처음엔 대수롭지 않게 생각했는데
친구들의 말을 듣고는 그게 아니라는
확신이 들었어요.
서로 관련 없는 사람들의
입에서 나온 같은 단어, 짹짹이.

'뭔가 냄새가 난다, 냄새가 나!'

방과 후 잭슨은 공연 관람 대신
미나를 몰래 따라가 보기로 했어요.
○○초등학교

두둥
이다지의
역사 연구소

쟤 뭐야.
나한테 그동안
숨기는 게
있었어?

앙투안!
아니,
앙투안까지?

미나와 앙투안은 놀란 얼굴로 서로를 쳐다보았어요.
잭슨네 반 전학생
앙투안 맞지?
너도 다지쌤을
알아?
너도
특별 강의에
당첨됐구나!?
청소함

미나와 앙투안이 연구소 안으로 들어가자
다지쌤과 재니가 아이들을 친절하게 맞아 주었어요.
너무나 반가워!
짹짹이들~.
미나야
오랜만이야.
나 선생님
조교지롱.
우와!
정말요?
스윽

잭슨은 그동안 수상했던 일들이 머릿속에서 퍼즐처럼 맞춰지는 느낌을 받았어요. 온몸에 전기가 통한 것처럼 짜릿했고 심장은 쿵쾅쿵쾅 뛰었죠. 이 모든 정황이 다지쌤을 범인(?)으로 지목하고 있었어요. 누나 재니가 수상한 말을 한 것도 인강을 수강한 후였으니까요.

'등잔 밑이 어둡다더니! 내가 왜 그걸 놓쳤지? 재니 누나를 이상하게 만든 범인은 다지쌤이었어! 다지쌤의 강의를 들었던 거야!'

잭슨은 강의실 문을 살짝 열고 안을 들여다봤어요. 👀 미나와 앙투안의 뒤통수가 보였는데 친구들이 이상한 기계를 머리에 쓰려고 했어요.

하나가 모두이고
모두가 하나이다!
앗, 왜
이 말을!
오잉?
쌩
재 뭐냥?
재
화났냥?

그때 잭슨과 재니의 대화를 듣고 있던 다지쌤이 이렇게 말했어요.
"의상 승려의 화엄 사상에 대한 이야기네. 짝짝이가 될 자격이 충분해. 그런데 지금은 수업 시간이니까 같이 수업부터 들을까? 마침 한 자리가 빈단다."

다지쌤과 눈이 마주치자 잭슨은 그만 할 말을 잊어버렸어요.
'뭐, 뭐야. 아이돌이세요? 자, 잠깐만.
근데 나더러 **수.업.을.들.으.라.고?**'

바로 그때 눈앞에 선사 시대의 풍경이 펼쳐졌어요.
그리고 다지쌤의 부드러운 목소리가 들려왔어요

짹짹이들,
본격적으로 역사 수업을
시작해 볼까?
우리나라 역사부터
재미있게 배워 보자고!

와아아아아!
신나!

슈우웅

집사!
이게 뭐냥!

짹짹이?
역사 수업?
대체 무슨 일이
벌어지는 거람!?

잭슨,
조용히 해!

쌤만
따라와!

앞에 있는 모델에게 어울리는 소품은 무엇일까요?

Q

난이도 ★★☆

다지쌤의 첫 번째 수업 주제는 'VR로 만나는 선사 시대 패션 위크'예요. 각 시대를 대표하는 모델이 멋진 포즈를 취하고 있어요. 앞에 있는 모델에게 어울리는 소품은 무엇일까요?

단서

- 구석기 시대 사람들은 막집이나 동굴에 살면서 동물의 가죽으로 옷을 만들어 입고, 주먹도끼와 같은 뗀석기를 사용했다.
- 신석기 시대 사람들은 움집에 살면서 가락바퀴와 같은 간석기로 실을 뽑아 옷을 만들어 입었다.
- 앞에 있는 모델이 서 있는 곳의 배경을 살펴보자.

① 주먹도끼 ② 가락바퀴

주먹도끼

001

뗀석기의 하나로, 주먹에 쥐고 쓰는 만능 도구

시대 구석기(약 70만 년 전)

구석기 시대의 대표적인 뗀석기입니다. 돌을 떼어 내거나 깨뜨려서 사용하기 시작한 도구를 '뗀석기'라고 부르는데요, 구석기 시대 사람들은 무언가를 자르거나 찌를 때 주먹도끼를 만능 도구처럼 사용했어요. 이외에도 찍개, 찌르개와 같은 뗀석기로 동물을 사냥하고 고기도 잡아먹었어요. 시간이 흐르면서 점점 더 정교한 뗀석기를 만들었는데, 바로 슴베찌르개입니다.

구석기에는 먹고살기 위해 사냥을 하거나(수렵*) 열매나 채소 같은 걸 따는(채집*) 활동을 했어요. 사냥이 주된 경제생활이라 사냥감을 따라 이동하며 살았기 때문에 딱히 좋은 집이 필요 없었어요. 그래도 잠은 자야 하니, 날이 저물면 비바람을 피할 수 있는 동굴이나 들판에 막집을 지어 살았습니다.

*수렵(狩 사냥할 수 獵 사냥할 렵) : 산이나 들의 짐승을 사냥하는 일

*채집(採 캘 채 集 모을 집) : 찾아서 얻거나 캐거나 잡아 모으는 일

구석기 시대 대표 유물

찍개

나무를 다듬거나 동물의 살을 자를 때 사용했다.

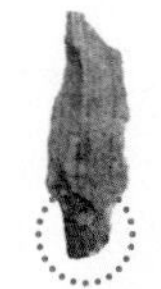

슴베찌르개

맨 아랫부분을 '슴베'라고 하는데, 여기를 자루에 붙여서 창처럼 썼다.

가락바퀴 002

간석기의 하나로, 실을 뽑을 때 사용하는 도구

시대 신석기(약 1만 년 전~기원전 3000년 무렵까지)

신석기 시대의 대표적인 간석기입니다. 구석기 시대 때 사람들은 동물의 가죽으로 옷을 만들어 입었지만 신석기 시대 때는 훨씬 다양한 패션이 가능해져요. 실을 뽑는 도구인 가락바퀴가 있었으니까요! 뽑아낸 실로 옷과 그물, 낚싯줄도 만들었지요.

구석기 시대까지만 해도 인간은 식량을 주어진 환경에서 얻을 수밖에 없었어요. 그러나 신석기 시대부터는 자신의 노동으로 식량을 생산하는 농사가 시작돼요. 이게 신석기 혁명이죠. 이때부터는 더 정교한 도구가 필요해져요. 그래서 탄생한 도구가 갈아 낸 돌인 '간석기'예요. 가락바퀴 말고 대표적인 간석기로 갈돌과 갈판이 있어요.

농사로 식량을 얻으니 사람들이 정착*해 살기 시작합니다. 농사에는 물이 필수적이니 강가에 자리를 잡고, 여전히 물고기도 잡아야 하니 바닷가에도 살았죠. 곡식을 저장하는 토기도 만들었어요. 밑바닥이 뾰족한 빗살무늬 토기가 대표적입니다.

*정착(定 정할 정 着 붙을 착) : 일정한 곳에 자리를 잡아 머물러 삶.

신석기 시대 대표 유물

갈판과 갈돌
갈판에 곡식을 올려놓고 갈돌로 갈아서 식량을 만들었다.

빗살무늬 토기
겉면에 빗살 모양 무늬가 있어 '빗살무늬 토기'라고 부른다. 수확한 곡식을 토기에 담아 땅에 꽂아 썼다.

정답 공개 ❶ 주먹도끼

퀴즈에 있는 그림의 두 모델은 각각 구석기 시대와 신석기 시대를 대표하고 있어요. 동굴과 움집을 통해 알 수 있습니다. 그러므로 앞에 서 있는 모델에게 어울리는 소품은 구석기 시대를 대표하는 주먹도끼랍니다.

주먹도끼	가락바퀴
• 구석기 시대 대표적인 뗀석기 • 동물을 사냥하거나 고기를 잡을 때 사용함. • 뗀석기를 사용한 구석기 시대 때는 사냥감을 따라 이동하는 생활을 함.	• 신석기 시대 대표적인 간석기 • 옷과 그물, 낚싯줄을 만들 때 사용함. • 간석기를 사용한 신석기 시대 때는 농사를 지어 정착하는 생활을 함.

“ 중요한 포인트는 바로 ‘경제’야. 구석기 시대 때는 사냥과 채집을 위해 주먹도끼와 같은 뗀석기를 썼고, 신석기 시대 때는 정교한 도구인 간석기를 사용해 물고기도 더 많이 잡고 농사도 지을 수 있었어. 사냥을 하던 구석기인은 먹이를 찾아 이동하며 살았고, 농사를 지은 신석기인은 움집을 짓고 정착했다는 점! 기억해야 해! ”

앙투안이 발견한 것은 고조선의 어느 시기에 더 많이 생겨난 것일까요?

Q

난이도 ★★★

패션 위크를 구경한 후, 다지쌤과 아이들은 시간 여행을 통해 고조선에 오게 되었어요. 고고학자처럼 유물과 유적을 발견해 보기로 했는데요, 앙투안이 발견한 것은 고조선의 어느 시기에 많이 더 생겨난 것일까요?

단서

- 고조선은 우리나라 최초의 국가이다.
- 위만이라는 사람이 고조선에 온 후, 철기를 적극적으로 수용하면서 나라가 더욱 발전했다.
- 다지쌤의 말에 주목해 보자.

❶ 위만의 이주 이전

❷ 위만의 이주 이후

고조선 古 朝 鮮

옛 고 아침 조 고울 선

003

단군왕검이 세운 우리나라 최초의 국가

문화 청동기

기원전 2333년, 단군왕검이 '널리 인간을 이롭게 한다.'는 홍익인간의 이념을 내세워 세운 국가입니다. '단군'은 제사장을 의미하고 '왕검'은 임금을 뜻해요. 종교적 지배자와 정치적 지배자가 일치한 제정일치 사회라는 걸 알 수 있지요. 하지만! 그냥 제정일치라고 외우면 안 돼요. 어떤 문화를 배경으로 고조선이 세워졌을까요? 바로 청동기 문화예요. 청동은 많이 생산되지도 못하고, 많이 단단한 것도 아니었어요. 강한 무기와 군사력을 갖추고 힘으로 사람들을 통제할 수 없었죠. 지배층이 피지배층을 지배하는 방법은 주먹이 아닌 '신의 권위'였어요. "나는 신의 목소리를 들을 수 있는 사람이니 내 통제에 따르라!" 이거예요.

철기가 등장하면서 제정이 분리됩니다. 철기는 단단하고 많이 생산되니까 철제 무기가 보급되면서 전쟁이 치열해져요. 고조선에는 철기가 기원전 4세기 무렵 유입되지만 널리 쓰인 시기는 위만이 온 이후입니다.

청동기 시대 대표 유물

반달 돌칼 민무늬 토기

청동기 시대 때는 벼농사가 시작되어 수확용 도구와 토기가 많이 만들어졌다.

고인돌 비파형 동검

계급의 등장으로, 지배층이 죽으면 고인돌이라는 무덤을 만들어 청동 검, 청동 거울을 함께 묻었다.

환웅이 신하들을 데리고 지상으로 내려온 후 웅녀와 결혼해 단군왕검을 낳음.
풍백
운사
우사
응애 응애

단군왕검이 세운 고조선은 제정일치 사회였고, 지배층이 죽으면 고인돌을 만들고 법도 있었음.
신의 목소리가 들린다!!

위만 조선 衛 滿 朝 鮮 004

지킬 위 찰 만 아침 조 고울 선

위만이 집권한 기원전 2세기경부터 기원전 108년까지의 고조선

문화 철기

위만은 기원전 2세기경 중국의 혼란기를 피해 약 1,000명 정도의 무리를 이끌고 고조선으로 넘어온 사람입니다. 위만은 조선인의 옷을 입고 상투를 틀고 온 고조선 계통의 사람이었어요. 그런데 위만도 사람인지라 욕심이 생겼어요. 이 시기 고조선에 철기가 있긴 했지만 많이 퍼져 있지는 않았어요. 그러니 자신이 데려온 사람들 절반만 철제 무기로 무장*해도 왕위를 뺏는 게 가능해 보였어요. 결국 위만은 쿠데타를 일으켰고, 이후부터 '위만 조선'이라고 부릅니다. 위만 조선이 되면서 고조선은 최고 전성기를 맞습니다. 점점 강력해진 위만 조선은 한반도 남쪽 나라들과 중국의 한 사이에서 중계 무역으로 경제적 이익을 얻기도 했어요.

중국의 한은 세력이 커지는 위만 조선을 경계하여 침략했어요. 위만 조선은 처음 1년여 동안 저항했지만, 지배층이 분열되면서 기원전 108년에 멸망하고 맙니다. 이후 한은 고조선의 일부 지역에 군현*을 두고 통치하고자 했지만 고조선의 유민들이 저항하거나 다른 곳으로 이주하면서 한의 군현은 점차 사라졌어요.

초기 철기 시대 대표 유물

세형 동검
'한국식 동검'이라고도 부른다. 비파형 동검보다 날이 좁은 강력한 무기로, 청동기 시대 후기에서 초기 철기 시대에 주로 쓰였다.

*무장(武 호반 무 裝 꾸밀 장) : **전투에 필요한 장비를 갖춤. 또는 그 장비**

*군현(郡 고을 군 縣 고을 현) : **전국을 몇 개의 행정 구역으로 나누고 중앙에서 임명한 지방관을 파견해 다스리던 제도**

고조선 준왕 시절, 위만이 고조선에 들어오고 쿠데타를 일으켜 위만 조선이 시작됨.

우리에겐 철기가 있지.

저희를 이곳에서 살게 해 주세요!

우거왕 때 중국의 한이 위만 조선을 쳐들어와 고조선은 결국 멸망함.

정답 공개 ❶ 위만의 이주 이전

앙투안이 발견한 것은 청동으로 만든 비파형 동검이고, 이것은 청동기 시대에 많이 생겨났어요. 위만 조선 때는 철기가 많이 쓰였으므로, 철제 무기나 철제 농기구가 주로 만들어졌습니다. 따라서 앙투안이 발견한 비파형 동검이 많이 생겨난 시기는 위만의 이주 이전으로 볼 수 있어요. 잭슨과 미나가 발견한 것은 각각 고인돌과 민무늬 토기이고, 이것 또한 청동기 시대에 많이 만들어졌어요.

핵심 정리

고조선	위만 조선
• 기원전 2333년 무렵 단군왕검이 세운 우리나라 최초의 국가 • 종교적 지배자와 정치적 지배자가 같은 제정일치 사회 • 청동기 문화 기반	• 위만이 집권한 기원전 2세기경부터 기원전 108년까지의 고조선 • 중계 무역으로 많은 이익을 얻음. • 철기 문화 기반

> 고조선은 청동기 국가로 시작했지만, 위만 조선 시기에는 철기를 많이 쓰면서 나라가 전성기를 맞았어. 또한 처음에 고조선은 제정일치 사회였지만 시간이 지나면서 제정이 분리된단다!

재니가 보고 있던 드라마 속 인물은 누구일까요?

Q

난이도 ★★☆

주말 저녁, 재니가 드라마를 보고 있어요. 그런데 화면 속 인물의 대사를 듣고 재니가 갑자기 벌떡 일어나 뭐라고 소리쳤어요. 놀란 잭슨이 재니에게 화면 속 인물이 누구냐고 물어보네요. 드라마 속 인물은 누구일까요?

단서

- 평양성은 당시 고구려 땅에 있었다.
- 근초고왕은 백제의 전성기를 주도한 왕으로, 정복 활동과 외교 활동을 활발하게 펼쳤다.
- 소수림왕은 근초고왕이 파괴한 고구려를 다시 일으켜 세운 왕이다.

❶ 근초고왕 ❷ 소수림왕

근초고왕

近 가까울 근 | 肖 닮을 초 | 古 옛 고 | 王 임금 왕

005

나라의 최고 전성기를 주도한 백제의 제13대 왕

재위 기간 346년~375년

백제의 13대 왕으로, 4세기 백제의 전성기를 주도한 왕입니다. 백제는 고구려 계통의 유이민들이 한강 유역에 세운 나라예요. 과거에도 한강 일대는 금싸라기 땅이어서 한강을 차지하면 인구도 확보하고 교통로도 장악할 수 있었죠. 따라서 한강을 차지하는 순서대로 삼국의 전성기가 찾아와요.

한강을 중심으로 백제가 먼저 발전하는데, 근초고왕 때는 마한까지 정복하고 중국의 동진 및 왜와도 교류했어요. 근초고왕 때 제작된 것으로 추정되는 칠지도는 백제가 만들어 일본에 보낸 칼로, 두 나라 사이의 긴밀한 관계를 보여 주는 유물입니다.

영토를 확장하다 보니 백제와 고구려는 국경선이 점점 가까워지게 되고 결국 전쟁이 나요. 근초고왕은 고구려의 평양성을 공격했는데, 이때 고구려의 고국원왕이 전사합니다.

4세기 백제의 세력 범위

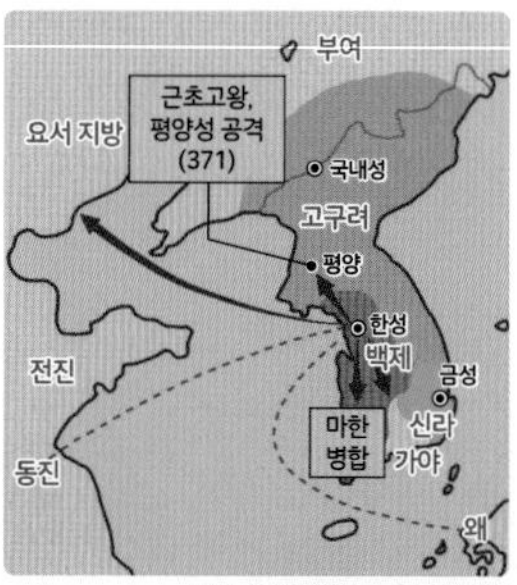

← 백제의 진출 방향 --- 교류 관계

한강 유역을 차지한 백제는 4세기 때 최고 전성기를 맞이한다.

동진 및 왜와 교류

칠지도

마한 정복

마한

고구려 아무것도 아니군.

백제

평양성

백제가 감히 우릴!

털썩

근초고왕

고국원왕

소수림왕

小 작을 소 獸 짐승 수 林 수풀 림 王 임금 왕

006

국가 체제를 정비한 고구려의 제17대 왕

재위 기간 371년~384년

고구려의 17대 왕으로, 고국원왕의 아들입니다. '위기는 또 다른 기회'라는 말이 있습니다. 위기에 어떻게 대처하느냐에 따라 역사와 운명이 갈리기도 하는데요. 고국원왕의 뒤를 이은 소수림왕은 위기 대처 능력에서 높은 점수를 주고 싶은 사람입니다. 아버지를 죽게 한 백제를 당장이라도 쳐들어가고 싶었지만 냉철하고 이성적인 소수림왕은 지금 필요한 건 분노가 아니라, 전쟁으로 인해 지친 민심을 달래고 내부 체제를 정비하는 것이라고 생각했어요.

소수림왕은 체제 정비를 위해 율령*을 반포했어요. 또 우리나라 최초로 불교를 수용해서 왕권을 강화하고 민심을 하나로 모았어요. 또 나라의 힘을 기르려면 뛰어난 인재가 많아야 하니 고급 인재를 기르기 위해 국립 학교인 태학을 세웁니다. 이름에 '클 태(太)' 자를 써서 '큰 가르침을 주는 곳'이라는 뜻을 담았죠. 소수림왕이 이렇게 탄탄하게 내부 기반을 닦아 놨기 때문에 후에 광개토 대왕과 장수왕의 전성기가 올 수 있었습니다.

***율령**(律 법 율 令 명령할 령) : **형률과 법령을 아울러 이르는 말**

정답 공개 ❶ 근초고왕

드라마 속 주인공이 마한을 정복한 후 고구려까지 공격할 작정인가 봐요. 이는 백제의 전성기를 이끈 근초고왕의 대표적인 업적이에요. 이 과정에서 근초고왕은 고구려의 평양성을 공격해 고국원왕까지 없앱니다. 역시 원조 짹짹이 재니는 근초고왕의 계획을 모두 알고 있네요!

근초고왕	소수림왕
• 백제의 제13대 왕 • 4세기 백제의 전성기를 주도함. • 마한을 정복하고 동진 및 왜와 교류함. • 평양성 공격하여 고국원왕을 죽임.	• 고구려의 제19대 왕 • 고국원왕의 뒤를 이은 후 고구려를 재건함. • 율령 반포, 불교 수용, 태학 설립 등으로 내부 기반을 다짐.

“

4세기 최대 라이벌이었던 백제와 고구려!
근초고왕과 소수림왕은 각자의 자리에서 최선을 다한 4세기의 주인공들이야.
근초고왕이 외부로 쭉쭉 영토를 넓혀 나갔다면, 소수림왕은 학교도 세우고
법도 반포하면서 내실을 다져 나간 거지!

”

비석에는 어떤 왕에 대한 내용이 쓰여 있을까요?

Q

난이도 ★★☆

잭슨, 미나, 앙투안이 박물관에 갔어요. 아이들이 비석의 탁본을 보고 있네요. 이 비석에는 어떤 왕에 대한 내용이 쓰여 있을까요?

단서

- 광개토 대왕은 우리나라 왕 중에 가장 넓은 영토를 차지하고 최초로 연호를 사용했다.
- 장수왕은 광개토 대왕의 아들로, 수도를 국내성에서 평양으로 옮겼다.
- 장수왕은 아버지의 업적을 널리 알리기 위해 광개토 대왕릉비를 세웠다.

❶ 광개토 대왕 ❷ 장수왕

광개토 대왕 廣 開 土 大 王 007

넓을 광 열 개 흙 토 큰 대 임금 왕

영토를 가장 크게 넓힌 고구려의 제19대 왕

재위 기간 391년~412년

광개토 대왕은 '넓을 광'이라는 한자 뜻에 맞게 이름 그대로 엄청나게 영토를 확장한 왕입니다. 우리나라 역사상 최대 영토를 개척했기 때문에 '대왕' 혹은 '태왕'이라는 호칭으로 불려요. 광개토 대왕은 우리나라 최초로 연호를 썼어요. 연호는 임금이 즉위한 해에 붙이던 칭호예요. 그의 연호는 '영원한 즐거움'이란 뜻의 '영락'이었어요. 광개토 대왕은 이름에 걸맞게 즉위하자마자 대대적인 정복 사업을 했어요. 만주 지방으로 진출해서 거란, 후연을 공격하지요. 또 철천지원수! 백제를 공격해서 한강 이북을 차지했습니다. 남쪽 나라인 신라에 침입한 왜구를 물리치기도 했어요. 광개토 대왕의 이러한 눈부신 정복 활동은 그의 아들 장수왕이 세운 광개토 대왕릉비에 기록되어 있습니다.

광개토 대왕 하면 여러분들 머릿속엔 아마 강인하고 중후한 장수의 모습이 떠오를 거예요. 하지만 광개토 대왕이 이렇게 화려하게 만주 벌판을 호령했던 나이는 겨우 18살이었어요. 역사 속에서 18살은 많은 것을 바꿀 수 있는 나이랍니다!

#연호를 사용하는 광개토 대왕

#왜구를 소탕하는 광개토 대왕

장수왕 長壽王

長 긴 장 壽 목숨 수 王 임금 왕

008

한강 유역을 차지한 고구려의 제20대 왕

재위 기간 412년~491년

장수왕은 이름처럼 오래 산 왕입니다. 장수왕은 남쪽으로 눈을 돌렸어요. 한강을 완전히 차지하려고 한 거죠. 그래서 남쪽으로 진출하기 쉽도록 도읍을 국내성에서 평양으로 옮겨 남진* 정책을 펼쳤습니다. 도읍을 옮긴 후에는 본격적으로 한강을 차지하기 위해 백제와 전쟁을 하게 돼요. 백제는 신라와 나제 동맹*을 맺고 장수왕의 공세를 막아 보려 했으나 역부족이었죠. 결국 한강 유역의 백제의 수도 한성이 함락됩니다. 역사상 최초로 고구려가 한강 전역을 장악하는 순간입니다! 이런 역사적인 일은 기념을 해야 하잖아요. 그래서 장수왕은 고구려의 최남단 한강에 비석을 세워요. 남한강 유역인 충주에 세워진 충주 고구려비가 바로 장수왕이 세운 비석입니다.

*남진(南 남쪽 남 進 나아갈 진) : 남쪽으로 나아감.

*나제 동맹(羅 그물 나 濟 건널 제 同 한가지 동 盟 맹세 맹) : 신라와 백제가 고구려의 남진을 막기 위해 맺은 동맹

#도읍을 옮겨 남진 정책을 도모하는 장수왕

#남한강 유역에 충주 고구려비를 세우는 장수왕

정답 공개 ❶ 광개토 대왕

이 비석의 이름은 '광개토 대왕릉비'예요. 광개토 대왕의 업적들이 쓰여 있어요. 이 비석은 그의 아들인 장수왕이 414년(장수왕 3년)에 아버지의 업적을 찬양하기 위해 광개토 대왕 무덤 곁에 세운 비석이지요. 높이 6.3m, 아파트 3층 높이의 큰 비석이에요. 지금의 중국에 세워졌기 때문에 실제 비석을 본떠 우리나라의 박물관 등에 모형을 만들어 놓았어요.

광개토 대왕	장수왕
• 고구려의 제19대 왕 • 우리나라 최초로 연호를 사용함. • 한강 이북, 만주까지 영토를 확장함.	• 고구려의 제20대 왕 • 남진 정책을 추진함. • 한강 전역을 차지하고 기념비를 세움.

"광개토 대왕이 대대적인 정복 사업을 시작한 왕이었다면, 장수왕은 정복 사업을 완성한 사람이야. 광개토 대왕은 북쪽의 만주를 비롯해서 백제가 차지했던 금싸라기 땅, 한강을 일부 가져오고, 장수왕은 한강을 모두 차지하잖아. 아버지와 아들의 관계인 이 둘은 고구려 역사에서 빼놓을 수 없는 사람들이란다."

앙투안이 맡은 역할은 누구일까요?

Q

난이도 ★★☆

학교 연극제 연습이 한창이에요. '관산성 전투'를 다룬 이 연극에서 잭슨은 '병사3' 역할을 맡았어요. 투덜거리는 잭슨 앞에 나타난 앙투안은 근사한 왕의 복장을 하고 있어요. 앙투안이 맡은 역할은 누구일까요?

단서

- 성왕은 백제의 왕, 진흥왕은 신라의 왕이다.
- 관산성 전투에서 신라가 이긴다.
- 미나의 말에 주목해 보자.

❶ 성왕 ❷ 진흥왕

성왕 聖 王

성인 성 임금 왕

009

나라의 중흥을 위해 노력한 백제의 제26대 왕

재위 기간 523년~554년

6세기 백제의 중흥을 위해 노력한 왕입니다. 5세기 장수왕의 남진 정책으로 백제는 한성에서 웅진(공주)으로 도읍을 옮겼어요. 웅진은 방어에 좋은 지역이었지만 땅이 너무 좁아 수도를 다시 옮길 필요가 있었어요. 그래서 성왕은 더 넓은 지역인 사비(부여)로 천도*하고 나라 이름도 백제에서 '남부여'로 바꿉니다. 지금은 고구려의 침입을 받고 있지만 고구려와 똑같이 부여를 계승한 대등한 나라라는 걸 보여 주고 싶었던 거예요.

성왕은 고구려에 빼앗긴 한강을 되찾기 위해 신라의 진흥왕과 힘을 합쳐서 마침내 한강을 되찾습니다. 한강 상류는 신라가 갖고 한강 하류는 백제가 차지하기로 하죠. 백제는 정말 기뻤습니다. 무려 100년 만에 한강을 되찾았으니까요. 이렇게 기뻐하고 있을 때 누가 찬물을 끼얹어요. 바로 진흥왕이었어요. 신라가 백제와의 약속을 지키지 않고 한강 하류까지 다 장악해 버렸기 때문이에요. 백제는 이용만 당한 거예요. 그 뒤 성왕은 관산성 전투에서 신라에 맞서 싸우다가 전사했습니다.

*천도(遷 옮길 천 都 도읍 도) : 도읍을 옮김.

① 고구려 장수왕에 맞서 백제 비유왕과 신라 눌지왕이 나제 동맹을 맺음.

② 이후 백제 성왕과 신라 진흥왕이 힘을 합쳐 한강을 차지한 고구려를 몰아냄.

③ 성왕과 진흥왕이 한강을 되찾음.

진흥왕 眞 興 王

참 진 일어날 흥 임금 왕

010

나라의 최고 전성기를 주도한 신라의 제24대 왕

재위 기간 540년~576년

④ 평화도 잠시, 진흥왕이 나제 동맹을 깨고 한강을 모두 차지함.

⑤ 성왕이 신라에 맞서 싸우다가 관산성 전투에서 전사함.

⑥ 진흥왕은 영토를 더 넓히고 이를 기념하기 위해 순수비를 세움.

6세기 중반, 안정된 통치로 신라의 전성기를 주도한 왕입니다. 먼저 백제의 성왕과 손을 잡고 고구려가 차지했던 한강 유역을 빼앗습니다. 이때까지만 해도 신라와 백제의 사이는 굉장히 좋았어요. 그러나 반쪽짜리 한강 유역에 만족하지 않았던 진흥왕은 나제 동맹을 깨 버리고 한강을 모두 차지하고 만답니다. 자신감이 오른 진흥왕은 고령의 대가야를 정복했고 고구려 영토인 함흥평야 일대까지 진출하지요. 이를 기념하여 진흥왕은 단양 신라 적성비와 순수비를 세웠어요.

진흥왕의 눈부신 정복 활동은 '화랑도' 덕분에 가능한 것이었어요. 화랑도는 인재를 양성하고 군사력을 키우기 위해 만든 국가적인 조직이지요.

한편, 진흥왕은 백성들을 정신적으로 통합하기 위해 황룡사를 세워 불교를 장려하기도 했습니다.

정답 공개 ❶ 성왕

앙투안이 맡은 역할은 백제의 성왕이에요. 신라와 손을 잡고 한강 유역을 되찾지만 진흥왕의 배신으로 다시 한강을 몽땅 빼앗기고 말아요. 미나가 앙투안을 보며 곧 죽는다고 말하는 걸 봐서 앙투안은 관산성 전투에서 전사한 성왕을 맡았다는 걸 알 수 있어요.

핵심 정리

성왕	진흥왕
• 백제의 제26대 왕 • 진흥왕과 연합해 한강 유역을 되차지함. • 진흥왕의 배신으로 신라에 맞서 싸우다 관산성 전투에서 전사함.	• 신라의 제24대 왕 • 나제 동맹을 깨고 한강을 모두 차지함. • 화랑도를 조직하고 황룡사를 세움. • 영토를 확장하며 순수비를 세움.

“처음에 성왕과 장수왕은 같은 목표를 갖고 있었어. 고구려를 공격하여 한강을 되찾는다는 거지. 하지만 한강이 금싸라기 땅이었다는 말을 기억하지? 진흥왕은 그런 한강을 나누는 게 싫었어. 성왕이 죽으면서 백제는 막 자라던 중흥의 싹이 잘리고 만 거지. 이때부터 신라는 백제의 철천지원수가 되었단다.”

이 무덤에서 발견할 수 없는 것은 무엇일까요?

Q

난이도 ★★★

다지쌤과 아이들이 경주로 역사 여행을 떠났어요. 대릉원의 천마총 앞에서 다지쌤이 열심히 설명하고 있네요. 천마총은 시신을 모셨던 무덤인데요, 이 무덤에서 발견할 수 없는 것은 무엇일까요?

단서

- 경주의 옛 이름은 서라벌로, 신라의 수도였다.
- 경주에서 발견된 무덤은 돌무지덧널무덤이다.
- 다지쌤이 말한 껴묻거리는 죽은 자를 매장할 때 함께 묻는 물건이다.

❶ 벽화　　❷ 금관

굴식 돌방무덤

011

돌로 널방과 널길을 만들고 흙을 덮는 무덤 양식

국가 고구려, 백제

돌로 시신을 모시는 공간인 널방을 만들어 굴 같은 통로를 연결한 뒤, 위에 흙을 덮어서 만든 무덤입니다. 대표적인 굴식 돌방무덤으로는 고구려의 무용총, 백제의 송산리 고분군이 있어요. 고구려의 온조 왕자가 백제를 세웠기 때문에 고구려와 백제의 무덤 양식이 비슷하지요.

원래 고구려, 백제의 초기 무덤은 돌무지무덤이었어요. 시신을 넣은 널 위에 돌을 쌓았는데 벽이 없어 벽화도 못 그리고 껴묻거리 상자도 넣을 수 없었죠. 그래서 후기엔 굴식 돌방무덤으로 바뀐 거예요. 내부 공간을 만들다 보니 입구도 있었고, 벽과 천장에 벽화를 그릴 수도 있었지요. 초기 벽화에는 사냥하는 모습, 무용하는 모습 등 당시 사람들의 생활상이 그려졌어요. 옛날 사람들이 어떻게 살았는지 짐작할 수 있었지요. 후기에는 도교의 영향을 받아 사신도*를 그렸어요. 한편, 굴식 돌방무덤에는 입구가 있어서 도굴꾼들이 많은 껴묻거리를 훔쳐 가기도 했어요.

돌무지무덤

거대한 계단같이 보이는 고구려, 백제의 무덤 형태이다.

백제의 벽돌무덤

백제의 또 다른 무덤 양식. 중국의 벽돌무덤 양식에 영향을 받은 무령왕릉이 있다. 백제와 중국의 교류를 보여 준다.

***사신도**(四 넉 사 神 신 신 圖 그림 도) : **동서남북의 방위를 상징하는 신의 그림**

무용총에 그려진 수렵도(벽화)

돌무지덧널무덤

012

덧널 위에 돌을 쌓고, 흙을 덮는 무덤 양식

국가 신라

나무로 시신을 모시는 덧널을 만들고, 그 위에 돌을 쌓은 뒤 흙으로 덮어서 만든 무덤입니다. 신라는 독창적인 무덤 양식을 사용했어요. 경주에 가면 많이 볼 수 있는 언덕처럼 생긴 무덤들이 이런 돌무지덧널무덤이지요. 구조상 도굴이 어려워 많은 껴묻거리가 발굴되지요. 박물관에서 볼 수 있는 신라의 금관과 허리띠, 귀걸이 등 대부분이 이 무덤에서 나온 것들이에요. 돌무지덧널무덤에는 입구도, 내부 공간도 없기 때문에 벽화 또한 발견되지 않아요.

대표적인 돌무지덧널무덤이 천마총이고 거기서 나온 유물이 천마도예요. 잠깐! 천마도는 벽화일까요, 아닐까요? 돌무지덧널무덤에는 벽화를 그릴 공간인 벽이 없으니 벽화가 아닙니다. 껴묻거리인 말다래에 그려진 그림이에요. 말다래는 말을 탄 사람의 다리에 흙이 튀지 않도록 안장 밑에 늘어뜨리는 판이지요.

신라도 삼국을 통일한 후에는 고구려와 백제의 영향을 받아서 굴식 돌방무덤이 만들어져요.

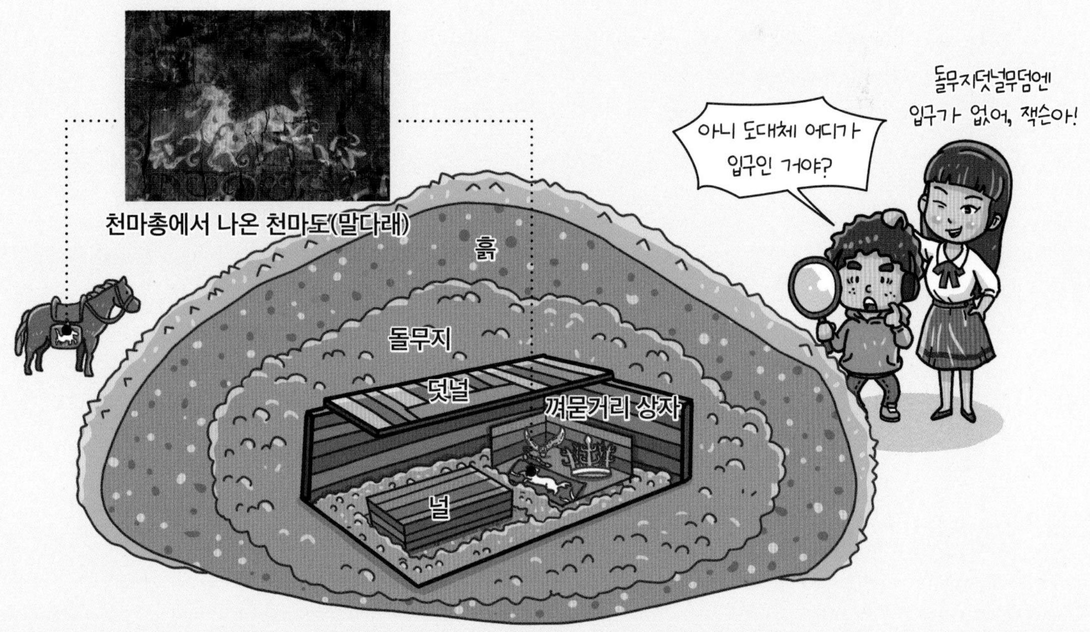
천마총에서 나온 천마도(말다래)
흙
돌무지
덧널
껴묻거리 상자
널
아니 도대체 어디가 입구인 거야?
돌무지덧널무덤엔 입구가 없어, 잭슨아!

정답 공개 ① 벽화

신라의 수도였던 경주에서 볼 수 있는 돌무지덧널무덤에는 입구가 없어서 도굴꾼들이 들어가기 힘들어요. 그래서 금관이나 허리띠 등의 껴묻거리가 많이 발견된답니다. 내부에 공간이 없기 때문에 벽화를 그려 넣을 공간도 없다는 게 특징이에요.

역사 여행 후

핵심 정리

굴식 돌방무덤	돌무지덧널무덤
• 돌로 널방과 널길을 만들고, 흙을 덮는 무덤 양식 • 내부에 공간이 있어 벽화를 그릴 수 있음. • 입구가 있어 도굴이 쉬움. • 주로 고구려, 백제에서 발견됨.	• 덧널 위에 돌을 쌓고, 흙을 덮는 무덤 양식 • 내부에 공간이 없어 벽화를 그릴 수 없음. • 입구가 없어 도굴이 어려워 껴묻거리가 많이 발견됨. • 주로 신라에서 발견됨.

"고대 사람들의 사후 세계에 대한 생각을 보여 주는 게 바로 껴묻거리와 벽화야. 고구려와 백제의 초기 무덤인 돌무지무덤과 신라의 독창적인 무덤인 돌무지덧널무덤은 내부 공간이 없으니 벽화가 없다는 걸 기억해. 반면 고구려부터 발해까지 꾸준히 만들어진 굴식 돌방무덤은 내부 공간이 있어 벽화는 남아 있지만 도굴의 위험이 있었어."

아이들은 어떤 문을 열어야 할까요?

Q

난이도 ★★☆

잭슨과 미나, 앙투안이 동네에 새로 생긴 '역사 방 탈출 게임'을 하러 갔어요. 방 안에서 찾은 힌트를 보면 아이들이 열어야 할 문을 알 수 있어요. 과연 아이들은 어떤 문을 열어야 할까요?

단서

- 울산항은 통일 신라 시대의 국제 무역항이다.
- 벽란도는 고려 시대의 국제 무역항이다.
- 중국의 당은 907년에 멸망했고, 고려는 918년에 세워졌다.

❶ 울산항　　❷ 벽란도

울산항

蔚 고을 이름 울 | 山 뫼 산 | 港 항구 항

013

통일 신라의 국제 무역항

관련 당항성, 청해진

통일 신라 때 국제 무역항으로 번성한 항구입니다. 이곳은 세계적인 거상*, 아라비아 상인들이 올 정도로 큰 항구였어요. 이처럼 통일 신라의 해상 무역이 발전하자 바다에는 검은 이익을 챙기려는 해적들이 들끓었어요. 해적을 소탕하기 위해 장보고가 완도에 설치한 군사 기지가 청해진이에요. 그 덕분에 바다의 질서를 잡았어요.

중국과의 직교역을 담당한 곳은 당항성입니다. 활발한 무역 활동으로 인해 당나라에 신라인들만의 장소도 생겨났죠. 산둥반도에 신라 사신들이 머무는 숙소인 신라관이 생겼고 신라인들이 집단으로 거주하는 지역인 신라방도 있었어요. 신라인들이 어찌나 많았는지 자체적으로 행정 기관을 만들었는데 이게 신라소예요. 당시 신라인들의 종교는 대부분 불교여서 신라방 안에는 신라인들이 세운 절인 신라원도 있었습니다.

통일 신라의 대외 교류

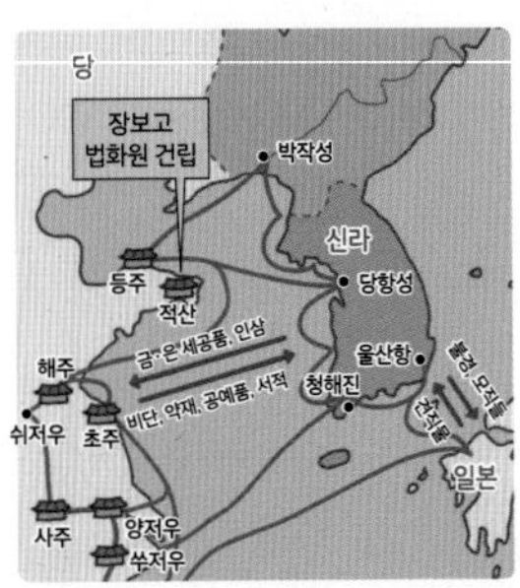

← 교류 내용 신라방 — 무역·교통로

통일 신라는 당, 일본과 활발하게 교류했다. 중국 동쪽 해안엔 신라인을 위한 공간도 마련되었다.

*거상(巨 클 거 商 장사 상) : 밑천을 많이 갖고 크게 하는 장사 또는 그런 장수

벽란도 碧瀾渡

碧 푸를 벽 瀾 물결 란 渡 건널 도

014

고려의 국제 무역항

관련 코리아

고려의 수도인 개경에서 가까운 거리에 있었던 국제 무역항입니다. 통일 신라 때 울산항과 당항성이 있었다면, 고려 때는 벽란도가 있었지요. 여기에서 고려의 이름이 다른 나라에 알려져서 지금의 '코리아'라는 말이 탄생하게 된 겁니다. 고려는 건국 초기부터 다른 나라와의 교류에 개방적이어서 북방 민족이 세운 요와 금, 일본뿐만 아니라 멀리 아라비아 상인들과도 교류했어요. 특히 송과 가장 활발하게 교류하여 이익을 얻고자 했는데, 고려는 나전 칠기, 화문석, 종이, 인삼 등을 송에 수출했고, 송에서는 비단, 책, 약재 등 주로 왕실과 귀족이 쓰는 물건들을 수입해 왔지요. 벽란도는 고려가 주변 여러 나라들과 활발하게 교류하는 장소이자 동아시아 국제 무역의 중심지 역할을 했던 곳이랍니다.

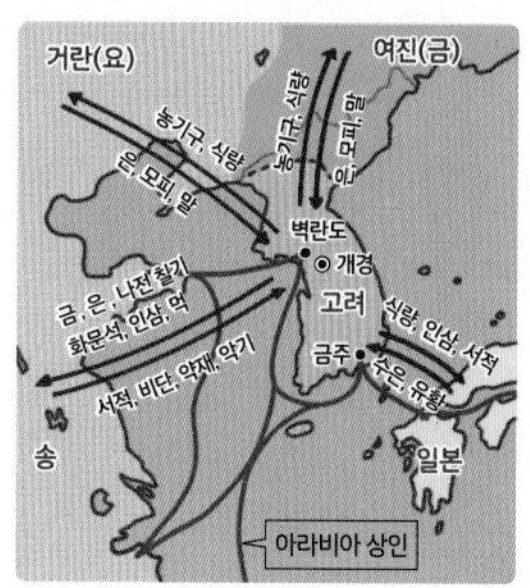

고려는 송, 요, 금, 일본, 아라비아 상인 등과 교류했다.

정답 공개 ❶ 울산항

중국이 당나라일 때 우리나라는 통일 신라였습니다. 통일 신라의 국제 무역항은 바로 울산항이에요. 벽란도는 고려의 국제 무역항입니다.

핵심 정리

울산항	벽란도
• 통일 신라의 국제 무역항 • 바다에 해적들이 많아져 장보고가 청해진을 설치해 해적을 소탕함.	• 고려의 국제 무역항 • 고려의 이름이 다른 나라에 알려져서 지금의 '코리아'라는 말이 탄생함.

“ 우리나라 역사에서 중요한 3대 무역항을 외쳐 보자!
신라의 울산항과 당항성, 고려의 벽란도!
특히 울산항과 벽란도에는 아라비아 상인들까지 왕래했어. ”

잭슨은 꿈속에서 뭐라고 대답해야 할까요?

Q

난이도 ★★☆

잭슨이 꿈에서 퀴즈 쇼에 나갔나 봐요. 그런데 역사 여행을 가서 다지쌤에게 들었던 내용이 문제로 나왔어요. 잭슨은 꿈속에서 뭐라고 대답해야 할까요?

단서

- 무구정광대다라니경은 통일 신라 시대 때 만들어졌다.
- 팔만대장경은 고려 시대 때 만들어졌다.
- 통일 신라와 고려 중 어떤 나라가 먼저 생겼는지 생각해 보자.

❶ 무구정광대다라니경 ❷ 팔만대장경

무구정광대다라니경 陀 羅 尼 經 015

陀 비탈질 타 羅 그물 라 尼 여승 니 經 글 경

세계에서 가장 오래된 목판 인쇄물

시대 통일 신라

경주 불국사에 있는 불국사 3층 석탑 안에서 발견된 불경입니다. '다라니'는 산스크리트어 'dharani'의 한자식 표기랍니다. 부처님 가르침의 핵심으로, 신비적 힘을 지니고 있다고 믿어지는 주문을 뜻해요. 무구정광대다라니경은 신라 경덕왕 때 만들어졌어요.

불국사 3층 석탑은 '석가탑'이라고 불리기도 하는데요, 1966년에 이 석가탑 안에 있던 부처님의 사리*를 모신 상자를 도굴꾼들이 훔쳐 가려는 일이 벌어졌어요. 그 과정에서 탑은 무너질 뻔했지요. 이에 석가탑을 무너지지 않게 보수하다가 무구정광대다라니경이 우연히 사리함 속에서 두루마리 형태로 발견되었습니다. 죄를 씻고 수명을 연장하기 위해 주문을 외우고, 작은 탑을 만들어 그 속에 경전을 모셔야 한다는 내용을 담고 있지요. 무구정광대다라니경은 현재까지 전해지는 가장 오래된 목판 인쇄물이랍니다.

*사리(舍 집 사 利 이로울 리) : '몸'을 의미하는 산스크리트어 'sarira'를 한자로 옮겨 적은 것으로, 석가모니나 성자의 유골. 후세에는 화장한 뒤에 나오는 구슬 모양의 것만 이름.

팔만대장경

八 여덟 팔 萬 일만 만 大 큰 대 藏 감출 장 經 글 경

016

경판의 수가 8만 1,258판에 이르는 국보 대장경

시대 고려

13세기 초 몽골이 고려를 쳐들어오자 부처님의 힘으로 이를 이겨내고자 나무로 제작한 대장경판입니다. 경판의 수가 8만 1,258판에 이르고 만드는 데 15년이나 걸렸어요. 전국에서 선발된 목수, 서예가, 스님들은 한 글자를 조각할 때마다 세 번 절을 했대요. 경판 1장에 새겨진 글자는 450여 자로, 1,300번 절을 해야 경판 1장을 끝낼 수 있었지요. 팔만대장경의 글자 수가 5,200만 자에 육박하니 무려 1억 5천 번 넘게 절을 해야 작업이 모두 끝났던 거예요. 놀랍게도 이렇게 많은 글자를 새겼는데도 오탈자가 거의 없죠.
팔만대장경을 옮기려면 1톤 트럭 260대가 필요하고, 여기에 새겨진 불경을 옮겨 적으려면 200자 원고지 25만 장이 필요하죠. 한 사람이 이것을 모두 읽으려면 하루에 8시간씩 읽어도 30년이나 걸립니다. 팔만대장경은 조선 건국 이후 지금의 합천 해인사로 옮겨져 현재까지 보관되고 있어요.

합천 해인사 대장경판

팔만대장경은 유네스코 세계기록 유산으로 지정되었고, 이를 보관하는 해인사 장경판전은 유네스코 세계 문화유산으로 선정되었다.

정답 공개 ❶ 무구정광대다라니경

석가탑 안에서 발견된 세계에서 가장 오래된 목판 인쇄물은 무구정광대다라니경이에요. 통일 신라 시대의 불교와 인쇄 문화를 알 수 있는 귀중한 자료랍니다.

핵심 정리

무구정광대다라니경	팔만대장경
• 통일 신라 때 만들어진 세계에서 가장 오래된 목판 인쇄물 • 죄를 씻고, 수명을 연장하기 위한 소망을 담은 불경 • 석가탑을 보수하다가 우연히 발견됨.	• 고려 때 만들어진 경판의 수가 8만 1,258판에 이르는 국보 대장경 • 부처의 힘으로 외세의 침략을 극복하기 위해 만들어짐. • 유네스코 세계 기록 유산으로 지정됨.

“무구정광대다라니경과 팔만대장경은 우리나라 목판 인쇄술이 얼마나 대단했는지 보여 줘. 삼국 시대에 불교가 전래되면서 불경의 유통을 위해 베껴 쓰는 필사가 성행했는데, 그게 목판 인쇄로 발전하면서 많은 경전이 만들어지지. 무구정광대다라니경이 제작된 것으로 보아 8세기 중엽에는 목판 인쇄가 상당한 수준에 도달했을 거야. 팔만대장경은 오탈자가 거의 없고 정밀하다는 점에서 세계적인 명성을 갖고 있어.”

재니는 누구의 일화를 떠올리며 말한 걸까요?

Q

난이도 ★★☆

저녁 식사를 하는 잭슨과 재니. 그런데 오늘따라 잭슨의 표정이 좋지 않네요. 반찬 투정을 하는 잭슨에게 문장 수집가 재니가 또 알 수 없는 말을 했어요. 재니는 누구의 일화를 떠올리며 말한 걸까요?

단서

- 원효와 의상은 신라의 승려이다.
- 원효는 '모든 것은 마음에서 나온다.'는 일심 사상을 주장했다.
- 의상은 '모든 존재들이 조화를 이룬다.'는 화엄 사상을 주장했다.

❶ 원효 ❷ 의상

원효 元 曉

으뜸 원 새벽 효

017

불교 대중화에 기여한 통일 신라 시대 6두품 출신의 승려

사상 일심 사상, 화쟁 사상

통일 이후 신라 불교를 발전시킨 6두품* 출신의 승려입니다. 원효에게 재미있는 일화가 전해져요. 불교 공부를 위해 의상과 함께 중국으로 떠나는 날 밤, 원효는 바가지에 든 물을 먹고 잠이 들어요. 아침이 되어 지난밤 마셨던 물컵을 보니 해골 속 고인 물에 죽은 바퀴벌레가 잔뜩이었어요. 분명 달고 시원한 물이었는데 말이죠. 이 일을 통해 모든 것은 자기 마음에 달렸다는 것을 깨달은 원효는 유학을 포기해요. 신라로 돌아와서 '진리는 마음에서 나온다.'는 일심 사상을 주장합니다. 자신의 마음에만 집중하면 되니 종파 간 대립도 원효에겐 무의미했어요. 그래서 종파 간 다툼을 멈추고 다 같이 화합하자는 화쟁 사상을 주장했어요.

원효는 '무애가'라는 불교 노래를 지어 부르며 평민들에게 다가갔고 불교는 쉬우니까 부처에 의지해 보라고 했어요. 사람들이 우린 글도 모르는데 어떻게 경전을 읽고 불교를 이해하냐고 하니 이렇게 말했어요. 경전을 읽을 필요 없이 나 자신을 온전하게 부처에게 의지하면 부처가 받아 줄 거라고요. '나무아미타불'만 말할 수 있으면 불교의 이상 세계인 극락에 갈 수 있다고 했어요. 아미타불은 저승을 관장하는 신입니다. 이게 바로 원효의 아미타 신앙이에요.

***6두품**(六 여섯 육 頭 머리 두 品 물건 품) **: 신라의 신분제인 골품제에서 왕족인 성골과 진골 다음의 계급**

무애가를 부르며 불교 대중화에 힘씀.

다툼보다는 화합을 강조하는 화쟁 사상을 주장함.

나무아미타불만 외우면 극락에 갈 수 있다는 아미타 신앙을 주장함.

모든 것은 마음에 달렸다는 일심 사상을 주장함.

의상 義 湘
옳을 의 강이름 상

018

불교 대중화에 기여한 통일 신라 시대 진골 출신의 승려

사상 화엄 사상

원효와 더불어 불교를 대중화하는 데 기여한 통일 신라의 승려입니다. 원효가 6두품 출신이었다면, 의상은 왕족인 진골 출신이었어요. 원효와 함께 당으로 유학을 떠났는데 원효는 신라로 돌아오고, 의상은 홀로 당에서 공부했어요. 열심히 공부하고 돌아온 의상은 '하나가 모두이고, 모두가 하나이다.'라는 화엄 사상을 주장하며 신라에 화엄종을 새로 열었어요. 의상이 강조한 화엄 사상은 모든 존재들이 서로 인연이 있어 의존하는 관계이면서 조화를 이루고 있다는 것으로, 통일 이후 신라 사회를 하나로 모으는 데 큰 영향을 끼쳤어요.

의상도 대중들에게 불교를 전파하려고 애썼어요. 원효가 저승을 관장하는 아미타불을 강조했다면 의상은 현실의 고난을 보듬어 주는 관음불을 강조했어요. '관세음보살'을 외치면 현실의 고난에서 벗어날 수 있다고 했죠. 그래서 원효와 의상의 설법* 두 개를 합쳐서 '나무아미타불 관세음보살'이라고 한 겁니다. 의상은 영주 부석사, 부산 범어사 등 여러 절을 세웠고, 신분이 천한 사람들도 제자로 받아들였답니다.

*설법(說 말씀 설 法 법 법) : 불교의 교의를 풀어 밝힘.

하나가 모두이고 모두가 하나인 화엄 사상을 주장함.

부석사 등 여러 절을 세움.

당으로 유학을 떠남.

현실의 고난을 이겨 내자는 관음 신앙을 주장함.

정답 공개 ❶ 원효

원효는 의상과 함께 당으로 유학을 가던 도중 동굴에서 해골 물을 마시고 깨달음을 얻게 됩니다. 유학을 포기하고 신라로 돌아온 원효는 일심 사상을 주장하고, 어려운 경전을 이해하지 못하는 백성들에게 불교를 전파하기 위해 노력했답니다. 재니는 원효의 일화를 떠올린 거예요.

핵심 정리

원효	의상
• 불교 대중화에 기여한 6두품 출신의 통일 신라 승려 • 모든 것은 마음에 달렸다는 일심 사상을 주장함. • 종파 간 다툼을 없애는 화쟁 사상을 주장함. • 아미타 신앙을 주장함.	• 불교 대중화에 기여한 진골 출신의 통일 신라 승려 • 하나가 모두이고, 모두가 하나인 화엄 사을 주장함. • 관음 신앙을 주장함. • 부석사, 범어사 등을 세움.

> 원효와 의상은 모두 '불교 대중화'를 위해 힘썼어.
> 원효는 모든 종파의 다툼을 멈추는 '화쟁' 사상을,
> 의상은 모든 종파의 연결을 강조하는 '화엄' 사상을 주장한 거야.

잭슨이 한 말은 불교 어떤 종파의 특징일까요?

Q

난이도 ★★☆

다지쌤과의 역사 수업이 한창이에요. 잭슨이 깜빡 졸다가 미나에게 딱 걸리고 말았네요. 잭슨은 졸지 않았다며 당당하게 어떤 말을 내뱉었어요. 잭슨이 한 말은 불교 어떤 종파의 특징일까요?

단서
- 불교 종파는 크게 교종과 선종으로 나뉜다.
- 교종은 경전 공부를, 선종은 개인의 실천 수행이 중요하다고 생각했다.
- 잭슨의 말에 주목해 보자.

❶ 교종　　❷ 선종

교종 敎 宗

가르칠 교 마루 종

019

경전과 교리를 중시하는 불교 종파

지지 세력 중앙 귀족

경전과 교리*를 중시하는 불교 종파입니다. 불교 종파들은 종류가 달라도 목표는 똑같이 해탈*입니다. 깨달음을 얻는 방법에 따라 나뉘는 거죠. 교종에서 깨달음을 얻는 방법은 경전, 즉 책을 읽는 거예요. 당시에 한자를 읽고 해석할 수 있는 사람은 사회 최상위층밖에 없었습니다. 잘나가는 그들이 원하는 것은 차별화였어요. 그래서 신라가 삼국을 통일한 직후에는 귀족들 중심의 교종이 유행했습니다.

교종을 후원했던 중앙의 귀족들은 자신들의 권력과 돈을 자랑하려고 건축물을 아주 화려하게 세웠습니다. 그래서 이 시기에 규모가 큰 절이나 불상 등의 유물이 만들어졌어요. 대표적인 게 불국사와 석굴암이에요. 특히 불국사에는 신라의 삼국 통일을 기념하기 위해 가장 안정적인 형태의 탑을 만들어 놓았어요. 가장 안정적인 탑은 몇 층 탑일까요? 힌트는 우리나라 사람들이 가장 좋아하는 숫자라는 거죠! 바로 3층이에요. 무구정광대다라니경을 배울 때 나온 불국사 3층 석탑입니다.

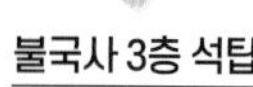

불국사 3층 석탑

'석가탑'이라고도 불리는 불국사 3층 석탑은 비례와 균형을 갖춘 석탑으로 유명하다.

*교리(敎 가르칠 교 理 다스릴 리) : 종교적인 원리나 이치

*해탈(解 풀 해 脫 벗을 탈) : 모든 속박으로부터 벗어나 자유롭게 되는 상태

선종 禪 선 선 宗 마루 종

020

일상에서의 깨달음을 중시하는 불교 종파

지지 세력 지방 호족, 6두품

개인의 실천 수행과 참선*을 통한 일상에서의 깨달음을 중시하는 불교 종파입니다. 교종이 중앙 귀족들의 후원을 받으며 발달했다면, 선종은 혼란스러웠던 통일 신라 말기에 지방 호족과 6두품들의 지지를 받으며 크게 유행했답니다. '누구나 부처가 될 수 있다.'는 말을 통해 왕까지 꿈꿀 수 있게 해 준 선종은 인기를 끌 수밖에 없었지요. 글을 몰라도 실천 수행을 통해 깨달을 수 있다는 선종은 백성들에게도 많은 호응을 얻었어요.

선종이 유행하면서 승려의 사리를 보관하기 위한 승탑과 승려들의 행적을 새긴 탑비가 많이 만들어졌어요. 이는 실천 수행을 통해 열반*에 이른 승려들을 기념하고, 사람들도 이를 본받으라고 알리기 위한 것이었습니다.

화순 쌍봉사 철감 선사 탑

'철감 선사'는 통일 신라 시대의 승려로, 자신의 호를 따서 '쌍봉사'라는 절을 지었다. 그가 죽은 후 탑과 비가 세워졌다.

*참선(參 참여할 참 禪 선 선): '선에 들어간다.'는 뜻으로, 깨달음을 얻기 위해 자신의 본래 모습을 탐구하는 불교 수행법. 앉아서 하는 좌선이 일반적임.

*열반(涅 개흙 열 槃 쟁반 반) : 모든 번뇌의 얽매임에서 벗어나고 진리를 깨달아 해탈에 이르는 것을 뜻함.

정답 공개 ❷ 선종

잭슨이 한 말은 선종의 특징이에요. 경전과 교리를 중요하게 여기는 교종과는 달리, 선종은 참선과 수행을 통해 일상에서 깨달음을 얻는 것이 중요하다고 생각했어요.

핵심 정리

교종	선종
• 경전과 교리를 중시하는 불교 종파 • 통일 신라 중기까지 유행함. • 중앙 귀족이 지지함. • 화려한 건축물이 세워짐.	• 일상에서의 깨달음을 중시하는 불교 종파 • 통일 신라 말기에 성장함. • 지방 호족 세력과 6두품이 지지함. • 승려의 사리를 모시는 승탑이 많이 만들어짐.

“교종의 키워드는 모두 'ㄱ'으로 시작해. 귀족들이 교리와 경전을 중요시한 종파였지. 열심히 '공부'하는게 중요하다는 거야. 선종의 키워드는 모두 'ㅅ'과 관련되어 있어. 서민(백성)들이 글을 모르더라도 '실천 수행, 참선'해서 깨달아야 한다는 거지!”

잭슨은 자신의 말을 어느 칸으로 옮겨야 할까요?

Q

난이도 ★★☆

잭슨과 친구들이 역사 보드게임 '히스토리 마블'을 하고 있어요. 황금 엽전을 뽑은 잭슨은 자신의 말을 어느 칸으로 옮겨야 할까요?

단서

- 통일 신라 말 견훤은 후백제를, 궁예는 후고구려를 세웠다.
- 송악은 지금의 개성 부근이다.
- 개성이 백제와 고구려 중 어디에 있었을지 생각해 보자.

① 후백제

② 후고구려

후백제 後 百 濟

뒤 후 일백 백 건널 제

021

900년 견훤이 백제의 부흥을 내세우며 세운 나라

도읍 **완산주(전주)**

백제의 부흥을 내세우며 견훤이 세운 나라입니다. 통일 신라 말은 나라가 혼란스러웠어요. 중앙의 귀족들은 즐겁게 먹고 마시고 노는 반면, 백성들은 힘겨운 삶을 살아갔지요. 이 시기에 '호족'이라고 불리는 지방의 세력가들이 백성들과 함께 힘을 키워 각자 나라를 세웠어요. 곧 후백제, 후고구려가 생겨나 후삼국 시대가 시작되었지요. 그중 후백제를 세운 견훤은 신라의 서남쪽 바다를 지키던 군인이었는데, 자신을 지지하던 세력을 바탕으로 완산주(전주)를 도읍으로 정하고, 전라도와 충청도 일부 지역을 다스릴 정도로 세력을 키웠습니다. 중국, 일본 등과 교류하고, 신라의 서쪽 국경을 공격할 정도였지요. 그러나 견훤의 큰아들인 신검이 아버지의 왕위를 빼앗으면서 나라가 혼란에 빠졌고, 고려 왕건의 공격으로 후백제는 936년에 멸망했습니다.

후고구려 後 高 句 麗

뒤 후 / 높을 고 / 글귀 구 / 고울 려

022

901년 궁예가 고구려의 부흥을 내세우며 세운 나라

도읍 송악(개성)

고구려의 부흥을 내세우며 궁예가 세운 나라입니다. 신라 왕족 출신이라고 알려진 궁예는 활을 잘 쏘는 승려였어요. 그는 신라 말 혼란한 틈을 타 오늘날 경기도와 황해도 일대의 호족들과 힘을 합쳐 송악(개성)을 도읍으로 삼고, 후고구려를 세웠어요. 나중에 나라 이름을 '마진'으로 바꿔 불렀고, 수도를 철원으로 옮긴 후에는 '태봉'으로 부르기도 했어요.

시간이 갈수록 궁예는 난폭한 왕으로 변해 갔고 스스로 '미륵불'이라 부르며 신하들을 함부로 죽이기도 했어요. 이에 신하들은 궁예를 몰아내고 궁예의 신하였던 왕건을 국왕으로 세웁니다. 이후 왕건은 나라 이름을 '고려'로 고치고 도읍을 송악으로 옮겼어요. 신라인과 발해인까지 모두 받아들인 왕건의 후삼국 통일은 외세의 힘을 빌린 신라의 통일보다 더 완전한 것이었어요.

고려의 후삼국 통일 과정

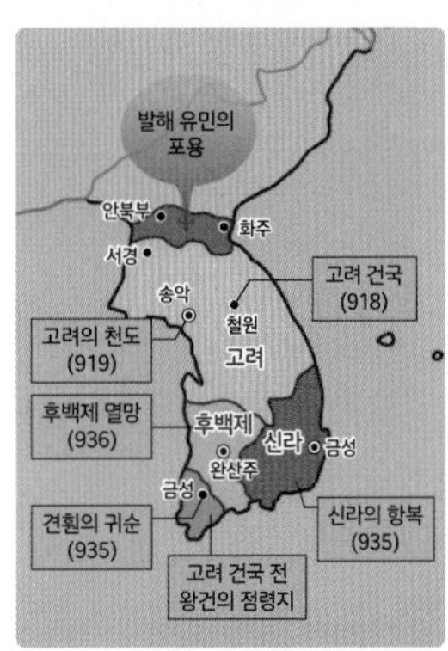

궁예가 쫓겨나고 왕건은 고려를 세운다. 이후 후백제군과의 싸움에서 승리하면서 후삼국을 통일하였다(936).

정답 공개 ❷ 후고구려

황금 엽전 카드의 지시에 따라 잭슨이 가야 하는 칸은 후고구려랍니다. 신라 말기 혼란스러운 틈을 타 궁예는 지금의 개성인 송악에 후고구려를 세웠어요. 궁예는 포악한 정치를 일삼다가 결국 신하들에게 쫓겨난 뒤 왕의 자리에서 물러납니다. 이후 고려가 세워지지요.

핵심 정리

후백제	후고구려
• 900년에 견훤(군인 출신)이 세운 나라 • 백제의 부흥을 내세움. • 아들 신검의 배신과 왕건의 공격으로 멸망함.	• 901년에 궁예(승려 출신)가 세운 나라 • 고구려의 부흥을 내세움. • 신하였던 왕건에 의해 사라짐.

신라 말기에는 진골 귀족들 간에 왕위 쟁탈전이 벌어졌어. 왕권이 약하니 지방 세력들이 날뛰고, 혼란기가 계속되었지. 새로운 시대를 열겠다고 등장했던 사람들 중 왕건만이 성공한 이유는 뭘까? 바로 민심 수습이야. 견훤과 궁예는 카리스마는 넘쳤지만 힘으로 사람들을 굴복시키려고 했어. 반면에 왕건은 공손하고 예의를 지키면서 민심을 수습하려고 애썼지. 왕건이야말로 백성들이 원하는 나라를 세운 사람인 거야.

잭슨이 얻은 캐릭터는 누구일까요?

Q

난이도 ★★☆

잭슨이 요즘 초등학생들 사이에서 유행하는 '히스토리 빵'을 어렵게 구했습니다. 빵 속에 들어 있는 스티커에는 역사 속 인물이 그려져 있어요. 스티커 뒷면에 힌트가 적혀 있는데요, 잭슨이 얻은 캐릭터는 누구일까요?

단서

- 서희는 싸움 한 번 없이 거란으로부터 강동 6주를 얻어 냈다.
- 윤관은 '별무반'이라는 군대를 지휘하여 여진을 정벌했다.
- 스티커 뒷면의 문구를 자세히 보자.

❶ 서희 ❷ 윤관

서희 徐 熙

천천히 할 서 / 빛날 희

023

외교 담판으로 거란을 물리친 고려의 외교관이자 군인

성과 강동 6주

10세기 거란이 고려를 침략했을 때 외교 담판으로 거란을 물리친 인물입니다. 동아시아 북쪽 초원 지역에 살던 거란은 요를 세운 후 80만 대군을 이끌고 고려를 공격했어요. 송을 제압하는 게 목적이었지만 송과 친한 고려를 먼저 침략한 거죠. 이때 서희는 직접 거란의 장수를 만나 담판을 짓습니다. 거란의 소손녕은 서희에게 왜 고려는 거란의 땅을 차지하고 송과 친하게 지내냐며 따졌지요. 서희는 "지금 우리가 거란과 외교를 맺지 못하는 이유는 여진이 가로막고 있기 때문이 아니겠소?"라고 하며 거란으로 가는 길목인 압록강 유역을 돌려 달라고 합니다. 결국 거란은 물러갔고, 고려는 압록강 유역에 6개의 성을 쌓고 이 지역을 차지했어요. 이곳을 강동 6주라고 불러요. 하지만 거란이 완전 물러간 건 아니었어요. 2차 침입은 양규 장군의 활약으로 막았고, 3차 침입 때는 그 유명한 강감찬 장군이 거란을 크게 물리치지요!

강동 6주와 천리장성

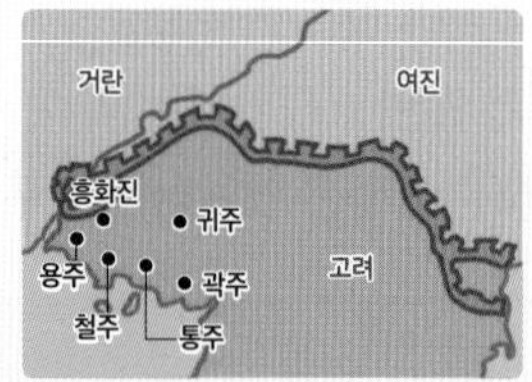

고려는 서희의 외교 담판으로 강동 6주를 획득한다. 고려는 거란과의 세 차례 전쟁이 완전 끝난 뒤 천리장성을 쌓아 북방 민족의 침입에 대비했다.

거란의 3차 침입 이후 세워져 1044년에 완성된 천리장성

거란

강동 6주를 돌려주시오!

흥화진
귀주
용주
통주
철주
곽주

윤관 尹 璀

성씨 윤 옥 관

024

대군을 이끌고 여진을 정벌한 고려의 군인

성과 동북 9성

12세기 고려 북쪽에 있던 여진을 정벌하고 9개의 성을 쌓은 인물입니다. 여진족은 가축을 데리고 이리저리 떠돌아다녔는데, 먹을 게 늘 부족해서 일부는 국경을 넘어 고려의 마을을 약탈했어요. 그래서 고려는 윤관을 보내 여진을 정벌하려고 했지만 오히려 크게 당하고 맙니다. 이들은 북방 민족이라 말을 잘 탔는데 고려엔 그러한 기병 부대가 없었거든요. 그래서 윤관이 별무반을 만들어요. 기병 부대인 신기군, 보병인 신보군, 승려로 이루어진 항마군으로 구성된 특수 부대였어요. 문무 양반은 물론이고 농민, 상인, 노비, 승려 등 나이 20세 이상의 모든 백성이 입대해야 하는 의무군이었지요.

윤관은 별무반을 이끌고 여진을 몰아낸 뒤 동북 지방에 9개의 성을 쌓고 백성을 살게 했어요. 이게 동북 9성이에요. 이후 여진이 고려 신하의 도리를 다하겠다고 약속하자, 고려는 동북 9성을 여진에 돌려줍니다.

척경입비도

윤관이 동북 9성을 개척하고 비석을 세우는 모습을 담은 그림이다.

정답 공개 ❷ 윤관

여진족을 물리치고 9개의 성을 쌓은 사람은 윤관이에요. 스티커 뒷면에 써 있는 신기군, 신보군, 항마군은 윤관이 만든 군사 조직인 별무반을 구성하는 부대랍니다. 따라서 잭슨이 얻은 스티커는 윤관이에요.

핵심 정리

서희	윤관
• 고려의 외교관이자 군인 • 거란의 1차 침입을 외교 담판으로 막고 강동 6주를 획득함.	• 고려의 군인 • 별무반을 이끌고 여진을 정벌함. • 동북 9성을 쌓음.

“ 여기서 놀라운 사실! 서희와 윤관은 모두 거란과 여진의 침입으로부터 고려를 지킨 장군이면서 두 명 모두 문신 출신이었어. 하지만 이들이 고려를 지켜 낸 방식은 달랐어. 서희는 말로, 윤관은 힘으로 지켜 냈지. 서희는 뛰어난 협상 능력을 발휘해 거란의 1차 침입을 무력화했을 뿐만 아니라, 강동 6주까지 얻어 냈어. 반면 윤관은 별무반을 통해 여진족을 몰아내고 동북 지방에 9개 성을 쌓았지! ”

아이들은 고려의 어떤 기구에 들어온 걸까요?

Q

난이도 ★★☆

고려 시대의 어떤 기구에서 회의를 하고 있네요. 아이들은 운 좋게 회의에 참관할 기회를 얻었어요. 그런데 회의실 분위기가 매우 살벌하네요. 아이들은 지금 고려의 어떤 기구에 들어온 걸까요?

단서

- 식목도감은 문신들이 법을 정하던 기구, 교정도감은 무신들이 정치 및 감찰 업무를 보던 기구이다.
- 회의를 하고 있는 사람들의 대사와 복장을 잘 살펴보자.

① 식목도감　　② 교정도감

식목도감 式 目 都 監

법식 눈목 도읍도 볼감

025

국가의 주요한 법과 제도를 정하던 기구

주관 문신

고려의 법과 제도를 정하던 회의 기구입니다. '도감'은 임시 기구를 뜻하는데, 이 기구는 법규를 정해야 할 때 운영되었지요. 한 나라의 법을 논하는 기구이니 나라의 고위 관료들이 참여했지요. 이처럼 고려 시대에는 고위 관료들이 모여 국가의 주요 정책을 의논하고 결정하는 독자적인 회의 기구가 따로 있었어요. 식목도감과 더불어 도병마사가 있습니다. 도병마사에서는 군사 문제, 전쟁 관련 사안을 논의했어요.

고려 시대 최고 관청이 바로 중서문하성과 중추원이에요. 도병마사와 식목도감에는 바로 이 최고 관청의 관료들이 참여했어요. 이들은 모두 문신이었습니다. 학문을 익히고 정치를 하는 사람들이었죠. 그럼 실제 군사력을 담당했던 무신들의 회의 기구는 없었냐고요? 중방이라는 기구가 있었지만 이때까지는 문신들의 세력이 더 강했기 때문에 중방은 유명무실*한 기구였어요.

*유명무실(有 있을 유 名 이름 명 無 없을 무 實 열매 실) : 이름만 그럴듯하고 실속은 없음.

교정도감

敎 가르칠 교 定 정할 정 都 도읍 도 監 볼 감

026

무신 정권의 최고 정치 기구

주관 무신

최씨 무신 정권 시기의 최고 정치 기구입니다. 문신들에 비해 정치적, 경제적 차별을 많이 받고 있었던 무신들은 고려 중기에 정변을 일으켜 권력을 잡게 됩니다. 이를 '무신 정변'이라고 해요. 무신 정권 초기에는 원래 무신의 회의 기구인 중방에서 일을 처리하였지만 권력 다툼이 자주 일어나면서 정권이 불안해졌고 중방도 제 역할을 하지 못했어요. 그러다 최충헌이 최고 권력자가 된 후 교정도감을 설치합니다. '도감'이 임시 기구를 말한다고 했으니 '정치를 교정하는 임시 기구'라는 뜻이지요. 교정도감의 우두머리는 '교정별감'이라고 불렀어요. 최충헌은 교정도감을 통해 나라의 모든 업무를 결정하고, 이곳을 자신의 반대 세력을 감시하는 정치 기관으로 사용한답니다.

정답 공개 ❷ 교정도감

교정도감은 최충헌이 무신 정권 시기에 만든 최고 정치 기구입니다. 무신들이 권력을 잡은 후 혼란스러운 상황을 수습하기 위해 설치한 기구로, 최씨 무신 정권의 정치적 기반이 되었답니다. 반대 세력을 감시하는 것도 이 기구의 주된 역할이었어요.

핵심 정리

식목도감	교정도감
• 고려의 법과 제도를 정하던 기구 • 중서문하성, 중추원의 고위 관료(문신)들이 참여함.	• 고려 무신 정권의 최고 정치 기구 • 무신(최충헌)이 설치하고, 무신들이 참여함.

"문신이 나라를 다스릴 땐 중앙 통치 기구를 나누어서 통치했어. 반면 무신은 자신들이 손수 만든 기구로 권력을 장악하고 싶어 했지. 초기에는 중방에서 회의를 했고, 최충헌 때는 교정도감을 만든 거란다. 최충헌의 아들인 최우는 정방을 설치해 인사권을 장악하고 특수 군대인 삼별초까지 조직해 정권을 보호했어. 이런 기구를 기반으로 최씨 정권은 60여 년 동안 이어질 수 있었단다!"

아이들은 어느 시대의 삼사를 체험하고 있는 걸까요?

Q

난이도 ★☆☆

역사 테마파크 '히스토리아'에 놀러 간 아이들. 고려 시대와 조선 시대의 이런저런 체험관을 살펴보다가 '삼사' 역할놀이를 해 보기로 했어요. 아이들은 지금 어느 시대의 삼사를 체험하고 있는 걸까요?

단서

- 고려 삼사는 회계를, 조선 삼사는 언론을 담당하는 기구였다.
- 아이들이 무엇에 관해 대화하는지 살펴보자.

❶ 고려 삼사 ❷ 조선 삼사

고려 삼사 高 麗 三 司

높을 고 고울 려 석 삼 맡을 사

027

고려 시대 국가 재정의 출납과 회계를 담당하던 기구

관련 2성 6부 체제

고려의 중앙 정치 기구 중 하나로, 국가 재정의 출납*과 회계를 담당하던 곳입니다. 오늘날의 국세청과 같은 곳이죠. 지금도 우리가 낸 세금으로 공무원들의 월급을 주듯이 고려의 세금도 관리들의 월급인 녹봉으로 쓰였지요. 또한 국방비와 연등회 등의 행사비로도 쓰였어요.

고려는 2성 6부로 나라를 운영했어요. '식목도감'에서 중서문하성에 대해 언급한 것 기억하지요? 중서문하성은 나라의 정책을 총괄하는 곳이었고, 상서성은 그 정책을 집행하는 곳이었어요. 군사 기밀과 왕의 명령을 전달하며 궁궐을 지키는 역할은 중추원이 맡았어요. 이 모든 것이 잘 돌아가기 위해서는 관리 감독이 필요한데, 그 역할은 어사대가 담당했어요. 고려의 정치 기구들은 목적에 따라 딱 나누어져 있어서 제 역할을 아주 잘했습니다.

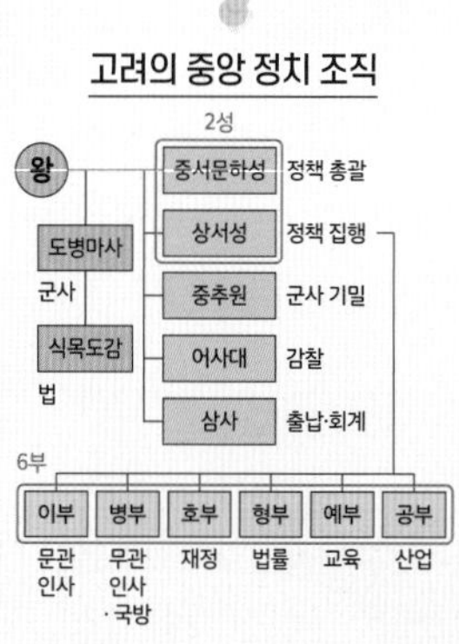

고려는 2성 6부로 중앙 정치 조직을 구성했다. 6부는 인사, 재정, 법률, 교육, 산업 등 실무를 담당하는 곳이었다.

*출납(出 날 출 納 들일 납) : 돈이나 물품을 내어 주거나 받아들임.

조선 삼사

朝 아침 조 鮮 고울 선 三 석 삼 司 맡을 사

028

조선 시대 언론을 담당하던 세 기구를 총칭해 부르는 말

관련 의정부와 6조 체제

조선의 정치 기구 중에 언론을 담당하던 사헌부, 사간원, 홍문관 세 부서를 함께 부르는 말입니다. 왕은 절대적인 권력을 원하기 마련이지만 조선의 시스템은 '권력의 집중, 독주하는 왕권'을 용인하지 않았어요. 왕에게 나라를 이끌 힘을 주되, 그걸 견제하는 방편도 마련해 놓은 거죠.

사헌부의 '헌'은 '감찰한다'는 뜻이에요. 관리가 법을 어기고 비리를 저지르지 않는지 조사하는 기구입니다. 오늘날의 감사원과 비슷해요. 사간원의 '간'은 '씹다'는 뜻입니다. 왕에게 쓴소리를 하는 자리예요. 홍문관은 자문 담당 기구였는데, 지금의 국립 도서관 겸 국립 연구소입니다. 이 세 기구를 '삼사'라고 합니다. 삼사를 통해 조선은 왕과 관료들의 활동을 견제할 수 있었고, 이는 조선을 500년이나 이끈 원동력이었습니다.

조선의 중앙 정치 조직

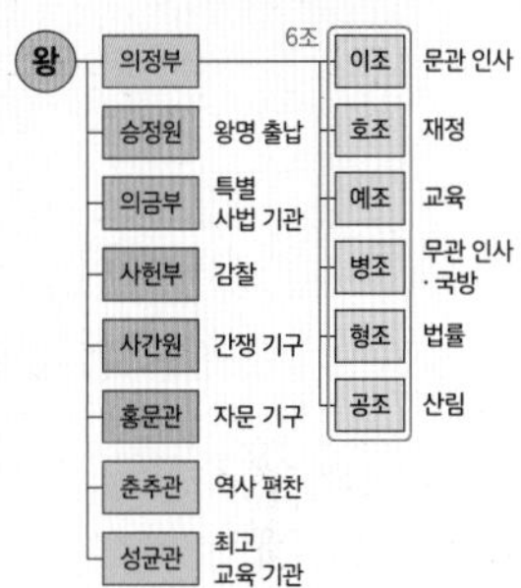

조선은 의정부와 6조 중심의 중앙 정치 조직을 구성했다. 6조는 실무를 각각 나누어 담당했다.

from 사간원 .... to 왕
왕에게 직간하는 사간원
왕의 자문에 응하는 홍문관
야옹
야옹
야옹
야옹
야옹
야옹
야옹
야옹
관리를 감찰하는 사헌부

정답 공개 ❶ 고려 삼사

아이들이 모두 '돈'에 관련된 이야기를 하고 있어요. 특히 미나의 말이 핵심이에요. 나라의 살림을 담당하던 기구는 고려 삼사랍니다. 조선 삼사는 언론을 담당하던 기구였어요.

핵심 정리

고려 삼사	조선 삼사
• 고려 시대 국가 재정의 출납과 회계를 담당하던 기구 • 관리 녹봉, 국방비, 국가 행사비 등에 세금을 운용함.	• 조선 시대 언론을 담당하던 세 기구 • 사간원, 사헌부, 홍문관으로 이루어짐.

"고려의 삼사와 조선의 삼사는 동음이의어라 잘 구분해야 해. 고려의 삼사는 돈과 곡식의 출납을 담당하던 기구로 오늘날의 국세청과 같은 역할을 했어. 이건 왕이 여러 정책을 시행할 때 큰 도움을 줬겠지? 반면 조선의 삼사는 오늘날의 언론사와 같은 역할을 하면서 왕이라고 할지라도 함부로 권력을 행사하지 못하게 견제했어. 같은 이름이지만 전혀 다른 역할을 했다는 점을 기억해 두자!"

등장인물들은 어떤 제도와 관련된 대사를 하고 있는 걸까요?

Q

난이도 ★★☆

다지쌤과 아이들이 역사 영화를 보고 있어요. 영화 속 인물들이 대사를 주고받고 있네요. 등장인물들은 어떤 제도와 관련된 대사를 하고 있는 걸까요?

단서
- 노비안검법은 원래 양인이었던 노비를 자유롭게 해 주기 위해 만들어졌다.
- 전민변정도감은 원래 양인이었던 노비를 자유롭게 해 주고, 토지를 원래 주인에게 돌려주기 위해 만들어졌다.
- 영화 속 사람이 무엇을 하고 있는지 잘 살펴보자.

① 노비안검법　② 전민변정도감

노비안검법

奴	婢	按	檢	法
종 노	계집종 비	누를 안	검사할 검	법 법

029

고려 전기에 원래 양인이었던 노비를 해방시킨 법

인물 **광종**

고려 광종 때 억울하게 노비가 된 사람을 조사하여 양인으로 풀어 준 법입니다. 양인은 노비를 제외한 나라의 백성으로서, 세금을 내고 군대에 갈 의무를 지는 신분이에요. 그런데 고려가 세워지는 과정에서 양인이었던 사람이 포로가 되어 노비가 되기도 하고, 힘이 강한 호족들이 양인을 강제로 노비로 만들어 버리는 일들이 있었어요. 그래서 광종은 원래 양인이었지만 노비가 된 사람들을 다시 양인으로 되돌리는 노비안검법을 실시했어요.

광종이 노린 효과는 두 가지입니다. 바로 호족들의 경제력과 군사력을 약하게 만드는 거예요. 노비는 재산에 해당하니까 이들을 해방시키는 것은 당연히 호족들의 경제력 하락으로 이어졌어요. 원래는 세금을 내지 않았던 노비가 양인이 되어 세금을 내게 되므로 국가 재정도 튼튼해질 수 있었습니다. 또 호족들을 위해 싸워 줄 군사적인 기반도 무너뜨린 거죠.

전민변정도감

田 밭 전 | 民 백성 민 | 辨 분별할 변 | 整 가지런할 정 | 都 도읍 도 | 監 볼 감

030

고려 후기에 노비를 해방시키고 토지를 원래 주인에게 돌려주기 위해 설치된 기구

인물 공민왕

고려 공민왕 때 개혁을 위해 설치된 기구입니다. 원 간섭기*에 고려에서는 원과 친밀한 권문세족이 횡포를 부려 백성들의 땅을 빼앗고, 불법으로 양인을 노비로 만드는 경우가 많았어요. 이에 공민왕은 전민변정도감을 설치해서 권문세족들이 힘없는 백성들에게서 빼앗은 땅을 원래 땅 주인에게 돌려주도록 하고, 억울하게 노비가 된 사람들을 양인으로 해방시켰어요. '도감'은 임시로 설치된 기구를 뜻하므로 정책을 실행하기 위해 임시로 만든 거였죠.

개혁을 주도한 사람이 바로 승려인 신돈이었습니다. 하지만 이 기구는 오래 유지되지 못해요. 왜일까요? 그건 뒤에서 더 자세히 설명해 줄게요!

*원 간섭기 : 13세기 원이 고려에 쳐들어온 후 고려의 내정을 간섭하던 시기

정답 공개 ❷ 전민변정도감

노비안검법과 전민변정도감은 모두 억울하게 노비가 된 양인을 풀어 주기 위한 제도였답니다. 물론 왕권 강화가 목적이었죠. 백성의 땅을 돌려준 건 공민왕 때 만들어진 전민변정도감에만 해당하는 설명이에요. 등장인물 중 한 명이 자신의 땅에 농사를 짓는다고 말하는 것을 보아 전민변정도감이 정답임을 알 수 있습니다.

노비안검법	전민변정도감
• 고려 전기, 양인이었던 노비를 해방시킨 법 • 광종 때 실시함. • 호족 세력 약화, 왕권 강화를 도모함.	• 고려 후기, 노비를 해방시키고 토지를 원래 주인에게 돌려주기 위해 설치된 기구 • 공민왕 때 실시함. • 권문세족 약화, 왕권 강화를 도모함.

> 고려 광종 때 실시한 노비안검법과 공민왕 때 설치된 전민변정도감이 추진한 개혁은 굉장히 유사해서 잘 구분해야 해! 두 제도가 가져온 긍정적 결과도 같지? 특권층을 약화시키고 세금 내는 계층을 늘려 국가 재정을 튼튼하게 한 거야. 둘 다 백성을 위한 정책이었어.

잭슨은 드라마를 보다가 무엇을 떠올린 걸까요?

Q

난이도 ★☆☆

드라마를 한참 보던 중 잭슨이 갑자기 일어서서 "현대판 ○○잖아!"라고 소리를 질렀어요. 잭슨은 드라마를 보다가 무엇을 떠올린 걸까요?

단서

- 고려에는 음서와 과거라는 관리 등용 제도가 있었다.
- 부모가 높은 관직에 있으면 시험을 거치지 않고 음서를 통해 관리가 될 수 있었다.
- 양인 이상이면 과거에 응시할 수 있었고, 합격하면 관리가 될 수 있었다.

❶ 음서 ❷ 과거

음서 蔭 敍

그늘 음 펼 서

031

고위 관료의 자손을 시험을 거치지 않고 관리로 등용하는 제도

시대 고려, 조선

공신, 종실*의 자손, 5품 이상 고위 관료의 자손들은 시험을 보지 않고도 관료가 될 수 있었는데, 이걸 음서라고 부릅니다. 이 '그늘 음(蔭)' 자를 잘 기억해 두세요. 실력이 아닌 출신이나 배경으로 얻는 특권에는 이 '그늘 음' 자가 들어가거든요. 잘나가는 아버지의 '그늘'로 출세하고 먹고산다는 거죠. 아버지가 국가의 고위 관료면 정당한 시험이나 경쟁 없이 국가 중앙 행정 부처의 관리에 임용된다는 이야기예요. 고려 때 이런 특권은 세습이 되었고 문벌 귀족* 사회를 만드는 데 바탕이 되었어요. 고려 시대의 낙하산이 바로 음서입니다.

*종실(宗 마루 종 室 집 실) : 임금의 친족

*문벌 귀족(門 문 문 閥 문벌 벌 貴 귀할 귀 族 겨레 족) : 고위 관직을 여러 대에 걸쳐 배출한 가문과 그 가문의 구성원

과거 科 舉

과목 과 / 들 거

032

일정한 시험을 거쳐 관리를 등용하는 제도

시대 고려, 조선

나라에서 필요한 관리를 뽑을 때 시험을 보고 그 결과에 따라 등용하는 제도입니다. 과거 제도는 고려 광종 때 중국에서 귀화한 쌍기의 건의로 처음 시행되었어요. 조선 시대에 와서는 개인의 능력이 중시되면서 과거가 더 중요하게 여겨졌어요.

과거는 법적으로는 양인 이상이면 모두 응시할 수 있었지만 실제로는 고려의 귀족이나 조선의 양반들이 주로 응시해서 뽑혔어요. 양인들은 평민, 즉 대부분이 농민들이었기 때문에 먹고살기 바빠 과거에 합격하기 어려웠거든요. 그러니 우리는 공부할 수 있는 시간이 있다는 것에 감사해야 한답니다!

고려의 관리 등용

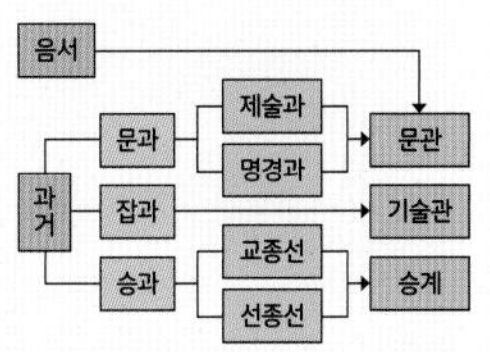

과거 시험의 문과엔 재능과 정책을 시험하는 제술과와 유교 경전의 이해 능력을 시험하는 명경과가 있었다. 잡과에서는 법률, 회계, 의학 지식 등을 시험해 기술관을 등용했다. 음서로는 쉽게 관리가 되었다.

조선의 과거 제도

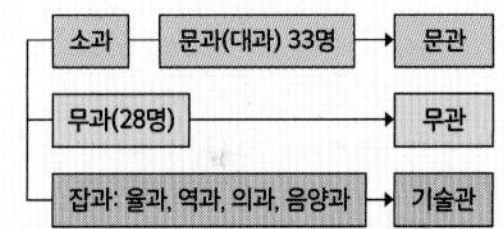

문관을 뽑는 문과, 무관을 뽑는 무과, 기술관을 뽑는 잡과가 시행되었다.

정답 공개 ❶ 음서

드라마에서 회장님 아들이 출근하자마자 곧바로 이사가 되었네요. 왕족과 공신의 자손, 5품 이상의 고위 관료의 자손이 어려운 시험을 보지 않고도 관리가 될 수 있는 제도를 음서라고 하는데, 잭슨은 드라마 속 상황을 보고 바로 이 음서를 떠올렸나 봐요.

핵심 정리

음서	과거
• 고위 관료의 자손을 시험을 거치지 않고 관리로 등용하는 제도 • 개인의 혈통이 더 중요 • 문벌 귀족 사회를 단단하게 함.	• 일정한 시험을 거쳐 관리를 등용하는 제도 • 개인의 능력이 더 중요 • 고려 광종 때 처음 실시됨. • 조선 시대 때 더 중요해짐.

" 고려와 조선 모두 음서와 과거가 있었지만 너무나 다르게 운영되었어.
귀족의 힘이 강했던 고려는 음서가 과거보다 중시되었던 반면,
조선 시대에는 음서로 관직에 올라갔어도 창피해서 다시 과거를 치를 정도였거든.
이렇게 조선 시대는 고려 시대보다 능력을 더 중시하는 분위기였단다. "

다지쌤의 너튜브에는 무엇에 대한 내용이 올라온 것일까요?

Q

난이도 ★★☆

잭슨이 새로 올라온 다지쌤의 역사 너튜브 채널을 보고 있어요. 그런데 친구들은 벌써 다녀갔네요. 미나와 앙투안이 쓴 댓글을 봤을 때, 다지쌤의 너튜브에는 무엇에 대한 내용이 올라온 것일까요?

고려 시대 때 쓰여진 역사책
이 녀석들 언제 다녀간 거야? 나한텐 말도 안 하고! 질 수 없다!!!
댓글
미나
불교랑 관련된 이야기들도 있었네요. 항상 감사합니다!
ㄴ 다지쌤 : 미나 벌써 봤구나! 역시 모범 짝짝이야!
앙투안
단군 신화까지 기록했다는 게 너무 신기해요! 꼭 재미있는 이야기책 같아요!
ㄴ 다지쌤 : 맞아. 이 책의 핵심을 제대로 짚어 줬네!

단서

- 『삼국사기』에는 자세하고 정확하게 쓴 역사적 사실이 있다.
- 『삼국사기』에는 역사적 내용뿐만 아니라 민간 설화도 많이 실려 있다.
- 앙투안이 쓴 댓글을 자세히 살펴보자.

❶ 『삼국사기』

❷ 『삼국유사』

삼국사기

三 석 삼 / 國 나라 국 / 史 역사 사 / 記 기록할 기

033

김부식이 편찬한 역사책

형식 기전체

고려 문벌 귀족 사회의 대표적인 문벌이었던 김부식이 삼국 시대의 역사를 기록한 책입니다. 우리나라 역사책 중 가장 오래된 책이죠. 이 책은 기전체로 쓰였어요. '본기' 편의 '기'와, '열전' 편의 '전'을 따서 '기전체'라고 불러요. '본기'에서는 왕의 역사를, '열전'에서는 그 시대에 활약한 인물들을 다룹니다. 이외에 제사나 관직 등의 제도를 설명하는 '지'와 역사적 내용을 순서대로 정리한 '연표'로 구성되어 있어요.

유교의 창시자 공자에게 제자가 "사람은 죽으면 어떻게 되나요?"라고 물었더니, 공자가 "내일 일도 모르는데 죽은 후를 어찌 알겠느냐?"라고 했다고 해요. 유학은 이처럼 현실적인 학문이에요. 유학자였던 김부식은 객관적 증거가 없는 신화나 설화는 쓰지 않았어요. 재미있는 신화나 야사*는 거의 수록되지 않았습니다.

*야사(野 들 야 史 역사 사) : 민간에서 사사로이 기록한 역사

삼국유사

三	國	遺	事
석 삼	나라 국	남길 유	일 사

034

승려 일연이 편찬한 역사책

관련 단군 신화

고려의 승려 일연이 삼국 시대의 이야기를 쓴 책입니다. 총 5권을 2책으로 묶었어요. 이 책이 쓰여진 시기는 원 간섭기였어요. 외부의 위협이 있을수록 민족의 자주성을 지키기 위한 노력이 강해져요. 삼국 시대 이야기뿐만 아니라 신라인, 백제인, 고구려인 모두를 묶을 수 있는 사람을 등장시켜요. 바로 '단군'이었죠. 그래서 이 시기에 '고조선 계승 의식'이 등장해요. 역사책에 처음으로 우리 민족의 조상으로 단군이 등장한 거예요. 아주 중요한 점입니다. 일연이 쓴 이 책은 단군의 건국 이야기가 처음 기록된 역사책으로 유명해요. 그리고 불교와 관련된 문화와 민간 설화도 많이 실었지요. 우리 고유의 문화를 보존하는 데 중요한 역사적 자료인 것이지요.

정답 공개 ❷ 『삼국유사』

미나와 앙투안의 댓글은 『삼국유사』의 특징과 관련 있어요. 『삼국유사』는 고려의 승려 일연이 단군 이야기부터 삼국의 역사를 정리한 책이에요. 『삼국유사』와 달리 『삼국사기』에는 설화나 신화와 같은 내용이 별로 없답니다.

잭슨
다지쌤! 제가 제일 먼저 봤는데
댓글을 깜빡했네요!
다다다다

핵심 정리

삼국사기	삼국유사
• 유학자 김부식이 편찬한 역사책 • 우리나라에서 가장 오래된 역사책 • 기전체 형식으로, 사실 위주로 쓰여짐.	• 승려 일연이 편찬한 역사책 • 단군의 건국 이야기가 처음으로 등장함. • 고유 문화와 종교, 설화 등이 많이 실림.

유학자였던 김부식은 고려 인종의 명을 받고 『삼국사기』를 편찬하게 돼. 수도를 평양으로 옮기자는 서경 천도 운동을 주장했던 세력들을 처단한 직후라 나라가 뒤숭숭했거든. 나라의 기강을 다시 잡기 위해 세 나라인 고구려, 백제, 신라의 역사를 정리하려고 한 거야. 승려였던 일연이 『삼국유사』를 썼던 시기는 한참 후인 원 간섭기였어. 『삼국유사』에서 처음 실린 단군 이야기는 민족의 자주성을 높여 주었단다!

잭슨은 누구에게 편지를 전달해야 할까요?

난이도 ★★★

시간 여행을 통해 고려에 간 잭슨이 길을 걷다가 편지를 하나 주웠답니다. 그런데 이 편지에는 받는 사람이 적혀 있지 않네요. 하지만 내용을 보니 잭슨은 편지가 누군의 것인지 알 것 같았어요. 잭슨은 누구에게 편지를 전달해야 할까요?

단서

- 의천은 경전 공부를 바탕으로 참선을 통한 깨달음도 겸해야 한다고 주장했다.
- 지눌은 참선을 통한 깨달음을 바탕으로 경전 공부도 겸해야 한다고 주장했다.
- 교종과 선종의 차이를 기억해 보자.

❶ 의천

❷ 지눌

의천 義 天

옳을 의 하늘 천

035

교종을 중심으로 선종을 통합하고자 한 고려의 승려

사상 교관겸수

고려 문종의 아들이자 승려로, 교종을 중심으로 선종을 통합하고자 한 사람입니다. 고려 중기에는 교종이 유행했어요. 이때가 문벌 귀족 사회였는데, 그들은 경전을 통한 이론적 깨달음을 강조한 교종을 중시했죠. 그런데 지도자는 나라를 통일된 의견과 생각을 갖고 끌고 가야 하잖아요. 그래서 의천이 여러 종파를 통합하려고 한 거예요. 아무래도 왕족이다 보니 서민들이 선호했던 선종보다는 귀족들이 선호한 교종 중심의 색채를 띠게 되었고, 그래서 교종을 중심으로 선종을 통합합니다. 그렇게 만들어진 게 바로 천태종이에요.

이때 내세운 사상이 바로 교관겸수예요. '교'는 '가르칠 교(敎)'예요. 경전과 이론 중심의 교종을 뜻하죠. '관'은 '보다', '관통하다'는 뜻으로, 갑작스러운 깨달음을 중시하는 선종을 뜻합니다. 어떤 글자가 앞에 나오는지를 보면 교종을 중시했는지, 선종을 중시했는지 알 수 있습니다. 교종(이론, 경전 연구)을 바탕으로 선종(참선, 실천 수행) 또한 강조한 거예요.

지눌 知 訥

알 지 말 더듬거릴 눌

036

선종을 중심으로 교종을 통합하고자 한 고려의 승려

사상 정혜쌍수, 돈오점수

의천과 함께 고려 불교 종파를 통합한 승려로, 특히 선종을 중심으로 교종을 통합하고자 했어요. 무신이 집권하면서 문신과 손을 잡았던 교종은 약화돼요. 무신들은 이론을 강조하는 교종보다 실천과 수행을 강조하는 선종을 후원합니다. 통합 운동의 중심도 선종이 되지요. 이걸 이끈 것이 지눌인데, 지눌은 정혜쌍수와 돈오점수를 강조했어요. 앞 글자를 잘 살펴보세요. '정'은 '정하다'는 뜻으로 마음을 잡는 걸 뜻해요. '혜'는 '지혜'라는 뜻으로 '이론적 공부'를 뜻합니다. '쌍수'는 두 가지를 함께 수행한다는 거예요. 어지러운 마음을 바로잡아 깨달음을 얻는 것과 지혜를 바탕으로 한 경전 연구를 함께해야 한다는 거죠. 선종을 중심으로 교종을 통합하려는 시도예요. '돈오'는 갑자기 깨달음을 얻는 거예요. 당연히 선종이죠. '점수'는 점진적으로 경전 연구를 하면서 수행하는 것으로 교종을 뜻해요. 이렇게 선종을 중심으로 교종을 통합해서 탄생한 종파가 조계종입니다.

지눌은 전라도 수선사(지금의 송광사)에서 신앙 운동도 벌였어요. 세상을 떠나기 전까지 불교 개혁과 화합을 위해 힘썼답니다.

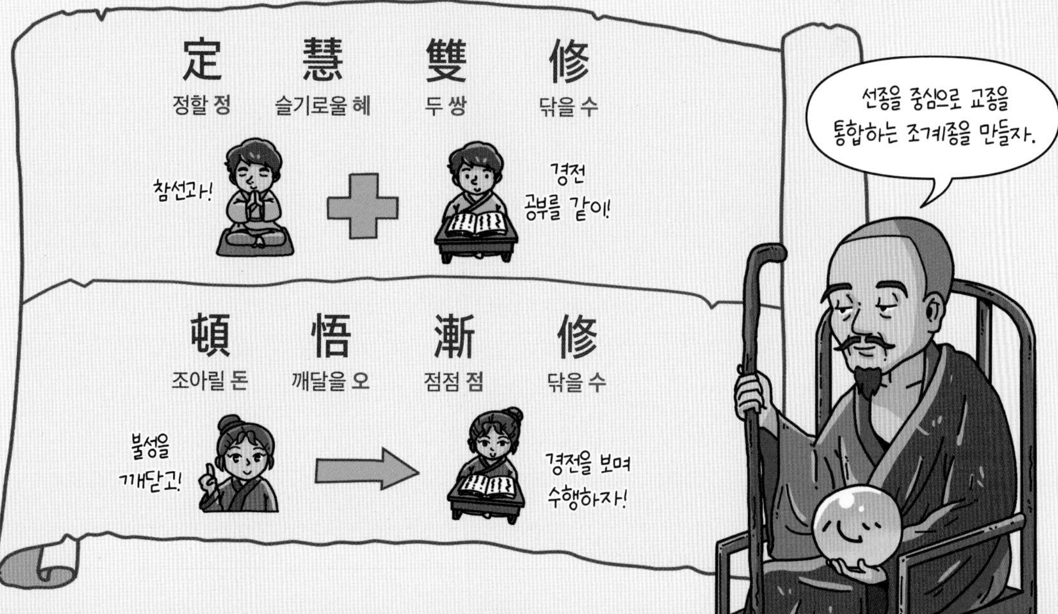

정답 공개 ❷ 지눌

잭슨이 길에서 주운 편지의 수신인은 지눌이에요. 지눌은 정혜쌍수와 돈오점수를 내세우며 선종을 중심으로 교종을 통합하고자 했어요. 이에 조계종을 만들고, 수선사 운동을 통해 불교를 개혁하기 위해 힘썼답니다.

의천	지눌
• 교종을 중심으로 선종을 통합한 승려 • 문종 아들로 왕족 출신 • 교관겸수를 내세움. • 천태종을 창시함.	• 선종을 중심으로 교종을 통합한 승려 • 정혜쌍수, 돈오점수를 내세움. • 조계종을 창시함.

“ 의천과 지눌 모두 고려 불교의 통합 운동을 이끌었어. 하지만 기억할 것이 있어. 의천의 통합에서 교종과 선종은 형식적으로만 어색하게 손을 잡고 있었어. 그래서 의천이 죽은 뒤 통합이 깨졌단다. 지눌의 통합은 교리를 통합한 화학적 통합이었어. 꼭 기억해 둬. 어쨌든, 천태종과 조계종은 지금도 우리나라 불교의 양대 종파야. 통일 신라 시기만 해도 나뉘어 있었던 종파가 고려 시대에 드디어 합쳐진 거지! ”

잭슨과 앙투안이 도착한 곳은 어디일까요?

Q

난이도 ★★☆

방학을 맞아 잭슨과 앙투안이 과거의 어떤 교육 기관으로 짧은 유학을 다녀오기로 했어요. 잭슨과 앙투안이 도착한 곳은 어디일까요?

단서

- 국자감은 고려 성종 때 세워졌고, 유학부와 기술학부가 있었다.
- 조선의 성균관에서는 관료 임용 시험인 대과를 준비했다.
- 고려 후기, 국자감의 이름이 성균관으로 바뀌어 조선 시대까지 이어진다.

❶ 국자감 ❷ 성균관

국자감 國 子 監

나라 국 아들 자 볼 감

037

고려의 국립 교육 기관

인물 성종

고려 시대 국립 교육 기관입니다. 고려는 불교 중심의 나라였지만 최승로의 시무 28조*를 받아들여 나라를 다스릴 때는 유교의 가르침을 따랐어요. 광종이 과거제를 도입한 이후, 유교의 가르침을 깨달은 사람들을 관리로 뽑았다면, 성종은 국자감이라는 국립 대학을 세워 유학을 비롯한 여러 학문의 교육을 적극적으로 지원했지요. 국자감에는 유학부와 기술학부가 있었고 부모의 관직에 따라 다닐 수 있는 반이 달랐어요. 유학부는 말 그대로 유학을 가르쳤고 7품 이상 관리의 자제만 입학할 수 있었어요. 기술학부는 법률이나 셈 등 여러 학문을 가르쳤고, 8품 이하의 관리나 서민 자제도 입학할 수 있었어요. 고려 중기에는 국자감 출신들이 과거에 합격하는 비율이 줄면서 오늘날의 학원인 사학이 유행했어요. 이에 예종은 국자감에 전문 강좌를 개설하고 장학금을 지원하는 정책을 추진했어요.

* 시무 28조 : 고려가 당면한 과제들에 대해 문신 최승로가 자신의 견해를 성종에게 올린 상소문

성균관 成 均 館

이룰 성 고를 균 집 관

038

대과 후보생을 양성하는 최고의 교육 기관

시대 고려, 조선

고려 후기에는 국자감의 이름을 '성균관'으로 바꾸고 이를 순수 유학 교육 기관으로 발전시킵니다. 그리고 조선 시대까지 이어져 성균관은 최고의 교육 기관으로 자리 잡게 되지요. 조선 시대에 성균관에서 공부하는 유생들은 200여 명 정도였어요. 아무나 들어올 수 있는 것이 아니라 과거 시험의 1차 관문인 소과에 합격해야만 했죠. 성균관에 들어오면 엄격한 규칙을 지키며 기숙사에서 생활하고, 소과 다음 단계인 대과를 준비했습니다. 성균관 유생들은 유교 경전과 역사, 문학 등 여러 책들을 읽고 나라의 주요 문제들을 토론하며 왕에게 집단 상소를 올리기도 했지요. 이들의 요구가 무시되면 단체로 수업을 거부하기도 했습니다.

정답 공개 ② 성균관

잭슨과 앙투안이 간 곳은 성균관이에요. 성균관의 원래 이름이 국자감이긴 했지만 '조선'과 '대과'라는 문구에서 조선의 성균관임을 알 수 있습니다.

핵심 정리

국자감	성균관
• 고려 시대 국립 교육 기관 • 유학부와 기술학부가 있고, 부모의 관직에 따라 반이 달라짐. • 고려 후기에 성균관으로 이름을 바꾸어 순수 유학 교육 기관이 됨.	• 대과 후보생을 양성하는 최고 교육 기관 • 대과를 준비함(소과 합격이 필수). • 고려 후기의 성균관이 조선까지 이어짐.

고려는 성종 때 유학과 기술학을 함께 가르치는 학교인 국자감을 세웠어. 고려 후기에 국자감이 성균관으로 개편되고 조선 시대까지 계승되면서 최고 교육 기관으로 자리 잡았지. 조선 후기로 갈수록 평민들의 교육열도 높아져서 성균관에 가지 못한 평민들은 지방 국립 학교인 향교나 사립 학교인 서당에서 공부하기도 했단다.

게임에서 이긴 사람은 누구일까요?

Q

난이도 ★★☆

아이들이 모여서 카드놀이를 하고 있어요. 엄마와 아빠가 그려진 카드를 동시에 냈을 때, 그 자녀가 양인이 되는 사람이 이기는 게임이에요. 양인이 되는 카드를 내고, 게임에서 이긴 사람은 누구일까요?

단서

- 노비종모법에 의하면 자녀의 신분은 어머니의 신분에 따라 결정되었다.
- 일천즉천에 의하면 부모 중 한 명이 노비이면 그 자녀도 노비가 되었다.
- 카드의 문구를 잘 살펴보자.

❶ 미나 ❷ 앙투안 ❸ 잭슨

일천즉천 一 賤 則 賤

一 한 일 賤 천할 천 則 곧 즉 賤 천할 천

039

부모 중 한 명이 노비이면 그 자녀 또한 노비로 유지되는 것

시대 고려(충렬왕)

부모 중 한 명이 노비이면 그 자녀 또한 노비가 된다는 것입니다. 노비는 가장 낮은 신분인 천민에 해당하는 신분이에요. 노비는 주인의 재산이었기 때문에 사고팔거나 자식에게 물려줄 수 있는 대상이었죠. 노비는 공노비와 사노비로 구분되는데, 공노비는 나라에서 소유한 노비를 말하고, 사노비는 개인이 소유한 노비를 말해요. 노비는 보통 노비끼리 결혼했지만 가끔 다른 신분과 결혼하는 경우가 있었는데, 일천즉천은 이럴 경우에 적용되었어요. 부모 중 한 명이 노비일 경우 그 자식이 노비가 된다면 노비의 수는 늘어나기 마련이니, 노비를 재산으로 소유했던 사람들에게는 이득이 되는 정책이었죠. 일천즉천은 고려 충렬왕 때 만들어졌고, 조선 시대까지 이어지다가 노비종모법으로 바뀝니다.

노비종모법

奴 종 노 | 婢 계집종 비 | 從 따를 종 | 母 어미 모 | 法 법 법

040

노비를 결정하는 데 부모 중 어머니의 신분을 따르게 한 법

시대 조선(영조)

노비를 결정하는 데 부모 중 어머니의 신분을 따르게 한 법입니다. 만약 부모 중 어머니가 양인이면 그 자녀 또한 양인이 될 수 있었어요. 조선 후기에는 돈을 많이 번 양인들이 신분을 사서 양반이 되거나, 전쟁에서 공을 세우면서 신분 상승을 했어요. 군역과 세금을 면제받는 양반은 늘고, 이러한 의무를 지는 양인은 점점 줄어들면서 군대에 동원할 인력도 부족해지고, 세금을 내야 할 사람의 수도 줄었지요. 이에 조선 정부는 노비종모법을 시행해서 양인의 수를 늘리려고 합니다. 노비종모법은 세종 때 처음 시행되었지만, 바로 일천즉천으로 바뀌어 중단되었고 영조 때 자리를 잡았어요.

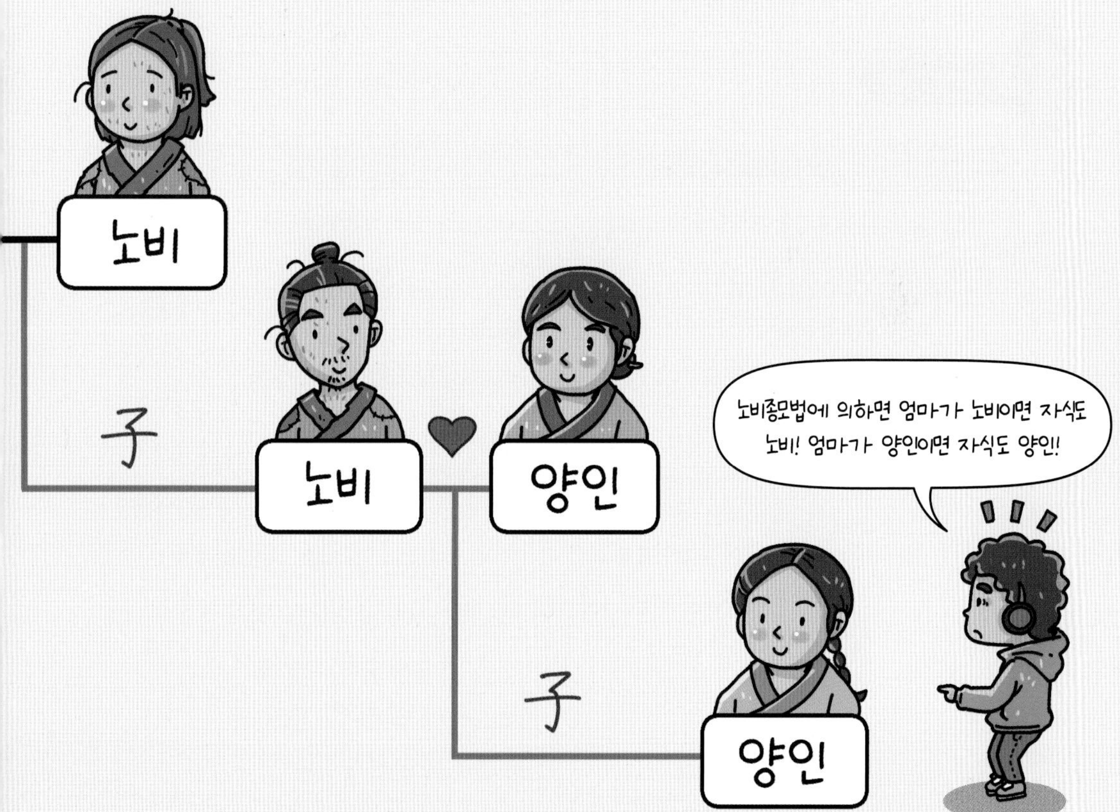

정답 공개 ❶ 미나

노비종모법은 아버지가 노비인데 어머니가 양인이면 자녀 또한 양인으로 여기는 법이에요. 미나가 뽑은 카드를 보면 '노비종모법을 따른다.'고 적혀 있고 엄마가 양인이므로, 자녀가 양인이 되는 카드를 낸 사람은 미나랍니다. 노비종모법을 따라도 엄마가 노비이면 자녀도 노비, 일천즉천을 따르면 자녀는 무조건 노비가 됩니다.

일천즉천	노비종모법
• 부모 중 한명이 노비이면 자녀도 노비로 되는 것 • 고려 충렬왕 때 만들어짐. • 신분 상승의 여지 없음. • 노비의 수가 많아짐.	• 노비를 결정하는 데 부모 중 어머니의 신분을 따르게 한 법 • 조선 세종 때 처음 시행, 영조 때 자리 잡음. • 신분 상승의 여지 있음. • 양인의 수가 많아짐.

" 노비의 수가 어떻게 바뀌는지 집중해 봐. 일천즉천을 따르면 노비의 수가 늘어나고, 노비종모법을 따르면 노비의 수가 상대적으로 덜 늘어나지. 노비를 재산으로 소유하고 있던 귀족이나 양반 입장에서는 당연히 일천즉천이 좋았겠지만, 양인들에게 세금을 거둬야 하는 정부 입장에서는 노비의 수가 지나치게 증가하는 건 문제가 있었어. "

미나가 말하고 있는 도자기는 어느 시대 때 유행했을까요?

Q

난이도 ★★☆

가족들과 주말에 박물관을 다녀온 미나가 그곳에서 본 예쁜 도자기에 대해 이야기하고 있네요. 미나가 말하고 있는 도자기는 어느 시대 때 유행했을까요?

단서

- 고려 시대 때는 화려한 문양이 들어간 도자기가 유행했다.
- 조선 시대 때는 고려 시대에 비해서 단정하고 소박한 도자기가 유행했다.
- 미나의 말에 주목해 보자.

❶ 고려　　❷ 조선

상감 청자 象嵌靑瓷

象 모양 상 / 嵌 끼울 감 / 靑 푸를 청 / 瓷 사기그릇 자

041

표면에 무늬를 파고 다른 색의 흙을 넣는 기법으로 만든 자기

유행 고려

11세기 문벌 귀족 사회 때 발달한 고려청자 중 하나입니다. 고려청자들 엄청 '부티' 나잖아요. 귀족들은 비색 찬란한 자기를 통해 우아한 생활을 뽐냈어요. 특히 자기 공예가 발달한 중국과 우리나라에선 비취색을 만들기 위해 노력했어요. 연금술도 발전했는데, 서양의 연금술이 은을 얻기 위한 노력이었다면, 동양의 연금술은 옥을 만드는 실험이었어요.

12세기 무신 집권기에는 독창적인 상감 기법이 개발돼요. 그릇 표면을 파서 무늬를 새기고 흰 흙이나 검정 흙을 채워 다른 색을 넣는 거죠. 나전 칠기나 은입사 공예 방식에서 응용됐어요. 상감 기법이 청자에 흰 흙을 채워 넣은 것이라면, 은입사는 은을 채워 넣어 문양을 만든 것, 나전 칠기는 조개껍데기를 박아 넣은 거예요. 그러나 고려 말 원 간섭기 이후 조선 초까지 소박한 분청사기가 유행하는데, 실용적인 미를 추구하는 조선 초기의 모습과 닮아 있어요.

고려의 공예 기술을 보여 주는 작품

나전경함
목공예는 옻칠한 바탕에 조개껍데기를 박아 만든 나전 칠기가 발달했다.

청동 은입사 포류수금문 정병
청동의 표면을 파낸 후 은실로 박아 꾸미는 은입사 기법을 사용한 대표적 작품이다.

상감 청자 제작 과정

자기 표면에 무늬를 새김.

흰 흙을 바르고 긁어내어 파낸 부분에 다른 색 흙을 채워 넣음.

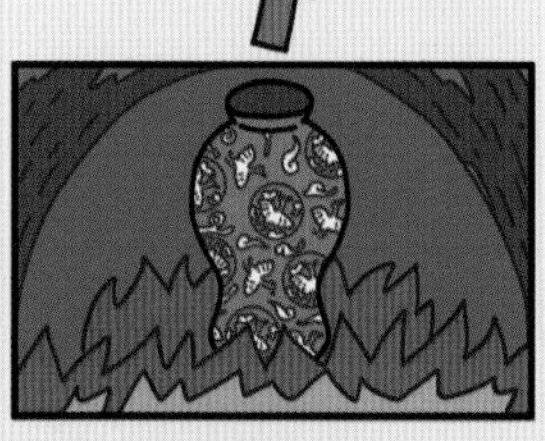

초벌구이를 함.

유약을 바르고 말린 후 재벌구이를 함.

백자 白 瓷

白 흰 백 瓷 사기그릇 자

042

흰색의 바탕흙 위에 투명한 유약을 발라 구워 만든 자기

유행 조선

조선 시대에 많이 제작된 자기로, 흰색의 바탕흙 위에 투명한 유약을 바른 뒤 높은 온도에서 구워 낸 자기입니다. 백자를 보면 참 담백하고 단정해 보여요. 조선을 이끌었던 선비들이 이상적으로 생각한 양반의 모습이 고스란히 담겨 있죠. 티끌 하나 없이 깨끗한 백자는 마치 쌀만으로 고유한 맛을 내는 뽀얀 백설기 같아요. 화려한 꽃병이나 술병보다는 넉넉한 인심을 담아내는 밥그릇이나 국그릇으로 주로 쓰였어요.

백자는 아무런 무늬가 없는 순백자, 물감으로 그림을 그린 청화 백자, 철사나 철화로 무늬를 새긴 철화 백자 등이 있어요. 18세기 후반부터는 백자를 다양한 모양으로 제작하기 시작했는데, 술병, 항아리 등으로도 많이 만들었어요.

다양한 백자 작품

백자 철화 끈무늬 병
철화로 끈무늬를 그려 넣은 백자이다.

백자 청화 용무늬 항아리
푸른 안료로 용을 그려 넣은 백자이다. 조선 후기에는 그림을 그린 백자가 유행하기도 했다.

백자 제작 과정

흰색 바탕흙으로 형태를 만듦.

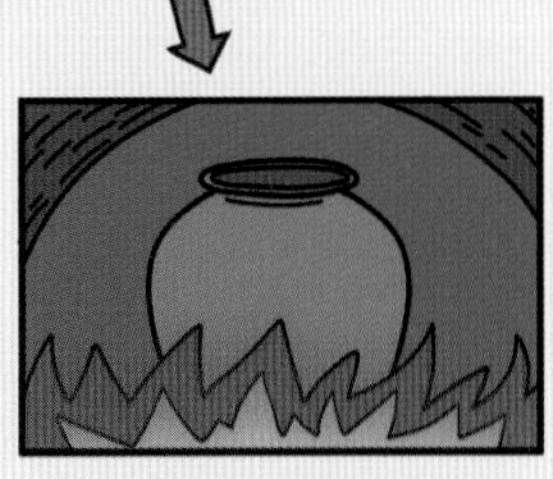

초벌구이를 함.

때에 따라 그림을 그릴 수도 있음.

유약을 바르고 말린 후 재벌구이를 함.

정답 공개 ① 고려

표면에 무늬를 새기고 그 속에 다른 색의 흙을 채워 넣어 만드는 것이 상감 기법이에요. 상감 기법은 고려 시대 때 유행했어요. 상감 청자는 고려의 전통적인 청자 기술을 발달시켜 만든 최고의 자기입니다. 단정하고 소박한 백자는 조선 시대 때 유행했어요.

핵심 정리

상감 청자	백자
• 상감 기법을 이용하여 만든 자기 • 고려 시대 때 유행함. • 무늬가 많고 화려함.	• 흰 바탕흙 위에 유약을 발라 만든 자기 • 조선 시대 때 유행함. • 단정하고 소박함.

" 예술품에는 그 예술품을 누린 계층의 취향이 반영된단다. 누가 봐도 화려한 청자는 고려 문벌이 권력을 잡았을 때 등장했지. 이들은 청자를 통해 부유함과 권력을 과시하고 싶었어. 반면, 기교 없이 단아한 백자는 조선에서 사림이 권력을 잡았을 때 유행했어. 백자의 티끌 하나 없는 흰색이 사림이 중요하게 여긴 절개와 의리를 보여 준다고 생각했지. 이처럼 예술품은 그것이 만들어진 시대 속에서 바라봐야 한단다! "

잭슨은 어떤 화폐를 사용해야 할까요?

Q

난이도 ★★☆

즐거운 역사 축제에 아이들이 놀러 갔어요. 이 축제에서는 각 시대별로 그 시대에 쓰였던 알맞은 화폐를 사용해야 한다고 해요. 핫도그가 먹고 싶은 잭슨은 어떤 화폐를 사용해야 할까요?

단서

- 은병은 고려의 화폐이고, 단위가 큰 편이다.
- 상평통보는 조선의 화폐이고, 단위가 작은 편이다.
- 현수막에 쓰여진 시대와 잭슨이 계산해야 할 물건의 단위에 주목해 보자.

❶ 은병

❷ 상평통보

은병 銀 瓶

銀 은 은 / 瓶 병 병

043

고려 때 은으로 만든 병 모양 화폐

인물 숙종

고려 숙종 때 은 1근으로 제작된 호리병 모양의 화폐입니다. 입구가 넓다는 의미로 '넓을 활(闊)' 자를 써서 '활구'라고도 합니다. 은병의 크기는 작았지만 상당히 비쌌어요. 지금으로 치면 한 개당 700~800만 원 가량입니다. 그러니 시장에서 활발하게 유통되기보단 "우리 집에 금송아지 있다~." 하고 자랑할 때처럼 장식용이었을 가능성이 높습니다.

은병이 나오기에 앞서 성종 때 건원중보라는 쇠로 만든 최초의 화폐를 만들기도 했는데, 그때도 사람들은 "뭘 믿고 쇳덩어리를 써? 쌀과 옷감으로 교환하면 되지!" 하고 물물 교환을 했어요. 이후 유통이 활발하지 않아 폐지된 적이 있지요.

한편, 숙종 때 해동통보라는 화폐도 만들어지긴 했으나 역시나 많이 쓰이진 않았어요.

고려 시대 또 다른 화폐

건원중보

건원중보는 우리나라 최초의 금속 화폐이다.

해동통보

해동통보는 은병과 함께 유통되던 화폐이다.

은병은 우리나라의 지형을 본떠 만들었어!
은병 하나가 옷감 100여 필의 값이랑 똑같았대!

상평통보

常 항상 상 | 平 평평할 평 | 通 통할 통 | 寶 보배 보

044

조선 후기 때 널리 유통된 화폐

인물 인조, 숙종

조선 후기 때 널리 쓰인 화폐입니다. 조선 전기에도 정부에서 지폐나 조선통보라는 화폐를 유통하려고 했지만 고려 때와 마찬가지로 옷감이나 쌀 등으로 물물 교환을 주로 해서 많이 쓰이지 않았어요. 하지만 조선 후기에는 상공업이 발달하면서 화폐가 필요해져요. 전국 곳곳에 장시*가 들어서고, 청과 일본과의 무역도 활발해지거든요. 대표적인 화폐가 상평통보입니다. 인조 때 처음 만들어졌는데, 유통을 중단했다가 숙종 때 다시 만듭니다. 우리나라 화폐 역사상 전국에서 사용된 최초의 동전이에요. 본격적으로 화폐 시대를 맞이한 거죠. 상평통보의 단위가 1푼이에요. 지금은 원 단위죠? "한 푼만 줍쇼!"라는 말을 할 때 '푼'이 상평통보를 말하는 거예요. 화폐 유통이 활발해지면서 18세기 후반에는 세금을 낼 때도 상평통보가 활용됩니다.

*장시(場 마당 장 市 저자 시) : 조선 시대 때 보통 5일마다 열리던 사설 시장

조선 시대 또 다른 화폐

조선통보
조선 세종 때 조선통보라는 화폐를 만들었지만, 많이 쓰이지 않았다.

가운데에
구멍이 있어!
常
平
通
寶
단위가 작아서 여러 개를 가지고
다녀야 하니까 줄로 꿰는 곳이 있었대.

정답 공개 ❷ 상평통보

가게에서는 큰 단위의 화폐보다 주로 작은 단위의 화폐를 사용하죠. 그리고 현수막에 '조선 장터', '10 푼'이라고 써 있는 것을 보아 잭슨이 사용해야 하는 화폐는 상평통보임을 알 수 있습니다.

핵심 정리

은병	상평통보
• 고려 때 은으로 만든 병 모양 화폐 • 단위가 커서 불편함.	• 조선 후기 때 널리 유통된 화폐 • 단위가 작아 편함.

"우리는 지금 화폐를 직접 사용하거나, 신용 카드를 쓰는 게 익숙하지? 하지만 예전엔 그렇지 않았어. 웬만한 것은 직접 만들거나 생산해서 사용했거든. 하지만 경제 규모가 커질수록 화폐가 필요해지지. 공책을 1억 원 어치 사야 하는데 그만큼의 쌀을 실어 가긴 어렵겠지? 조선 후기 때보다 상업이 발달하지 못했던 고려 시대에는 화폐가 널리 쓰이지 못했지만, 조선 후기에는 시장의 규모가 커져서 화폐가 꼭 필요해진 거야."

앙투안에게 말하고 있는 사람들은 과연 누구일까요?

Q

난이도 ★★☆

앙투안이 고려 후기로 시간 여행을 떠났어요. 한 무리의 사람들이 앙투안에게 무언가를 호소하며 같이 개혁을 하자고 하네요. 이들은 과연 누구일까요?

단서

- 권문세족은 대다수가 중국의 원과 친한 친원파로, 원 간섭기 때 권세를 누렸다.
- 신진 사대부는 공민왕이 유교 교육을 강화하고, 개혁을 하면서 성장한 세력이다.
- 사람들이 앙투안에게 무슨 말을 하는지 잘 살펴보자.

❶ 권문세족

❷ 신진 사대부

권문세족

權 門 勢 族
권세 권 문 문 세력 세 겨레 족

045

원 간섭기에 원의 세력을 배경으로 권세를 누린 지배 세력

시대 고려

원 간섭기에 원의 세력을 배경으로 높은 벼슬과 권력을 차지한 세력을 말합니다. 이들은 '친원파'라는 것 외에 공통점이 거의 없어요. 원에 매를 공급해 출세한 사람도 있었고 몽골어를 잘해서 출세한 사람도 있었습니다. 그래서 이때 몽골어 고액 과외가 유행하기도 했어요. 이들은 백성들의 땅을 빼앗고 그들을 노비로 만들면서 권력을 유지했어요. 공민왕이 억울한 사람을 풀어 주고 빼앗긴 땅을 되찾아 준 게 바로 전민변정도감입니다. 이것 말고도 공민왕은 권문세족이 보란 듯 반원 개혁 정치를 내세웠어요. 먼저, 대표적인 친원 세력인 기철을 비롯한 기씨 일가를 없애 버려요. 또한 원이 내정 간섭을 하기 위해 고려 개경에 두었던 관아인 정동행성을 축소하고, 함경남도에 두었던 쌍성총관부를 공격해 이북 땅을 회복하려고 했죠. 그러나 이러한 개혁은 기철의 여동생이자 원 황제의 황후였던 기황후를 비롯한 권문세족의 반발을 불러왔고, 공민왕이 세상을 떠나면서 물거품이 됩니다.

천산대렵도

공민왕이 그렸다고 전해지는데, 변발을 한 사람을 확인할 수 있다. 원 간섭기에는 몽골 풍습이 유행했다.

신진 사대부

新 새 신 | 進 나아갈 진 | 士 선비 사 | 大 큰 대 | 夫 지아비 부

046

성리학을 수용하여 사회를 개혁하고자 한 신진 세력

시대 고려, 조선

고려 말 권문세족에 맞서 등장한 새로운 세력입니다. 이들은 공민왕의 개혁 때문에 등장했어요. 공민왕이 성균관을 정비하고 유학 교육을 강화하면서 신진 사대부가 성장합니다. 과거 시험으로 관리가 된 신진 사대부는 새로운 유학인 성리학을 공부했고, 권문세족과 부패한 불교 때문에 멍들어 가는 고려를 개혁하고자 했어요. 대표적인 인물은 정도전과 정몽주예요. 하지만 공민왕의 개혁이 실패하면서 개혁 방향을 놓고 점진적으로 개혁을 하자는 '온건파'와 새로운 왕조를 세우자는 '혁명파'로 나뉘게 됩니다.

한편, 이 시기에는 홍건적과 왜구를 물리쳐 백성들의 안전을 지킨 이성계와 최영이 신흥 무인 세력으로 성장하는데, 온건파와 혁명파 중 누가 이성계와 손을 잡느냐에 따라 고려의 운명이 달라지지요. 결과는 혁명파의 승리였습니다!

신진 사대부 온건파와 혁명파

온건파	혁명파
점진적	급진적
고려 왕조 유지, 점진적 개혁	왕조를 바꾸는 역성혁명
정몽주	정도전

성리학
기황후여, 고려는 원의 신하가 아니다!

정답 공개 ❷ 신진 사대부

앙투안에게 호소하는 사람들이 말하는 '그들'은 원의 세력을 등에 업고 출세한 권문세족이에요. 권문세족의 횡포에 고려는 점점 멍이 들고 있었답니다. 그러니까 권문세족에 맞서 고려를 개혁하자고 주장하는 이 사람들은 바로 신진 사대부랍니다.

권문세족	신진 사대부
• 원 간섭기에 권세를 누린 지배 세력 • 백성들의 땅을 빼앗고 그들은 노비로 만듦. • 공민왕의 개혁에 반발함.	• 성리학을 수용해 사회를 개혁하고자 한 세력 • 공민왕의 개혁으로 성장함. • 주로 과거로 벼슬에 오름. • 개혁의 방향을 놓고 온건파와 혁명파로 나뉨.

"권문세족은 친일파와 유사해. 우리 민족, 우리나라가 중요한 게 아니라 원을 등에 업고 반민족적인 행동을 하면서 권력을 독점했거든. 고려 말, 이들을 비판하면서 등장한 개혁 세력이 바로 신진 사대부야. 신진 사대부들은 권력을 잡은 뒤 고려를 유지할 것인가, 없애고 새로운 나라를 만들 것인가에 따라 온건파와 혁명파로 나뉘게 돼. 둘 중 다수는 온건파 사대부였어. 하지만 역사는 반드시 다수가 승리하지는 않아. 최후의 승자는 혁명파 사대부였어. 이들이 조선을 열게 되지."

미나가 추천한 책의 제목은 무엇일까요?

Q

난이도 ★☆☆

앙투안이 학교 텃밭에서 식물을 기르고 있는데, 생각만큼 잘 자라지 않나 봐요. 고민하던 잭슨에게 미나가 책을 한 권 내밀었어요. 미나가 들고 있는 이 책의 제목은 무엇일까요?

단서

- 『농상집요』는 중국 원에서 들여온 농업 관련 책이다.
- 『농사직설』은 조선에 맞는 농사 방법을 정리한 책이다.
- 책의 표지 문구에 주목해 보자.

❶ 『21세기 농상집요』

❷ 『21세기 농사직설』

농상집요

農 농사 농 | 桑 뽕나무 상 | 輯 모을 집 | 要 요긴할 요

047

고려 시대 때 중국 원에서 들여온 농업 서적

인물 이암

고려 후기 원에서 들여온 농업과 관련된 책입니다. 문신이었던 이암이 소개했어요. 고려 때 농업은 이전보다 많은 변화가 일어났어요. 땅에 거름을 주는 시비법이 발달했거든요. 시비법이 뭐냐고요? 쉽게 말하면 '거름'인데요, 사람의 똥오줌에 풀이나 갈대 등을 섞어서 썩힌 뒤에 땅에 묻어서 그 땅을 영양분 가득한 기름진 땅으로 만드는 거예요. 이렇게 하는 이유는 땅을 계속 쓰기 위해서지요. 예전엔 농사를 지으면 다시 곡식을 심을 수 있는 상태가 될 때까지 오래 쉬어 주었거든요. 시비법이 발전하면서 밭에서는 2년 동안 3번, 논에서는 1년에 2번 농사짓는 방법인 모내기가 소개돼요. 원 간섭기에는 목화도 들어오면서 따뜻한 옷도 만들어 입을 수 있었죠. 『농상집요』는 농업이 크게 발달하고 있던 이 시기 고려에 소개된 원의 농법서예요. 농법뿐만 아니라 목화 재배를 장려하는 내용도 있었는데, 우리의 기후와 땅에는 맞지 않는 내용도 있어 농민들이 불편을 겪기도 했어요.

농사직설

農 농사 농 | 事 일 사 | 直 곧을 직 | 說 말씀 설

048

조선 땅에 맞는 농사 방법을 정리한 농업 서적

인물 세종

우리나라 실정에 맞는 농사법을 정리한 책입니다. 조선 세종 때 편찬되었어요. 당시 조선에는 조선 사람들의 농업 경험을 담은 책이 한 권도 없었어요. 고려 말에 들어온『농상집요』도 중국을 기준으로 한 정보였기 때문에 기후와 토양이 다른 조선에 적용하기에는 한계가 있었죠. 그래서 세종은 정초 등에게 명하여 전국 농부들의 경험담을 모아서 각 지역에 맞는 농사 방법을 상세히 담은 농업 책을 편찬하게 했습니다. 이 책은 조선 최초의 독자적인 농업 서적이 됩니다. 여기에는 우리가 많이 먹는 주요 곡식들을 심고 기르는 법, 논밭을 가는 방법, 비료를 만드는 법 등이 잘 정리되어 있어 농민들에게 큰 도움이 되었답니다.

정답 공개 ❷『21세기 농사직설』

『농사직설』은 조선 세종 때 편찬된 농업 서적으로, 우리 땅에 맞는 농사법이 정리되어 있어요. '우리 땅에선 우리만의 농법으로'라는 문구를 보면 미나가 앙투안에게 추천한 책 제목이 『21세기 농사직설』이라는 걸 알 수 있어요.

핵심 정리

농상집요	농사직설
• 고려 때 원에서 들여온 농업 서적 • 문신이었던 이암이 들여옴. • 우리나라에 맞지 않는 농업 방법이 수록되기도 함.	• 조선 세종 때 편찬된 농업 서적 • 우리 땅에 맞는 농사 방법이 수록됨. • 우리나라 최초의 독자적인 농업 서적

> 조선 시대 사람들은 농업이 천하의 근본이라고 생각했어. 백성들이 농사를 잘 지으면 생활이 안정되고, 생활이 안정되면 나라에 예와 효가 넘치고, 국가에 충성하게 된다고 생각했지. 그래서 조선의 왕들은 모두 농업을 장려하는 데 많은 힘을 기울였지. 반드시 해내야 하는 미션이 바로 우리 실정에 맞는 농업 서적을 만드는 거였단다. 최초는 우리가 배운 『농사직설』이 있고, 이후에 『금양잡록』, 『농가집성』 등도 나왔어.

미나는 어떤 말을 할 수 있을까요?

Q

난이도 ★★☆

다지쌤 수업 시간에 규장각에 대해 배웠나 봐요. 수업이 끝나고 복습해 보자는 다지쌤의 말에 잭슨과 앙투안이 앞다투어 대답을 해요. 자기가 생각한 말을 잭슨과 앙투안이 모두 말해 버려서 미나가 당황하고 말았어요. 그렇다면 미나는 또 어떤 말을 할 수 있을까요?

단서

- 규장각은 왕실 도서관이자 왕의 정책 연구 기관이었다.
- 규장각은 조선 후기에 세워졌다.
- 세종은 조선의 제4대 왕, 정조는 조선의 제22대 왕이다.

① 세종과 관련이 있어요.

② 정조와 관련이 있어요.

집현전 集 賢 殿

모을 집 어질 현 전각 전

049

궁중에 설치한 학문 연구 기관

인물 세종

조선 초기의 대표적인 학문 연구 기관입니다. 고려 시대부터 있었지만, 이름뿐이었고 세종이 즉위한 이후 학자를 양성하고 학문을 연구하는 기관으로 개편되었어요. 집현전에서는 경연과 서연을 담당했는데, '경연'은 왕이 유교적 교양을 쌓을 수 있도록 신하들과 공부하는 것이고, '서연'은 차후에 왕이 될 세자를 가르치는 거예요. 집현전의 학자들은 많은 책을 펴냈는데, 이처럼 이곳은 학자들이 학문적인 기초를 닦는 데 크게 이바지한 곳이었어요.

그리고 반드시 기억해야 할 게 있어요! 세종이 집현전 학자들과 함께 훈민정음을 만들었다는 거예요. 앞에서 배운 조선 삼사 중 하나였던 홍문관도 집현전을 계승한 거였어요. 세조 때 집현전을 없앴는데 후에 성종이 집현전을 계승한 홍문관을 만든 거랍니다.

규장각 奎 章 閣

별규 글장 집각

050

왕실 도서관이자 학술과 정책을 연구하던 기관

인물 정조

조선 후기 정조가 만든 왕실 도서관입니다. 많은 사람들이 반대하는 가운데 왕위에 오른 정조는 자기 라인의 신하를 키우고 싶었어요. 그래서 세운 게 바로 규장각이에요. 규장각은 겉보기에는 평범한 왕실 도서관입니다. 왕이 대놓고 자기 사람을 키우겠다고 규장각을 만들면 기존 세력이 반대할 테니 도서관으로 위장한 거죠. 실제로는 도서관 기능 외에도 비서, 정책 자문, 인재 양성 등을 담당했습니다.

규장각에서는 서얼* 신분으로 관직에 오르기 힘들었던 박제가, 이덕무, 유득공 등도 정조의 부름을 받아 관리가 되었고, 그들은 이곳에서 왕의 개혁 정치를 뒷받침하며 능력을 펼쳤어요. 규장각은 창덕궁 후원에 있는 2층 건물인데, 정조는 이곳의 학자들이 정치적 간섭을 받지 않게 하려고 일하는 학자 외에는 절대 드나들지 않도록 명령을 내리기도 했어요.

***서얼**(庶 여러 서 孼 서자 얼) : **양반과 양민 또는 천민 여성 사이에서 낳은 아들**

정답 공개 ② 정조와 관련이 있어요.

잭슨과 앙투안이 규장각에 대해 정확하게 알고 있네요! 규장각은 왕실 도서관의 역할을 했어요. 또한 서얼 출신들도 이곳에서 일했답니다. 정조는 규장각을 통해 자신의 정책을 뒷받침할 인재를 양성했어요. 규장각이 조선 후기에 세워졌고 정조가 조선의 제22대 왕이라는 힌트를 보면 답을 유추할 수 있어요. 정조는 조선 후기의 왕입니다. 집현전은 세종 때, 즉 조선 초기에 학문 기관으로 개편되었어요.

핵심 정리

집현전	규장각
• 조선 최고의 학문 연구 기관 • 조선 초기 세종이 연구 기관으로 개편함. • 경연부와 서연부가 있음. • 세종이 이곳의 학자들과 훈민정음을 만듦.	• 조선 최고의 왕실 도서관 • 조선 후기 정조가 세움. • 서얼 출신도 일할 수 있었음. • 이곳의 관리들이 정조의 개혁 정치를 도움.

“집현전과 규장각은 인재를 양성하고 학문을 연구한다는 공통적인 목적을 갖고 있어. 집현전에서는 집현전 학자들에게 조용히 독서에 몰두할 수 있도록 장기간의 휴가를 주는 ‘사가 독서제’를 시행했어. 규장각에서도 ‘초계 문신제’를 통해 37세 이하의 관리 중 똑똑한 이들을 선발해 재교육시키면서 인재를 키웠지. 놀라운 업적도 이 기관들에서 나왔어. 특히 세종은 집현전에 정음청을 설치해 연구를 했고, 그 결과 1443년에 훈민정음이 창제돼.”

다지쌤과 아이들이 가야 할 곳은 어디일까요?

Q

난이도 ★★☆

수업이 끝난 후 다지쌤이 아이들에게 메시지를 보냈어요. 다음 시간에는 시간 여행을 통한 현장 학습을 할 모양이네요. 다지쌤과 아이들이 다음 수업 시간에 가야 할 곳은 어디일까요?

단서
- 3정승은 영의정, 좌의정, 우의정을 말한다.
- 조선 행정 기구의 권력은 의정부에서 비변사로 옮겨 갔다.
- 어느 시기로 현장 학습을 가는지 주목해 보자.

❶ 의정부　　❷ 비변사

의정부 議 政 府

議 의논할 의 政 정사 정 府 마을 부

051

3정승이 합의를 통해 나랏일을 총괄한 최고 행정 기구

특징 의정부 서사제

영의정, 좌의정, 우의정 세 명의 정승이 합의를 통해 나랏일을 결정하던 조선 시대의 최고 행정 기구입니다. 조선 삼사를 배우면서 조선의 정치 기구에 대해 조금 배웠을 거예요. 조선은 의정부와 6조를 중심으로 나랏일을 처리했어요. 6조의 관청들이 나랏일을 보고해 올리면, 의정부의 정승들이 논의하고 합의한 뒤, 왕에게 보고하여 업무를 처리했습니다. 이를 '의정부 서사제'라고 하지요. 그런데 태종과 세조 때에는 왕권을 강화할 목적으로 왕이 직접 6조의 보고를 듣고 정책을 정하는 '6조 직계제'를 실시했습니다. 이는 3정승의 합의를 건너뛰어 의정부의 권한을 줄인 것이었지요. 의정부는 임진왜란 등의 전쟁을 거치면서 유명무실한 기구가 되고 말아요.

비변사 備 갖출 비 邊 가변 司 맡을 사

052

조선 중기 이후 국방 및 국정 전반을 총괄한 기구

관련 사건 임진왜란

조선 중기부터 높은 관리들이 모여 나랏일을 의논하던 기구입니다. 원래 비변사는 국방에 대한 대책을 논의하기 위해 마련한 임시 기구였어요. 의정부가 유명무실한 기관이 된 이유가 바로 비변사 때문이에요. 임진왜란이 일어나면서 비변사는 의정부를 대신하여 국방, 외교, 산업, 교통, 통신 등 나라의 모든 일들을 맡아 의논하고 결정했어요. 전쟁이 터졌으니 빨리 의사 결정을 내려야 하는데 의정부에서 회의를 하면 그것을 시행하기까지 오래 걸렸기 때문이죠.

비변사에는 의정부의 3정승을 비롯하여 6조의 대신들과 국경을 담당하고 있는 관찰사 등 많은 문신과 무신 관리들이 참여했습니다. 조선 후기에 흥선 대원군이 권력을 잡으면서 비변사는 예전처럼 국방과 관련된 일만 다루는 것으로 축소되었다가 폐지되었습니다.

행정 기구의 변화

정답 공개 ❶ 의정부

아이들이 가야 할 곳은 조선 시대 전기 최고의 행정 기구였던 의정부예요. 의정부에서는 영의정, 우의정, 좌의정의 역할이 매우 컸어요. 의정부의 권한이 줄어든 이후인 조선 중기부터는 비변사가 그 역할을 대신했답니다.

의정부	비변사
• 조선 전기 나랏일을 총괄한 행정부 최고 기구 • 영의정, 좌의정, 우의정으로 이루어짐. • 조선 후기에 권한이 약화됨.	• 조선 중기 이후 국방 및 국정 전반을 총괄한 기구 • 3정승을 비롯한 다양한 문·무신이 참여함. • 잦은 전쟁으로 의정부를 대체하는 기구로 성장함.

“ 의정부는 고구려의 제가 회의, 고려의 도병마사와 식목도감 같은 우리나라의 독자적인 회의 기구의 전통을 이어받았지. 하지만 급변하는 전쟁 상황에 제대로 대처하지 못했어. 비변사는 힘 있는 가문의 아지트가 되면서 모든 권력이 이곳에 집중되자, 조선 후기에 흥선 대원군이 이곳을 없애. 두 기구 모두 한때는 조선의 최고 권력 기구였지만 시대가 변하면서 사라지게 되었어. ”

앙투안이 말한 ○○ 관계는 무엇일까요?

Q

난이도 ★★☆

잭슨이 미나가 그동안 차곡차곡 정리한 '역사 비밀 노트'를 빌려 달라며 이런저런 선물을 잔뜩 가져왔네요. 그걸 옆에서 지켜보던 앙투안이 "너네 꼭 ○○ 관계 같아."라고 말했어요. 앙투안이 말한 ○○ 관계는 무엇일까요?

단서

- 조선의 외교 정책은 사대와 교린으로 나뉜다.
- 다른 나라를 섬기면 사대, 다른 나라와 동일한 입장에서 사귀면 교린 관계이다.
- 지금 잭슨과 미나의 상황에서는 어떤 관계가 더 맞는지 잘 살펴보자.

❶ 사대　　❷ 교린

사대 事 大

일사 큰대

053

세력이 강하고 큰 나라를 받들어 섬기는 외교 정책

관련 국가 명

강대국이었던 중국의 명나라를 큰 나라로 인정하고 섬겼던 조선의 외교 정책입니다. 명이 조선을 신하의 나라로 책봉하면 조선은 사절단을 보내 인삼, 버섯, 모피 등의 특산물을 조공했죠. 그러면 명이 서적, 비단, 약재 등을 답례품으로 보냅니다. 겉으로 보면 명이 군주, 조선이 신하와 같은 관계처럼 보이지만 실제 운영은 달랐습니다. 명은 내정 간섭을 할 수 없었고, 조선은 실리*를 취할 수 있었어요. 실제로, 조공품보다 답례품의 양과 질이 훨씬 우수했어요. 특히 명은 조공을 통한 무역만 허락했기 때문에 조선 입장에서 사대 관계는 명의 선진 문물을 얻기 위한 중요한 외교 정책이었던 거죠.

*실리(實 열매 실 利 이로울 리) : 실제로 얻는 이익

교린 交 鄰

交 사귈 교 鄰 이웃 린

054

이웃 나라와 대등한 입장에서 사귀는 외교 정책

관련 국가 여진, 왜

조선이 중국 이외의 다른 나라들에 사용한 외교 정책입니다. 교린 정책에는 강경책*과 회유책*이 있어요. 이건 당근과 채찍 수법인데요, 조선은 여진족에게 관직과 땅, 집 등을 주어 조선 백성이 될 수 있도록 하고, 국경 지역에는 무역을 할 수 있는 무역소를 두기도 했지요. 그러나 조선의 국경을 침입할 때는 군대를 보내 혼쭐을 냈어요. 세종 때는 압록강과 두만강 부근의 여진족을 몰아내고 4군 6진을 설치했지요.

조선은 왜에도 교린 정책을 썼어요. 왜구들의 소굴이었던 쓰시마섬을 토벌하기도 하고, 부산포(부산), 제포(창원), 염포(울산) 등 3포의 문을 열어 제한적이지만 무역을 허용하기도 했답니다.

*강경책(强 굳셀 강 硬 굳을 경 策 꾀 책) : 단호하고 굳세게 대처하려고 내는 수단

*회유책(懷 품을 회 柔 부드러울 유 策 꾀 책) : 정부나 자본가가 반대당이나 노동자에게 적당한 양보 조건을 제시해 수긍하도록 하는 정책

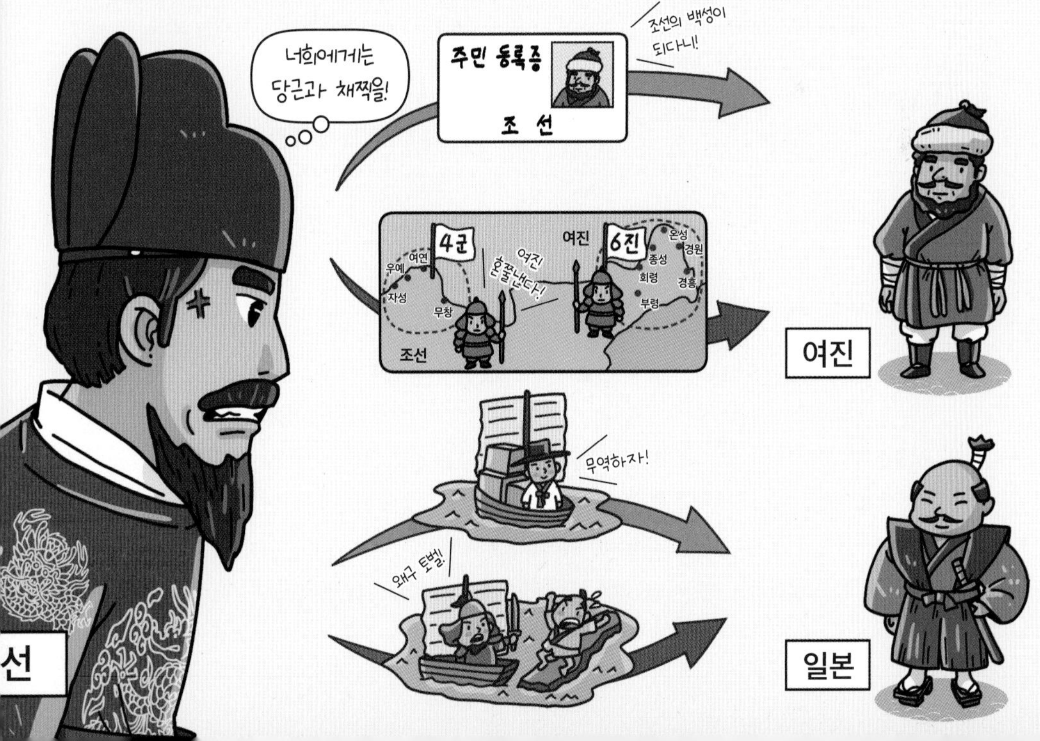

정답 공개 ❶ 사대

잭슨이 미나의 노트를 얻기 위해 이런저런 선물을 주는 모습이 꼭 조선과 명의 관계를 닮았죠? 앙투안은 이걸 보고 사대 관계를 떠올렸나 봐요. 조선은 명에 특산물을 바치는 대신 선진 문물을 들여왔어요. 명과의 이런 관계를 통해 조선은 실리를 추구할 수 있었답니다.

핵심 정리

사대	교린
• 한 나라를 받들고 섬기는 외교 정책 • 조공과 책봉의 형식으로 이루어짐. • 조선과 명의 관계	• 이웃 나라와 대등한 입장에서 사귀는 외교 정책 • 회유책과 강경책이 함께 쓰임. • 조선과 여진, 조선과 왜의 관계

"조선의 기본적인 외교 정책이 바로 사대와 교린이야. 중국을 큰 나라로 인정해 주면서(사대) 실리를 취할 수 있었고, 여진 및 일본과 대등한 입장에서 사귀면서(교린) 다툼을 피할 수 있었어. 사대와 교린은 언뜻 보면 달라 보이지만 실제로는 주변 국가와의 분쟁을 피하면서 국가의 안정을 꾀하려 했다는 같은 목적을 갖고 있는 거지!"

간식을 사야 하는 친구는 누구일까요?

Q

난이도 ★★★

아이들이 '역사 사다리 타기 게임'을 하기 위해 커다란 게임판에 자신의 얼굴 스티커를 붙이고 있어요. 조선 시대 정치 세력에 대해 알아보는 게임인데요, 다른 답이 나오는 사람이 간식을 사기로 했어요. 간식을 사야 하는 친구는 누구일까요?

단서

- 훈구와 사림에 대한 사다리 타기 게임이다.
- 조선 초기 훈구는 부를 누리며 권력을 장악했고, 혁명파 사대부에 뿌리를 둔다.
- 조선 초기 사림은 훈구에 밀려 지방으로 내려가고, 후에 훈구를 비판하며 성장한다.

❶ 앙투안 ❷ 잭슨 ❸ 미나

훈구 勳 舊

공훈 옛구

055

조선 초기 세조의 집권을 도와 부를 축적한 세력

계승 혁명파 사대부

조선 초기에 권력을 잡고 있던 정치 세력을 말합니다. 이들의 뿌리는 신진 사대부 중에서도 혁명파 사대부였어요. 이들은 조선 건국 후에 중앙 정계로 진출해서 국가를 이끌어 나갑니다. 주로 국가 교육 기관에서 교육을 받았고, '벼슬 관(官)' 자를 써서 '관학파'라고도 하죠. 관학파 중에서 일부는 세조 때 쿠데타에 참여하면서 공을 세우는데, 공훈*을 세웠다고 해서 이들을 '훈구파'라고 부릅니다. 공을 세운 대가로 훈구는 거대한 토지와 많은 노비를 받고 부를 누리게 됩니다. 대지주 출신들이 많았던 거예요. 그러나 부를 축적하는 과정에서 많은 부정부패를 저질러 비난을 받기도 했습니다. 시간이 지나면서 이러한 현상은 더욱 심해졌고 그들이 비판했던 권문세족과 다를 게 없어지지요.

*공훈(功 공 공 勳 공 훈) : 나라나 회사를 위하여 두드러지게 세운 공로

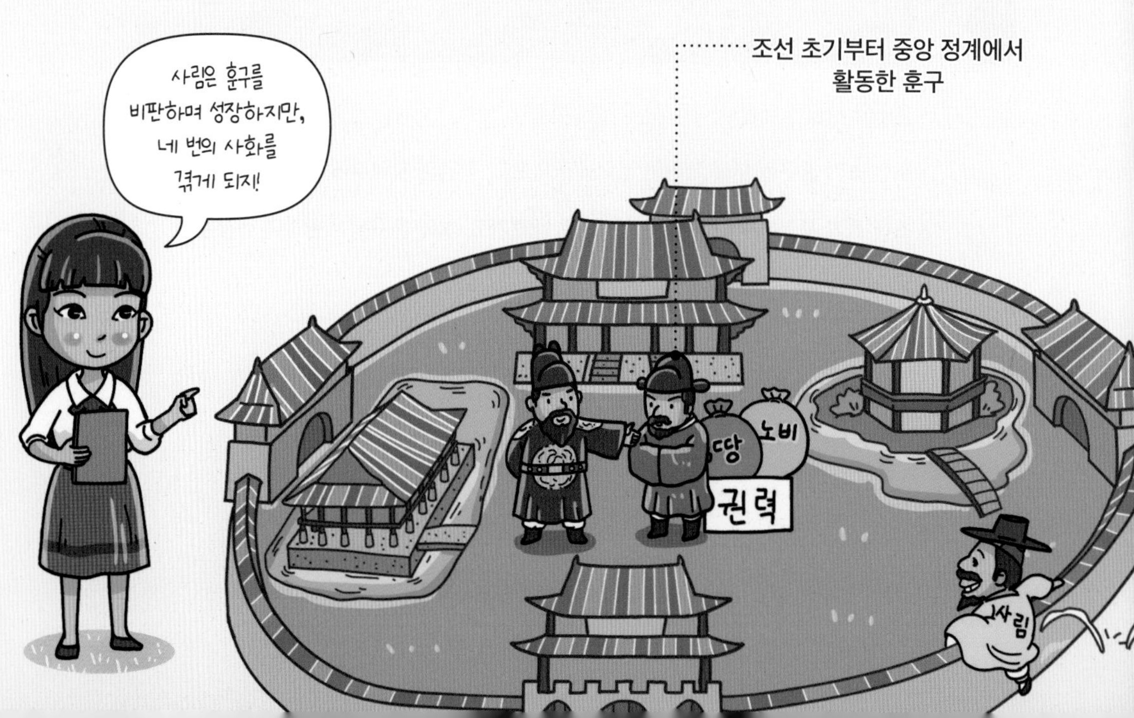
사림은 훈구를
비판하며 성장하지만,
네 번의 사화를
겪게 되지!
조선 초기부터 중앙 정계에서
활동한 훈구
땅
노비
권력
사림

사림 士 林

선비 사 수풀 림

056

조선 중기 훈구를 비판하며 성장한 세력

계승 온건파 사대부

훈구를 비판하며 성장한 세력을 말합니다. 이들의 뿌리는 고려 말 온건파 사대부예요. 고려 말 혁명파와의 권력 다툼에서 목숨을 건진 온건파는 지방으로 내려간 후 혁명파에 살해된 스승의 원수를 갚기 위해 제자를 양성하죠. 서원이라는 사립 교육 기관에서 교육을 받아서 '사학파'라고도 불러요. 공교육과 사교육으로 이해하면 쉽죠. 사학으로 성장한 이들은 향촌 사회를 장악할 정도로 성장합니다. 선비(士)들이 숲(林)을 이루었다고 해서 '사림파'라고 부르는 거예요.

조선은 권력의 균형을 중시했어요. 훈구의 권력이 너무 컸기 때문에 국가 체제 정비를 마무리한 성종은 훈구를 견제하기 위해 향촌에서 때를 노리던 사림들을 등용합니다. 사림은 성리학을 가장 중요한 사상으로 생각했고, 왕도 정치와 향촌 자치를 이상적인 정치 형태로 생각했어요. 그리고 훈구의 부정과 비리를 비판하며 언론 활동을 중시했지요. 지방에 있던 사림들은 성종 때부터 중앙 정계로 올라와 언론 기능을 담당했던 삼사를 서서히 장악했어요. 이후 두 세력 간의 싸움이 벌어지면서 사화*가 발생해요.

*사화(士 선비사 禍 재앙 화) : '사림의 화'의 준말로, 사림들이 정치적 반대파에 몰려 참혹한 화를 입던 일

무오사화(1498)
사림이 자신의 증조할아버지인 세조를 비판했다는 이유로 연산군이 사화를 일으킴.
항우 = 세조
의제 = 단종
항우 나쁨
→ 세조 나쁨
갑자사화(1504)
연산군이 자신의 어머니의 죽음과 관련된 신하들을 처벌함.
기묘사화(1519)
급진적 개혁에 부담을 느낀 중종과 훈구가 조광조를 비롯한 사림을 처벌함.
흥!
조광조 and 사림
을사사화(1545)
명종의 어머니인 문정 왕후와 명종의 외삼촌인 윤원형이 반대파를 없앰.
지방에 기반을 잡은 사림

정답 공개 ❶ 앙투안

앙투안이 고른 것은 '조선 건국 기여'예요. 훈구 세력의 뿌리는 고려 말 혁명파 신진 사대부이고, 그들은 조선을 건국하는 데 일조해요. 특히 훈구는 세조 때 큰 권력을 누려요. 공을 세웠다고 거대한 토지와 노비를 받습니다. 반대로 사림은 고려 말 온건파 사대부에 뿌리를 두고 있어요. 조선 건국 후 훈구에 밀려 지방으로 내려가 향촌 사회를 발전시킵니다. 후에는 언론 역할을 하던 삼사를 통해 훈구를 비판합니다. 따라서 다른 답이 나오는 친구는 앙투안이에요.

핵심 정리

훈구	사림
• 조선 초기 세조의 집권을 도와 부를 축적한 세력 • 혁명파 신진 사대부에 뿌리를 둠. • 중앙 집권적 통치 지향	• 조선 중기 이후 훈구를 비판하며 성장한 세력 • 온건파 신진 사대부에 뿌리를 둠. • 지방 자치 강조 • 네 번의 사화를 당함.

"훈구는 건국 초부터 국정 운영에 참여했으니 권력이 중앙으로 집중된 국가를 추구한 반면, 향촌에 세력을 떨치고 있던 사림은 지방 자치를 강조했어. 훈구와 사림의 싸움으로 발생한 네 번의 사화 끝에 살아남은 것은 사림이었어. 사림의 저력은 후학 양성 기관인 서원과 자치 규약인 향약에 있단다. 서원과 향약은 곧 자세히 배울 거야!"

재니가 한 말은 어떤 뜻일까요?

Q

난이도 ★★☆

앙투안이 잭슨네 집에 놀러 왔다가 집에 가야 할 시간이 되었어요. 그런데 앙투안이 깜빡하고 지갑을 놓고 와서 잭슨이 앙투안에게 차비를 빌려주고 있어요. 재니는 잭슨과 앙투안을 보며 또 알쏭달쏭한 말을 하고 있어요. 재니가 한 말은 어떤 뜻일까요?

단서

- 조선 시대 사림은 향촌 사회의 약속인 향약을 널리 퍼뜨렸다.
- 앙투안이 어떤 상황에 처했는지 살펴보자.

❶ 잘못한 일은 서로 고쳐 준다.

❷ 어려울 때 서로 돕는다.

서원 書 院

글서 집원

057

유교 관련 제사를 지내고 인재를 교육하기 위해 설립된 교육 기관

주도 세력 사림

조선 시대 때 지방에 있던 사립 교육 기관입니다. 서원에서는 교육만 한 게 아니라 선대 유학자들에 대한 제사도 지냈어요. 봄, 가을에는 마을의 선비들이 서원에 모여 잔치도 열면서 향촌 사회의 중요한 모임 장소 역할도 담당했어요. 서원에 사람들이 집결하다 보니 중요한 여론이 형성되는 장이 된 거죠. 사림은 서원을 중심으로 뜻을 모아 상소를 올려 정치적 영향력을 끼치려고 했어요. 조선에 제일 처음으로 들어선 서원은 백운동 서원입니다. 이후 이곳은 명종 때 이황의 건의를 받아들여 왕에게 '소수 서원'이라는 현판을 받았어요. 이처럼 왕이 이름을 붙여 준 서원을 '사액 서원'이라고 합니다. 사액 서원은 세금을 내지 않아도 되었고, 서원을 운영할 수 있도록 나라에서 땅과 노비, 책 등을 지원받았어요. 전국에 서원이 많이 세워지면서 사림이 원하는 성리학적 질서가 조선에 널리 퍼져 갔습니다.

소수 서원 현판

우리나라 최초의 사액 서원인 소수 서원의 현판으로, 사액 서원으로 될 당시 조선의 명종이 이름을 지어 그것을 직접 쓴 것이다.

유교 교육

유학자들에 대한 제사

향약 鄕 시골 향 約 맺을 약

058

조선 시대 향촌의 자치 규약

주도 세력 사림

사림이 만들어 널리 퍼뜨린 향촌의 자치 규약입니다. 이는 중국의 여씨향약을 본받은 것이에요. 여씨향약이란 11세기 초 중국에 살았던 여씨 가문이 만든 자치 규약입니다. 향촌 사람들이 지키면서 살아가야 할 규약을 담고 있어요. 중종 때 조광조가 중국의 향약을 알리기 시작하며 전국에 퍼지게 됩니다.

향약은 마을마다 조금씩 달랐지만, 덕업상권*, 과실상규*, 예속상교*, 환난상휼* 등의 내용이 담겨 있습니다. 사림은 서원을 통해 인재를 키우고, 향약을 널리 퍼뜨리면서 자신들의 영향력을 넓혔지요. 하지만 향약은 지방 양반들이 마을 농민들을 통제하는 수단이 되기도 했어요.

*__덕업상권__(德 덕 덕 業 업 업 相 서로 상 勸 권할 권) : **좋은 일은 서로 권함.**
*__과실상규__(過 지날 과 失 잃을 실 相 서로 상 規 법 규) : **잘못한 일은 서로 고쳐 줌.**
*__예속상교__(禮 예도 예 俗 풍속 속 相 서로 상 交 사귈 교) : **서로 사귈 때에는 예의를 지켜야 함.**
*__환난상휼__(患 근심 환 難 어려울 난 相 서로 상 恤 불쌍할 휼) : **어려운 일이 생겼을 때 서로 도와야 함.**

정답 공개 ❷ 어려울 때 서로 돕는다.

앙투안은 차비가 없어 집에 갈 수 없는 상황에 놓였습니다. 잭슨은 앙투안에게 차비를 건네며 앙투안을 돕고 있어요. '환난상휼'은 향촌 사회의 자치 규약인 향약의 덕목 중 하나로, '이웃이 어려울 때 서로 돕는다.'라는 뜻을 가지고 있지요.

핵심 정리

서원	향약
• 사림이 지방에 만든 교육 기관 • 선대 유학자들에 대한 제사도 이루어짐. • 후에 왕이 이름 붙이는 사액 서원이 생김.	• 사림이 만든 향촌 자치 규약 • 덕업상권, 과실상규, 예속상교, 환난상휼이 대표적임. • 농민들을 통제하는 수단이 되기도 함.

"서원과 향약의 공통점은 바로 사림의 권력 기반이라는 점이야!
서원을 통해서 인재를 키우고, 향약을 통해서 유교적 가치관을 지방까지
퍼뜨렸지. 하지만 시간이 흐르면서 문제점도 나타났어.
서원은 세력가들의 아지트가 되면서 변질되었고, 향약 또한 지방의 세력가가
마을 사람들을 통제하는 데 활용되기도 했단다."

잭슨은 어떤 전쟁에 관한 영화를 보고 있는 걸까요?

Q

난이도 ★★☆

아이들이 학교 끝나고 모처럼 영화를 보러 갔어요. 무슨 영화인지도 모르고 미나와 앙투안이 간다니까 함께 따라나선 잭슨. 그런데 영화에서 어디서 많이 들어 본 말이 흘러나와요. 잭슨은 지금 어떤 전쟁에 관한 영화를 보고 있는 걸까요?

단서

- 임진왜란은 왜군이 조선에 쳐들어온 전쟁으로, 이순신 장군과 수군이 큰 활약을 했다.
- 병자호란은 청이 조선에 쳐들어온 전쟁으로, 인조가 삼전도에서 굴욕을 당했다.
- 영화 속 인물이 누구일지 자세히 살펴보자.

❶ 임진왜란 ❷ 병자호란

임진왜란

壬 辰 倭 倭
아홉째 천간 임 / 다섯째 지지 진 / 왜나라 왜 / 어지러울 란

059

1592년 왜군이 조선을 침략한 전쟁

중요 인물 이순신, 도요토미 히데요시

1592년 15만 명이 넘는 왜군이 조선을 쳐들어온 전쟁입니다. 당시 왜는 도요토미 히데요시가 100년간 이어진 전국 시대를 통일하여 전쟁에 대한 자신감이 최고조였어요. 도요토미 히데요시는 명으로 가는 길을 내어 달라며 조선을 공격했지요. 전부터 낌새는 있었어요. 조선은 3포를 열어 왜와 무역을 했는데, 왜는 무역량이 부족하다며 늘 불만이 었거든요. 결국 임진왜란이 일어났고 대비가 미흡했던 조선은 전쟁 초반에 고전합니다. 왜군을 피해 선조는 의주까지 피난도 갔지요. 그러나 바다에서 이순신의 수군이 여러 차례 승리하며 왜군을 무찔렀고, 곳곳에서 의병도 일어났어요. 명도 지원군을 보내면서 전세가 바뀝니다.

이후 휴전 협상이 결렬되면서 왜군이 다시 쳐들어와 정유재란이 일어나요. 이순신은 12척의 배로 일본 배 130여 척을 깨부수는데, 이게 명량 대첩이에요. 도요토미 히데요시가 죽자 왜군이 물러나며 전쟁이 끝납니다.

관군과 의병의 활약

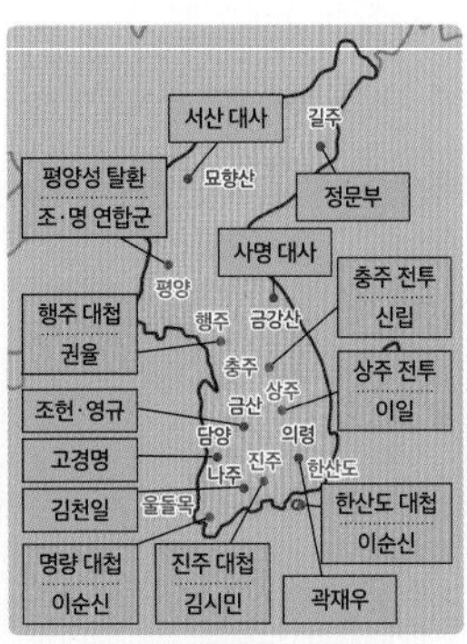

육지에서는 관군이 잇따라 패했지만 바다에서는 이순신이 이끄는 수군이 여러 차례 승리했다. 전직 관리, 유학자, 승려 등도 농민을 모아 의병을 일으켰다.

임진왜란의 과정

병자호란

丙 셋째 천간 병 | 子 첫째 지지 자 | 胡 오랑캐 호 | 亂 어지러울 란

060

1636년 청이 조선을 침략한 전쟁

중요 인물 인조

1636년 청나라가 조선을 침략한 전쟁입니다. 만주에 흩어져 살던 여진족이 후금이라는 나라를 세우고 먼저 조선을 쳐들어온 것은 1627년에 일어난 정묘호란이에요. 후금은 인조의 친명 배금* 정책에 화가 나 정묘호란을 일으켰죠. 당시 후금은 조선과 형제 관계를 맺고 돌아갔어요. 이후 세력을 키운 후금은 나라 이름을 '청'으로 바꾸고 조선에 임금과 신하의 관계인 군신 관계를 요구하면서 10만 대군을 이끌고 쳐들어왔습니다. 인조는 남한산성으로 들어가 청과 맞서 싸웠지만 결국 삼전도에서 굴욕적으로 항복하였고, 청과 조선은 군신 관계를 맺게 됩니다. 게다가 인조의 장남인 소현 세자와 차남인 봉림 대군은 수많은 백성과 함께 청에 인질로 끌려가는 치욕을 겪었어요.

삼전도비

청 태종이 인조의 항복을 받고 그 공을 자랑하기 위해 세우게 하였다. 현재는 송파구 잠실동에 있다.

*친명 배금(親 친할 친 明 밝을 명 排 밀칠 배 金 쇠 금) : 명을 중시하고 후금을 멸시한 정책

∙∙ 병자호란의 과정

정답 공개 ❶ 임진왜란

영화 속 인물은 이순신 장군이고 이순신이 장군이 활약한 전쟁은 임진왜란입니다. 이순신 장군의 대사는 원균 장군이 이끌던 수군이 일본에 대패해 전멸 상태에 빠져 있던 상황에서 나왔어요. 조선 정부는 이순신에게 육군으로 합류해서 싸우라고 했죠. 하지만 이때 '나에게는 아직 12척의 배가 있으니 수군을 모아 싸우겠다.'고 한 겁니다. 목숨을 걸고 끝까지 나라를 지키겠다는 의지가 담긴 말이죠.

핵심 정리

임진왜란	병자호란
• 1592년 왜가 조선을 침략한 전쟁 • 이순신을 비롯한 관군과 의병이 활동함. • 정유재란으로 이어짐.	• 1636년 청이 조선을 침략한 전쟁 • 삼전도의 굴욕을 겪음. • 소현 세자, 봉림 대군이 청에 인질로 끌려감.

> 일본과 싸운 '왜란'과 청과 싸운 '호란'을 묶어 양란이라고 해. 양란을 기점으로 조선은 전기와 후기로 나뉜단다. 정치적으로는 전쟁을 대비하는 기구인 비변사의 힘이 세졌고, 직업 군인 제도도 생겼지. 세금을 걷기 위한 문서가 분실되면서 경제적으로 정부의 재정이 나빠졌기 때문에 정부는 곡식을 받고 벼슬을 팔거나 천민의 신분을 면제해 줬어. 그래서 사회적으로 양반의 수가 늘어났어.

미나의 주장은 누구의 주장과 비슷할까요?

Q

난이도 ★★☆

그동안 동네 피구 대회에서 우승을 휩쓸었던 아이들이 윗동네 피구 팀에 완패를 당했어요. 복수할 날만 기다리며 이를 갈고 있던 아이들에게 미나는 윗동네 피구 팀의 연습을 구경하러 가자고 했어요. 만약 조선 시대였다면, 미나의 주장은 누구의 주장과 비슷할까요?

단서

- 병자호란 후 소현 세자와 봉림 대군은 인질이 되어 청으로 끌려간다.
- 소현 세자는 조선으로 돌아올 때 청의 발달된 문물을 가져오고, 봉림 대군은 후에 효종이 되어 청을 벌하기 위해 군사력을 강화한다.
- 미나의 말이 누구의 의견과 비슷하고 다른지 생각해 보자.

❶ 봉림 대군

❷ 소현 세자

북벌 北伐

북녘 북 칠 벌

061

병자호란 때 청에 받은 치욕을 갚기 위해 청을 정벌하자는 주장

인물 효종(봉림 대군)

조선이 청에 받은 치욕을 갚기 위해 청을 공격해야 한다는 주장입니다. 병자호란 이후 청에 인질로 잡혀갔던 두 왕자 중에 왕이 된 효종(봉림 대군)은 북벌을 외치며 성곽을 고치고, 군사력을 강화했어요. 군인의 숫자도 늘리고, 제주도에 표류했던 하멜을 시켜 새로운 조총과 대포 등을 제작하게 했어요. 당시 권력을 쥐고 있던 서인도 북벌 운동에 적극적으로 나섰으나 청의 세력은 날로 강해졌고, 이를 공격한다는 것 자체가 쉬운 일이 아니었답니다. 또한 계속되는 전쟁과 세금 부담으로 백성들의 생활이 어려워졌기 때문에 전쟁을 다시 일으키는 것에 반대하는 사람들도 늘어났지요. 이런 상황에서 1659년 효종이 갑자기 세상을 떠났고 이후 북벌 운동은 실행되지 못했답니다.

하멜

네덜란드 동인도 회사 소속이었던 하멜은 풍랑 때문에 제주도에 오게 된다. 효종은 하멜 일행이 가지고 온 총을 복제한다. 후에 하멜은 네덜란드로 돌아가 『하멜 표류기』를 집필했다.

효종
(인조 둘째 아들)

청을 벌한다!

북학 北 學

북녘 북 배울 학

062

청의 앞선 문물 및 제도를 받아들이자는 주장

인물 소현 세자, 박지원

청과의 교류를 통해 청의 발달된 문화를 배우자는 주장입니다. 북학의 선두 주자는 청으로 끌려갔던 소현 세자입니다. 인질 생활을 하며 경험한 청나라는 선진국 그 자체였거든요. 원래 조선인의 생각 속에 청을 세운 여진족은 짐승과도 같은 오랑캐였어요. 그런데 소현 세자가 경험한 청은 과학 기술이 발달하고 강한 군사력도 갖추었고, 향후 명나라를 몰아내고 중국을 지배할 새로운 주인이었습니다. 그러니 조선의 외교 전략이 더는 북벌이 되어서는 안 된다고 생각했어요. 소현 세자는 이후 귀국하면서 천문학, 산학, 천주교 서적, 천구의 등을 가지고 조선으로 돌아와요. 소현 세자는 일찍 죽고 말지만, 이후 청과의 교류가 늘어나면서 18세기에는 북학이 힘을 얻게 됩니다. 박제가, 박지원 등이 대표적인 북학파예요. 북학파의 이러한 생각은 후에 실학*과 개화사상에도 영향을 끼칩니다.

아담 샬

독일 출신의 아담 샬은 서양의 천문학과 역법을 중국에 전했다. 소현 세자가 베이징에 머물 때 둘의 만남이 이루어진 것으로 알려져 있다.

*실학(實 열매 실 學 배울 학) : 실생활의 유익을 목표로 한 학문

정답 공개 ❷ 소현 세자

미나는 윗동네 피구 팀의 기술을 배우자고 주장하네요. 미나의 이런 주장은 청의 발달된 문물을 받아들이고 배우자는 조선 시대 북학파의 의견과 비슷합니다. 북학을 주장한 사람은 청에 인질로 잡혀갔던 소현 세자였어요.

핵심 정리

북벌	북학
• 청을 벌하자는 주장 • 효종(봉림 대군)이 주장함. • 효종이 죽자 실행되지 못함.	• 청을 배우자는 주장 • 소현 세자가 주장함. • 후에 실학과 개화사상으로 이어짐.

> 병자호란 이후 청에 끌려갔던 소현 세자와 봉림 대군은 똑같은 인질 생활을 경험했는데 현실 인식은 정반대였어! 소현 세자가 북학으로 조선의 미래를 꿈꿨다면, 봉림 대군은 북벌로 병자호란이라는 과거에 대한 복수를 꿈꾼 거지. 소현 세자의 꿈이 담긴 북학은 이후 개화사상으로 이어지지만, 과거에 매몰된 북벌은 실행도 못 하고 끝나.

서인이 된 잭슨이 해야 할 말은 무엇일까요?

Q

난이도 ★★☆

다지쌤의 '역사 100분 토론'이 열렸어요. 효종의 어머니인 조 대비의 상복 착용에 대한 예송 논쟁을 하고 있네요. 앙투안과 잭슨이 조선 시대의 남인과 서인으로 변신했어요. 서인이 된 잭슨이 해야 할 말은 무엇일까요?

단서

- 남인은 효종이 둘째 아들이지만 왕위를 이었기 때문에 맏아들 대우를 해야 한다고 주장했다.
- 서인은 왕실과 사대부의 예가 같기 때문에 맏아들이 아닌, 둘째 아들이 죽었을 경우를 적용해야 한다고 주장했다.
- 성리학 예법에 따르면, 맏아들이 죽었을 때 어머니는 더 오랫동안 상복을 입어야 했고, 둘째 아들이 죽었을 때는 상대적으로 짧은 기간만 상복을 입었다.

❶ 상복을 3년 동안 입어야 합니다!

❷ 상복을 1년만 입어도 됩니다!

남인 南人

남녘 남 사람 인

063

붕당의 한 당파로, 동인에서 나온 당파

성격 서인에 대한 온건파

조선 시대 동인에서 나온 붕당*입니다. 남인을 설명하기 위해서는 그럼 먼저 동인을 알아야겠죠? 선조 때인 16세기, 조선 정권은 사림이 장악합니다. 이때 관직 인사권을 가진 이조 전랑의 임명권 문제로 갈등이 일어나 사림은 동인과 서인으로 나뉘어요. 자신들이 쫓아낸 훈구 세력을 확실하게 제거해야 한다는 강경파가 동인이고, 온건파가 서인이죠. 서로 번갈아 가며 권력을 잡는데 처음엔 동인이, 다음엔 서인이 잡지요. 그러던 중 서인이 선조에게 광해군의 세자 책봉을 건의해요. 이 사건으로 선조의 미움을 사 다시 동인이 권력을 잡았는데, 이때 서인을 모두 제거하자는 쪽과 함께 가자고 하는 쪽으로 갈려요. 강경파가 북인이고, 온건파가 남인입니다.

남인은 현종 때 왕실의 상복 문제를 둘러싸고 일어난 예송 논쟁으로 서인과 충돌합니다. 남인은 효종이 둘째 아들이지만 왕위를 이었기 때문에 장남으로 대우하여 성리학 예법에 따라 효종의 어머니인 조 대비(장렬 왕후 조씨)가 3년 동안 상복을 입어야 한다고 주장했어요.

*붕당(朋 벗 붕 黨 무리 당) : 이념과 이해에 따라 이루어진 사림의 집단

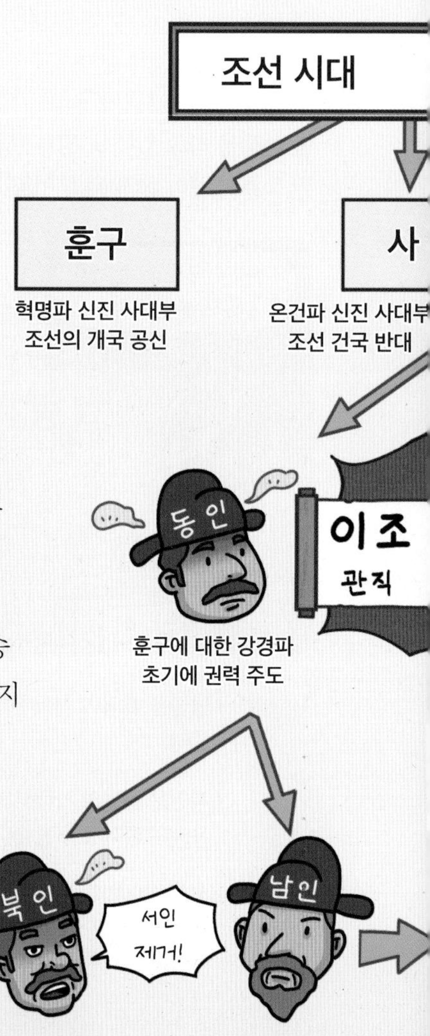

서인 西 人

서녘 서 사람 인

064

붕당의 한 당파로, 인조 집권 이후 권력을 잡은 당파

성격 훈구에 대한 온건파

사림 세력 중에서 인조를 즉위시킨 인조반정으로 권력을 잡고, 외척 출신이 정치에 관여하는 것을 인정해 주자는 쪽의 당파입니다. 외척은 왕의 어머니 쪽의 친척을 뜻해요. 사림은 사화 때 외척으로 인해 피해를 많이 봤거든요. 서인은 외척이 아예 정치를 못 하게 하는 것까지는 가혹하다고 생각했어요.

'서인'이니, '동인'이니 머리가 복잡하죠? 사실은 이러한 붕당의 이름이 집 방향으로 결정되었어요. 서인과 그들이 지지하는 사람이 주로 서울의 서쪽에 살았거든요. 원래 당이 나뉘었어도 정치를 할 때는 서로 조화와 균형을 이뤘는데 예송 논쟁을 거치면서 서인과 남인의 대립은 심해집니다.

서인은 효종을 장남으로 대우하자고 했던 남인과 의견이 달랐어요. 성리학 예법에서 첫째 아들이 죽으면 부모는 3년 동안 상복을 입지만 둘째 아들이 죽으면 1년만 상복을 입도록 규정했는데, 서인은 사대부의 예와 왕실의 예가 다르지 않다고 생각했어요. 따라서 서인은 효종이 둘째 아들이므로, 조 대비는 상복을 1년만 입어도 된다고 주장합니다. 결국 이 예송 논쟁에서는 서인이 승리합니다.

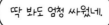

당쟁 구조

림

서원, 향약으로 세력 확장

서인

전랑 인사권

훈구에 대한 온건파
광해군 세자 책봉 건의로
세력 약화

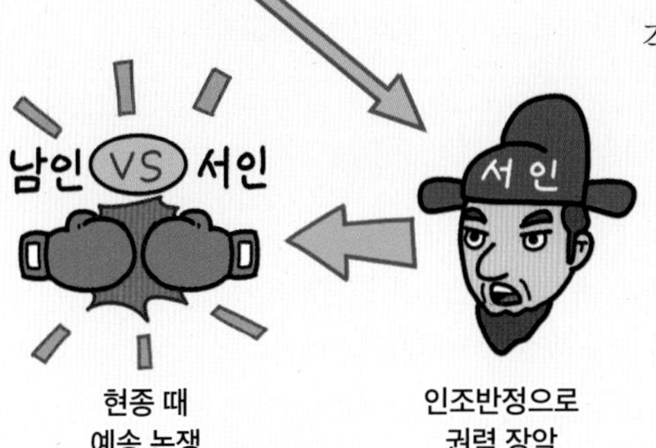

정답 공개 ❷ 상복을 1년만 입어도 됩니다!

예송 논쟁에 대한 토론이에요. 서인은 효종이 둘째 아들이기 때문에 성리학 예법에 따라 조 대비가 상복을 1년만 입어도 된다고 주장했어요. 성리학 예법에서 '장남이 죽었을 경우, 부모는 3년 동안 장례의 예를 갖춰야 하고, 차남 이하는 1년 동안 해야 한다.'고 되어 있었거든요. 따라서 서인이 된 잭슨은 '상복을 1년만 입어도 된다.'고 말해야 해요.

남인	서인
• 훈구에 대한 강경파인 동인에서 나온 붕당 • 서인에 대한 온건파 • 예송 논쟁에서 효종을 장남으로 대우하여 조 대비가 상복을 3년 입어야 한다고 주장함.	• 인조반정을 주도하고 외척의 정치 참여를 인정한 붕당 • 훈구에 대한 온건파 • 예송 논쟁에서 효종은 차남이기 때문에 조 대비가 상복을 1년만 입어도 된다고 주장함.

"겉으로 보기에 예송 논쟁은 단순히 상복을 입는 문제에 대한 갈등처럼 보일 거야. 당파 간의 권력 투쟁도 있었지만, 실제로는 차남인 효종의 정통성을 인정하느냐 마느냐의 문제였지. 조선은 장남이 왕위를 계승하는 게 원칙이었거든. 효종을 장남으로 대우해 주자고 한 남인은 효종의 정통성을 인정하는 세력이었고, 차남으로 적용해야 한다고 주장한 서인은 반대의 입장이었어."

재니가 말하는 왕은 누구일까요?

Q

난이도 ★★☆

잭슨네 가족이 수원으로 주말 나들이를 갔어요. 수원 화성에도 들렀는데, 오늘도 다지쌤의 원조 짝짝이 재니는 수원 화성을 쌓도록 한 왕의 이야기를 끊임없이 늘어놓고 있어요. 재니가 말하는 이 왕은 누구일까요?

단서
- 영조는 탕평책을 시행하여 붕당 간의 대립을 완화하였다.
- 정조는 더욱 강력한 탕평책을 시행하고 새로운 도시에서 정치적 힘을 기르려고 했다.
- 재니가 하는 말에 주목해 보자.

❶ 영조　　❷ 정조

영조 英 祖

꽃부리 영 할아버지 조

065

탕평책을 실시한 조선의 제21대 왕

제위 기간 1724년~1776년

붕당 간에 생기는 문제를 해결하고, 조선을 부흥하려 했던 조선의 제21대 왕입니다. 서로 견제하며 공존하던 붕당은 숙종 때 수차례의 환국으로 변질돼요. 환국은 왕이 대신들을 손바닥 뒤집듯 교체하는 건데요, 이전까지 왕들은 신하를 바꿔야 할 때 몇몇 신하만 바꿨지만, 숙종은 대부분의 관리들을 물갈이해요. 남인이 집권하다 모조리 쫓겨나고 서인이 집권하게 되는 거죠. 전에는 여당과 야당이 균형을 맞추었는데 숙종 때는 여당만 있게 된 거예요. 여당이 권력을 독점하면서 상대에 대한 보복이 만연해졌고 붕당이 제 기능을 상실합니다.

이에 영조는 '탕평 교서'를 발표하고 탕평파를 등용했어요. 붕당을 없애는 논의에 동의하면 동인, 서인, 남인, 북인에 관계없이 실력에 따라 인재를 등용했죠. 다양한 재료를 넣고 묵을 버무린 '탕평채'라는 음식이 탕평책에서 유래됐어요. 붕당의 근거지인 서원도 정리하고 신문고*도 다시 설치했죠. 자주 울린다는 이유로 사라졌었거든요. 백성들을 위해 자주 흘러넘치던 청계천을 정비하고 군포를 반으로 줄여 주는 균역법도 시행했어요.

*신문고(申 거듭 신 聞 들을 문 鼓 북 고) : 백성이 억울한 일을 하소연할 때 치게 하던 북

정조 正 祖

바를 정 할아버지 조

066

조선 후기 부흥을 이뤄 낸 조선의 제22대 왕

제위 기간 1776년~1800년

개혁을 통해 조선 후기 부흥을 이뤄 낸 조선의 제22대 왕입니다. 영조의 뒤를 이은 정조는 더 강력한 탕평책을 실시해 그동안 권력에서 소외되었던 각 당의 인사들이나 박제가, 유득공처럼 서얼이더라도 능력 있는 사람들을 적극적으로 등용했어요. 규장각을 설치해 실력 있는 젊은 인재가 자신의 정책을 뒷받침하도록 했고, 초계 문신제를 통해 유능한 사람을 재교육했어요. 규장각을 다룰 때 배웠던 것 기억하죠?

또한 아버지인 사도 세자의 무덤을 수원으로 옮기고, 수원 화성을 쌓아 이곳을 군사와 상업의 중심지로 만들려고 했어요. 당파 싸움이 심한 한양을 벗어나 자신이 생각하는 신도시를 만들려고 했던 거예요. 왕권을 유지하려면 군사력도 필요하므로 왕의 직속 군대인 장용영을 만들어서 기존의 군대가 가지고 있던 권한을 장용영에 옮겨 옵니다. 이외에도 금난전권*을 없애 나라에서 인정한 상인 외에도 누구나 장사할 수 있도록 했답니다. 『대전통편』, 『탁지지』 등의 책을 편찬하기도 했어요.

*금난전권(禁 금할 금 亂 어지러울 난 廛 가게 전 權 권세 권) : 허가를 받지 않은 상인의 노점이나 장사를 금지함.

정답 공개 ❷ 정조

잭슨네 가족이 구경하고 있는 수원 화성은 조선 시대 정조의 지시로 쌓은 성이랍니다. 정조는 자신의 정치 이상을 마음껏 펼치고 실현하기 위해 수원 화성을 세웠지요. 또한 아버지 사도 세자의 무덤을 수원으로 옮겨 억울하게 희생된 아버지의 명예를 회복하려고 했어요.

핵심 정리

영조	정조
• 조선의 제21대 왕 • '탕평 교서'를 발표해 탕평책을 실시함. • 신문고 부활, 균역법 시행, 청계천 정비 등을 함.	• 조선의 제22대 왕 • 탕평책을 더욱 강화함. • 규장각을 세움(초계 문신제 실시). • 수원 화성 건설, 장용영 설치, 금난전권 폐지 등을 함.

영조와 정조는 모두 탕평책을 실시했고, 백성을 위한 정치를 펼쳤어. 영조는 당시 백성들이 가장 고통스러워하던 군대 문제를 해결하기 위해 균역법을 실시했고, 물난리가 자주 나던 청계천을 정비했어. 정조는 민생을 살피기 위해 행차를 많이 했어. 이게 '능행'이야. 능행을 통해 백성들의 목소리를 들었던 거야! 이러한 노력으로 조선의 부흥기, 르네상스가 올 수 있었단다.

대동법이 적용된다면, 할아버지는 어떤 방법으로 공납을 낼 수 있을까요?

Q

난이도 ★★☆

잭슨과 앙투안이 미나네 할아버지가 운영하는 사과 농장에 놀러 갔어요. 이 농장에서는 지역의 특산물인 사과가 재배돼요. 그런데 태풍이 와서 많은 사과들이 썩어 버리고 말았어요. 만약 지금 조선 시대의 대동법이 적용된다면 할아버지는 어떤 방법으로 공납을 낼 수 있을까요?

단서

- 공납은 조선의 조세 제도 중 하나로, 지역의 특산물을 조정에 바치는 제도이다.
- 대동법은 공납을 특산물 대신 쌀이나 동전, 옷감으로 낼 수 있는 제도이다.

① 재배한 사과의 양을 절반으로 줄여 낸다.

② 쌀로 대신하여 낸다.

대동법 大同法

큰 대 한가지 동 법 법

067

쌀이나 옷감, 동전으로 공납을 내게 한 조세 제도

인물 광해군

조선 중기 이후, 특산물 대신 쌀이나 옷감 등으로 공납을 내게 한 조세 제도입니다. 당시 조선은 각 지역의 특산물을 세금으로 내는 공납 제도를 시행했는데, 이 제도는 백성들에게 큰 부담을 주었어요. 왜냐하면 실제 그 지역에서 나지 않는 특산물을 바치라고 하는 경우도 있었고, 자연재해나 보관하고 나르는 과정에서 품질이 상하는 경우가 많았거든요. 그래서 광해군 때 특산물 대신 땅을 기준으로 토지 1결당 쌀 12두나 옷감, 동전으로 공납을 내는 대동법으로 바꾸었어요. 즉, 토지를 가진 사람만 세금을 내는 것이죠! 농민들은 구하기 어려운 특산물을 내지 않아도 되었고, 땅이 없는 농민들도 조세 부담이 없어졌어요.

그렇다면 정부에서는 필요한 특산물을 어떻게 조달했을까요? 조세를 걷은 다음, 시장에 가서 그 돈으로 필요한 특산물을 사 올 사람을 고용했어요. 이 사람을 '공인'이라고 부릅니다. 정부가 세금으로 걷은 대동세를 주면 이들이 돈을 가지고 시장에 가서 특산물을 구매해 오는 거예요. 이들이 한 번에 많은 물품을 시장에서 사들이면서 상품의 수요가 늘어났고, 자연스럽게 상품 화폐 경제가 발달했답니다.

어렵게 이 정도 마련했는데
품질이 떨어져서 큰일 났네.
대동법으로 바뀌니
편하구나!
나는 땅이 없으니
안 내지롱~.

균역법 均 役 法

고를 균 부릴 역 법 법

068

내야 할 군포를 반으로 줄여 준 조세 제도

인물 영조

백성들이 병역의 의무를 다하기 위해 내던 군포를 반값으로 줄여 준 제도입니다. 조선 초기에는 16세에서 60세까지의 남자들은 반드시 군인으로 복무해야 했어요. 그런데 조선이 건국된 후 약 200년이 지나면서 군역은 사실상 무너지게 됩니다. 군대를 기피하는 분위기 속에서 돈을 주고 다른 사람을 대신 군사 훈련에 보내는 일이 생겨요. 여기에 임진왜란 등의 전쟁을 거치면서 군대에 가지 않으려는 사람들이 더 많아지자, 정부는 1년에 군포를 2필씩 내는 것으로 군역을 대신할 수 있게 했어요. 조선 후기에는 공명첩* 등을 이용해서 양반으로의 신분 상승이 늘어납니다. 양반은 세금을 면제받았으니 남아 있는 백성들의 부담이 커졌겠죠? 영조는 이 문제를 해결하기 위해 백성들이 부담하던 군포 2필을 1필로 줄여 주었는데, 이것이 바로 균역법이에요.

*공명첩(空 빌 공 名 이름 명 帖 문서 첩) : 백지 임명장. 국가의 재정이 어려울 때 중앙의 관리자가 이것을 가지고 전국을 돌면서 돈이나 곡식을 바치는 사람에게 관직을 주었음.

조선 시대 조세 제도

전세
농사를 짓는 대가로, 수확량의 10분의 1을 냈다.

공납
지역의 특산물을 냈다. 후에 대동법으로 바뀐다.

군역
16~60세의 남자들이 군대에 징집되었다.

정답 공개 ❷ 쌀로 대신하여 낸다.

대동법은 공납을 특산물 대신 돈이나 옷감, 동전으로 낼 수 있는 제도입니다. 만약 지금 대동법이 적용된다면 농장의 주인인 미나의 할아버지는 특산물인 사과 대신 토지를 기준으로 쌀이나 옷감, 동전 등으로 공납을 낼 수 있어요. 재배한 사과의 양을 절반으로 내는 것은 정확하지 않으며, 군포를 반으로 줄이는 것은 균역법과 관련이 있어요.

핵심 정리

대동법	균역법
• 특산물 → 쌀, 옷감, 동전으로 공납을 납부하는 조세 제도 • 광해군 때 실시함. • 공인이 등장하고 상품 화폐 경제가 발달하게 됨.	• 군포 2필 → 군포 1필만 납부하는 조세 제도 • 영조 때 실시함.

> 조선 시대 조세 제도의 큰 변화를 가져온 사건은 전쟁이었어! 전쟁을 거치면서 토지도 많이 없어지고 사람도 죽었으니 세금을 많이 걷을 수가 없었지. 그래서 조선 후기에는 백성들이 부담해야 할 세금을 줄여 주는 방향으로 제도를 개혁한 거야. 대동법 시행을 통해 토지가 없는 사람들은 세금을 내지 않게 되었고, 균역법을 통해서는 군포를 1필만 내도 됐지.

다지쌤과 아이들은 어느 나라로 가는 것일까요?

Q

난이도 ★★☆

다지쌤과 아이들이 조선 시대 외교 사절단의 흔적을 따라 답사 여행을 떠나기로 했어요. 공항에 모여 있는 아이들의 표정을 보니 벌써부터 무척 기대를 하고 있는 것 같네요. 이들은 어느 나라로 가는 것일까요?

단서

- 왜에 학문, 기술, 문화 등을 전하기 위해 파견된 사신은 통신사이다.
- 병자호란 후 청의 도읍인 베이징에 파견된 사신은 연행사이다.
- 왜의 에도 막부는 임진왜란이 끝난 후 선진 문물 수용을 위해 조선에 외교를 다시 요청했다.

❶ 도쿄(일본) ❷ 베이징(중국)

통신사 通 信 使

통할 통 믿을 신 부릴 사

069

일본에 파견된 조선의 외교 사절단

활동 임진왜란 후 10년 만에 재개

조선 국왕이 일본에 파견한 외교 사절단입니다. 조선 초기부터 파견하였는데, 임진왜란으로 중단되기도 했어요. 임진왜란 이후 일본에는 에도 막부가 들어섰는데, 에도 막부를 세운 도쿠가와 이에야스는 자신은 임진왜란에 참전하지 않았다며 통신사의 파견을 재개*해 달라고 요청했죠. 조선은 왜란 당시 일본에 납치된 사람들을 데리고 오는 조건으로 통신사를 다시 파견하기 시작합니다.

통신사는 19세기 초까지 12번이나 파견되었는데, 사신, 의관, 통역관, 악대, 도자기 기술자 등을 포함한 다양한 사람들로 구성되었어요. 이들은 외교 사절뿐만 아니라 문화 사절의 역할을 하며 일본의 문화가 발전하는 데 크게 기여했어요.

***재개**(再 두 재 開 열 개) : 어떤 활동이나 회의 따위를 한동안 중단했다가 다시 시작함.

연행사 燕行使

燕 제비 연 行 다닐 행 使 부릴 사

070

청에 파견된 조선의 사신

활동 병자호란 후 파견

조선 후기 청에 파견된 사신입니다. 병자호란으로 조선은 청과 군신 관계를 체결했어요. 조선이 청을 임금의 나라로 섬기기로 했으니 청에 사신을 파견한 겁니다. 연행사가 청에 다녀오는 기간은 베이징에 머물며 활동하는 시간까지 포함하면 5달이 넘게 걸리기도 했어요.

연행사는 중국의 학자들과 만나 문화 교류도 하고, 서점과 명소 등을 다니기도 했지요. 이 과정에서 서양의 과학 서적과 세계 지도, 화포, 천리경, 자명종 등을 조선으로 들여왔어요. 처음에는 오랑캐라고 생각했던 청이었지만 연행사를 통해 점차 발달된 그들의 문물을 경험한 조선 정부는 청에 대한 마음이 바뀌기 시작했어요. 북학파가 등장한 배경도 이와 관련이 있답니다.

정답 공개 ❶ 도쿄(일본)

다지쌤과 아이들은 통신사의 흔적을 따라 답사 여행을 하는 거예요. '왜의 에도 막부'와 '임진왜란'에서 유추할 수 있어요. 에도는 도쿄의 옛 이름이에요. 임진왜란 후 조선은 일본에 보냈던 통신사의 파견을 중단해요. 그러나 몇 년 후 에도 막부가 세워지면서 에도 막부의 도쿠가와 이에야스는 경제적 교류와 선진 문물 수용을 위해 조선에 외교 재개를 요청합니다.

핵심 정리

통신사	연행사
• 왜에 파견된 외교 사절단 • 임진왜란 후 일본의 요청에 의해 재개됨.	• 청에 파견된 사신 • 병자호란 후 군신 관계가 체결되면서 파견됨.

통신사와 연행사의 파견은 모두 전쟁과 관련 있어. 통신사는 임진왜란 이후 파견이 재개되었고, 연행사는 병자호란을 계기로 파견되었지! 하지만 상대 국가와의 관계는 달랐어. 통신사는 양국이 서로 대등한 상황에서 파견되었고, 연행사는 청을 큰 나라로 섬기는 입장에서 파견되었다는 게 차이점이야.

잭슨의 그림은 조선 시대의 어떤 그림과 닮아 있나요?

Q

난이도 ★★☆

다지쌤과 아이들이 미니 사생 대회를 열었어요. 잭슨이 친구들 앞에서 자신이 그린 그림을 열심히 설명하고 있네요. 잭슨의 그림은 조선 시대의 어떤 그림과 닮아 있나요?

단서

- 풍속화는 서민의 일상을 생동감 있게 표현한 그림이다.
- 민화는 서민들의 생각이나 바람이 반영된 그림이다.
- 다지쌤의 말에 주목해 보자.

① 풍속화　　② 민화

풍속화 風 俗 畵

바람 풍 풍속 속 그림 화

071

서민들의 생활상을 생동감 있게 그린 그림

특징 생생함

서민들의 일상생활을 그린 그림입니다. 조선 후기에 그려진 풍속화는 당시 사람들의 모습, 놀이, 행사 등을 생동감 있게 표현한 것이 특징이에요. 대표적인 화가로는 김홍도와 신윤복이 있습니다.

김홍도는 서민의 생활을 소탈하고 익살스럽게 그려 냈습니다. 「서당도」, 「씨름도」 등이 대표적인 작품이에요. 서당에서 훈장님에게 혼나는 아이의 모습, 서로 다른 신분의 사람들이 함께 모여 씨름을 구경하는 모습을 볼 수 있지요.

신윤복은 양반과 부녀자들의 생활을 재미있고 감각적으로 그렸어요. 「미인도」, 「단오풍정」 등이 대표적인 작품입니다. 당시 여성의 아름다운 모습, 단옷날 여인들의 모습들을 잘 그려 냈답니다.

민화 民 畵

백성 민 그림 화

072

서민들의 소망을 자유롭게 그린 그림

특징 소망적

조선 후기 일반 백성들이 많이 그린 그림입니다. 서민들의 미적 감각을 느낄 수 있고, 형식에 얽매이지 않고 자유롭게 표현한 그림이에요. 민화는 이름이 알려지지 않은 화가들이 많이 그렸는데, 주로 행복하게 살고 싶어 하는 백성들의 소망이 표현되었어요.

까치, 호랑이, 소나무, 학, 원앙 등 동식물을 그린 그림이 많은데, 특히 재앙을 막아 준다는 호랑이와 기쁜 소식을 전해 준다는 까치를 함께 그린 「호랑이와 까치」 작품이 유명하지요. 이외에도 효(孝), 충(忠), 신(信), 예(禮) 등 윤리적 의미를 지닌 문자를 그린 「문자도」도 있어요. 좋은 의미를 상징하는 물건들이 함께 그려진 「책거리」도 유명하지요. 특히 책과 붓은 '선비 정신', 모란은 '부귀'를 의미해서 「책거리」에 많이 그려졌어요. 민화는 생활 공간을 장식하는 데 많이 쓰였습니다.

정답 공개 ❷ 민화

민화는 서민들이 주로 그린 그림이에요. 그래서 형식에 얽매이지 않고 자유분방하다는 특징이 있고 까치, 호랑이, 소나무, 원앙 등 소재도 다양해요! 또한 민화에는 주로 백성들의 소망이 담겨 있었어요. 잭슨은 자유로워지고 싶다는 소망을 나비로 표현했네요!

핵심 정리

풍속화	민화
• 서민의 생활상을 생생하게 그린 그림 • 김홍도, 신윤복의 작품들이 대표적임.	• 서민의 소망을 자유롭게 그린 그림 • 행복, 부귀, 다산 등 다양한 의미를 지닌 동식물과 물건으로 표현함.

> 풍속화와 민화는 서민들이 조선 후기 문화를 이끌어 가는 주체였다는 걸 보여 줘. 조선 후기의 풍속화는 딱딱한 양반들의 그림과는 달리 실제 백성들의 삶의 모습을 진솔하게 담아냈거든. 민화는 행복을 기원하는 백성들의 바람을 담고 있단다.

미나가 뽑은 역사 운세는 무엇일까요?

Q

난이도 ★★☆

학교 앞 문방구에 '역사 운세 자판기'가 새로 생겼어요. 미나가 호기심에 동전을 넣어 봤더니 어떤 운세가 나왔네요. 미나가 뽑은 역사 운세는 무엇일까요?

단서

- 개화파는 나라의 문을 열고 서양 문물을 받아들이자고 주장했다.
- 위정척사파는 우리의 전통 사상을 지키고 서양 문물을 물리치자고 주장했다.
- 운세의 내용을 자세히 읽어 보자.

❶ 개화파　　❷ 위정척사파

개화파 開 化 派

열 개 될 화 갈래 파

073

나라의 문을 열어 서양 문물을 받아들이자고 주장한 사람들

성격 개방적

조선 후기에 나라의 문을 열어 서양 문물을 적극적으로 받아들이자고 주장한 사람들입니다. 19세기 조선은 세도 정치*로 인해 정치 질서가 무너져요. 청과 일본이 영국, 미국 등 외세의 압력으로 개항했다는 소식도 전해져 조선도 위기를 느끼지요. 그러던 중 문을 꽁꽁 걸어 잠그고 있던 흥선 대원군이 물러나고 고종이 직접 정치에 나서면서 개화를 위한 분위기가 만들어졌어요. 여기에 개화파가 고종의 개화 정책을 지지해 줬죠. 개화파는 서양의 사상과 문화를 받아들이자는 세력으로, 실학 사상을 계승한 사람들이었어요.

한편, 개화파는 임오군란* 이후 개화의 속도와 방법을 놓고 나뉩니다. 임오군란을 청이 진압하면서 청의 내정 간섭이 심해지거든요. 청에 대한 입장에 따라 친청파와 반청파로 나뉜 거죠. 청을 본받아 천천히 개화 정책을 추진하자고 주장한 쪽이 온건 개화파, 일본을 본받아 빠른 속도로 개혁하자고 주장한 쪽이 급진 개화파가 됩니다.

* **세도 정치**(勢 형세 세 道 길 도 政 정사 정 治 다스릴 치) : **왕실의 근친이나 신하가 권세를 잡고 국가를 마음대로 운영하던 정치 형태**

* **임오군란**(壬 아홉째 천간 임 午 일곱째 지지 오 軍 군사 군 亂 어지러울 란) : **1882년 임오년에 구식 군대의 군인들이 신식 군대인 별기군과의 차별 대우와 밀린 월급에 불만을 품고 일으킨 난리**

위정척사파

衛 지킬 위 | 正 바를 정 | 斥 물리칠 척 | 邪 간사할 사

074

나라의 전통 사상을 지키고 서양 문물을 물리치자고 주장한 사람들

성격 보수적

나라의 전통 사상을 지키고 서양 문물을 물리치자고 주장한 사람들입니다. 위정척사파에게 올바른 것은 성리학적 사회 질서였고, 나쁜 것은 서양 문물이었어요. 1860년대에 이들은 서양 세력의 접근을 거부하면서 통상*을 반대하는 운동을 벌였어요. 1870년대에 일본이 조선의 문을 열어 달라고 요구할 때 이들은 일본이나 서양 오랑캐나 똑같다고 주장했습니다. 조선이 문호*를 개방한 이후에는 개화 정책을 반대하기도 했지요. 이렇게 위정척사파는 일본과 서양의 정치적, 경제적 침략에 맞섰습니다. 위정척사 운동은 이후 항일 의병 운동으로 이어졌습니다.

*통상(通 통할 통 商 장사 상) : 나라들 사이에 서로 물품을 사고팖. 또는 그런 관계
*문호(門 문 문 戶 집 호) : 외부와 교류하기 위한 통로나 수단을 비유적으로 이르는 말

정답 공개 ❶ 개화파

조선 후기에 나라의 문을 열어 서양 문물을 적극적으로 받아들이자고 주장한 사람들이 바로 개화파예요. 미나가 뽑은 쪽지에 남의 태도나 습관을 배워 보자고 써 있었죠? 그러니 미나가 뽑은 운세는 위정척사파보다는 개화파에 가깝다고 볼 수 있습니다.

개화파	위정척사파
• 서양 문물을 적극적으로 받아들이자고 주장한 사람들 • 후에 온건 개화파와 급진 개화파로 나뉨.	• 전통 사상을 지키고 서양 문물을 물리치자고 주장한 사람들 • 후에 항일 의병 운동으로 이어짐.

> 당시 조선의 과제는 두 가지였어. 외세의 침입을 물리치는 것과 뒤떨어진 모습을 버리고 근대화를 이루는 것이야. 위정척사파는 반외세를, 개화파는 근대화를 주장한 거지. 둘의 의견이 완전히 달라 보이지만, 각자 옳다고 생각하는 방식으로 나라를 지키려고 한 거란다.

벽보에 그려진 사람들은 무슨 일을 벌였을까요?

Q

난이도 ★★☆

사람들이 현상 수배 벽보를 보고 있어요. 어떤 사람들이 무시무시한 일을 벌였나 봐요. 시간 여행으로 과거에 간 잭슨도 궁금한지 벽보 앞에서 기웃거리고 있어요. 이 벽보에 그려진 사람들은 무슨 일을 벌였을까요?

단서

- 갑신정변은 3일 만에 끝난 정변으로, 사건을 일으킨 사람들은 거의 해외로 도망간다.
- 갑오개혁은 조선 사회 전 분야에 변화를 가져왔다.
- 현상 수배 벽보의 내용을 잘 살펴보자.

❶ 갑신정변

❷ 갑오개혁

갑신정변

甲 첫째 천간 갑 | 申 아홉째 지지 신 | 政 정사 정 | 變 변할 변

075

근대적 정부를 세우고자 일어난 정변

발생 1884년

갑신년인 1884년, 근대적 정부를 수립하기 위해 급진 개화파가 일으킨 정변입니다. 임오군란을 겪은 후 청의 내정 간섭이 더욱 심해졌어요. 이런 상황에서 김옥균, 박영효, 서재필을 중심으로 하는 급진 개화파는 조선이 일본처럼 빠른 속도로 근대화하지 못하는 것에 답답해했어요. 그래서 이들은 일본의 지원을 받아 자신들이 이상적으로 생각하는 나라를 세우려고 했습니다. 마침내 그들은 우편 업무를 담당하는 우정총국의 개국을 축하하는 자리에서 정변을 일으켰어요. 우정총국에 불을 지르고 정부의 고위 관리를 죽인 후 개화당 정부가 수립되었다는 것을 알렸지요. 청에 대한 사대 관계 청산, 인민 평등권 확립, 능력에 따른 인재 등용, 조세 제도 개혁 등을 주장했어요. 그러나 청군이 개입하면서 정변은 3일 만에 막을 내립니다. 정변을 주도했던 세력들은 죽거나 일본 등으로 몸을 피했지요. 비록 실패했지만 근대 국민 국가를 세우기 위해 처음으로 일어난 정치 개혁이었답니다.

동학 농민 운동

갑신정변 후에도 탐관오리의 횡포가 계속돼 동학 농민 운동이 일어난다. 그러나 청과 일본군의 개입으로 실패하고 청일 전쟁으로 이어진다. 동학 농민군은 인간 평등과 사회 개혁을 주장했다.

우정총국 개국 축하연에서 개화당 정부 수립 발표

청의 개입으로 3일 만에 개혁 실패

갑오개혁

甲 첫째 천간 갑 午 일곱째 지지 오 改 고칠 개 革 가죽 혁

076

조선의 정치, 경제, 사회 전 분야를 아우르는 넓은 범위의 개혁

기간 1894년~1896년

갑오년인 1894년부터 3차례에 걸쳐 진행된 개혁입니다. 개혁은 일본의 경복궁 불법 점령 후 시작되지요. 개혁을 위해 일본은 군국기무처를 세우게 하는데, 제1차 갑오개혁 때는 일본이 청과 전쟁 중이라 비교적 자주적으로 개혁을 했어요. 과거제와 신분제를 없애고 과부의 재가*를 허용했지요. 이후 청일 전쟁에서 승기를 잡은 일본이 본격적으로 개혁에 개입하는 제2차 갑오개혁이 시작되죠. 군국기무처가 폐지되고 고종은 제1차 갑오개혁의 내용을 정리한 홍범 14조를 발표했죠. 청의 간섭 배제, 왕권 강화, 세금 제도 개선 등의 내용을 담았어요.

이후 고종과 명성 황후가 일본과 청의 간섭에서 벗어나고자 러시아에 우호적으로 대하자 일본은 을미사변*을 일으켜요. 그리고 친일 내각이 구성되어 제3차 갑오개혁이 진행됩니다. 이를 '을미개혁'이라고도 불러요. 이때 단발령을 시행했는데 사람들의 반발이 아주 컸어요. 갑오개혁은 일본의 강요에 의해 이루어졌고, 민중들의 지지를 받지 못했다는 비판도 있지만 갑신정변과 동학 농민 운동에서 주장한 내용들이 일부 반영된 개혁이었어요.

*재가(再 두 재 嫁 시집갈 가) : 결혼했던 여자가 남편과 사별하거나 이혼하여 다른 남자와 결혼함.

*을미사변(乙 둘째 천간 을 未 여덟째 지지 미 事 일 사 變 변할 변) : 을미년인 1895년, 일본 자객들이 경복궁을 습격해 명성 황후를 죽인 일

정답 공개 ❶ 갑신정변

현상 수배 벽보에 그려진 사람들은 갑신정변을 일으킨 사람들이에요. 우정총국 방화나 내란죄, 도주죄 등을 통해 알 수 있어요. 청의 개입으로 갑신정변은 3일 만에 끝나지만 근대적 국민 국가를 세우려고 처음으로 일어난 개혁이었어요.

갑신정변	갑오개혁
• 1884년 근대적 정부를 세우고자 일어난 정변 • 박영효, 서광범, 서재필, 김옥균이 주도함. • 청의 개입으로 3일 만에 끝남.	• 1894년부터 3차례에 걸쳐 일어난 사회 전반에 대한 개혁 • 과거제와 신분제 폐지, 과부 재가, 세금 제도 개편 등이 이루어짐.

“두 개혁은 모두 일본과 관련 있어. 갑신정변은 일본의 지원을 받으면서 시작됐어. 그리고 일본의 근대화 개혁인 메이지 유신을 모델로 삼았지. 갑오개혁은 일본의 간섭 속에 진행됐어. 하지만 갑신정변과는 다르게 갑오개혁은 정부가 주도했기 때문에 이뤄질 수 있었어. 갑신정변에서 주장한 인민 평등권은 갑오개혁을 통해 신분제 폐지로 이어졌단다.”

이 문은 누가 세웠을까요?

Q

난이도 ★★☆

다지쌤과 아이들이 현장 학습을 갔어요. 커다란 문처럼 생긴 곳 앞에서 다지쌤이 아이들에게 이 건축물을 세운 단체에 대해 이야기하고 있어요. 그렇다면 이 문은 누가 세웠을까요?

단서

- 아이들이 방문한 곳은 독립문이다.
- 독립 협회는 개혁 사상을 지닌 지식인들이 만든 협회이며, 대한 제국은 고종이 새로 정한 나라 이름이다.
- 문의 이름에 주목해 보자.

❶ 독립 협회 ❷ 대한 제국

독립 협회

獨 홀로 독 / 立 설 립 / 協 화합할 협 / 會 모일 회

자주독립과 내정 개혁을 위하여 조직된 사회단체

인물 서재필

1896년에 지식인들을 중심으로 조직된 사회단체입니다. 갑신정변에 참여했던 서재필은 정변이 3일 만에 끝나자 일본을 거쳐 미국으로 망명합니다. 그 뒤 귀국한 서재필은 정부의 지원을 받아 독립신문을 만듭니다. 그리고 개혁 사상을 가진 정부 관료와 지식인들을 모아 독립 협회를 만들고 독립문 건설을 추진하죠. 독립 협회는 청 사신을 환영하는 영은문을 헐고 독립문을 세워 조선이 독립국이라는 것을 널리 알리려고 했어요. 협회에는 다양한 계층이 회원으로 참여했고, 독립관에서 정치적 문제까지 다루며 만민 공동회나 관민 공동회 같은 집회도 열었지요. 많은 노력에도 불구하고 독립 협회의 세력이 커질 것을 걱정한 보수 세력은 그들을 모함했고, 결국 협회는 개혁을 마무리하지 못하고 강제로 해산되고 맙니다.

독립신문

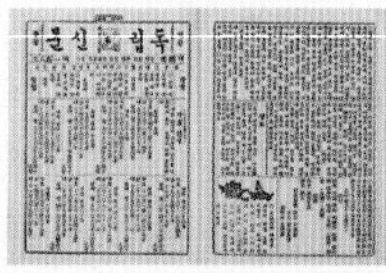

독립신문은 서재필이 1896년 4월 7일 창간한 우리나라 최초의 한글 신문이다.

대한 제국 大韓帝國 078

大 큰 대 | 韓 나라 한 | 帝 임금 제 | 國 나라 국

고종이 새로 정한 우리나라의 국호

연호 광무

1897년 고종이 수립한 나라 이름입니다. 을미사변 후 러시아 공사관으로 몸을 피했던 고종은 1년 만에 경운궁(덕수궁)으로 돌아왔어요. 이후 환구단*에서 황제 즉위식을 열어 연호를 '광무'라 하고 대한 제국을 선포하지요.

대한 제국은 나라의 모든 권한을 황제에게 집중시킨다는 것을 밝혔어요. 그리고 광무개혁을 통해 근대적인 개혁을 시도합니다. '옛것을 근본으로 하고 새것을 더한다.'는 '구본신참'을 내세웠어요. 그러다 보니 개혁의 속도는 점진적이었죠.

황제권을 강하게 하려면 세금이 필요했어요. 세금 중 가장 큰 규모의 세금은 토지세입니다. 토지세를 거두려면 어느 땅이 누구의 소유인지 명확해야 하니 대한 제국은 광무개혁을 통해 근대적 토지 소유 증서인 지계를 발급했습니다.

*환구단(圜 두를 환 丘 언덕 구 壇 단 단) : 하늘에 제사를 지내고자 둥글게 쌓아 만든 제단

아관 파천

을미사변 후 고종이 러시아 공사관에서 1년 동안 머무른 것이 아관 파천이다.

지계

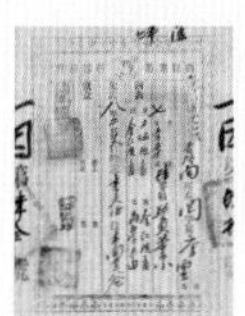

법적인 문서를 통해 고종은 토지세를 안정적으로 거두었다.

정답 공개 ❶ 독립 협회

독립문을 만든 단체는 서재필이 지식인들과 뜻을 모아 만든 독립 협회였어요. 독립 협회는 모금 활동을 하여 독립문을 세우고, 토론회와 강연회를 열어 국민 계몽 운동도 활발하게 전개했어요.

핵심 정리

독립 협회	대한 제국
• 서재필이 지식인들과 함께 만든 사회단체 • 독립신문을 발간함. • 독립문을 세우고 다양한 토론 활동을 펼침.	• 고종이 새로 정한 우리나라의 국호 • 광무개혁을 통해 정치, 경제, 사회 변화를 시도함. • 근대적 토지 소유 증서인 지계를 발급함.

독립 협회와 대한 제국의 연결고리는 바로 '아관 파천'이야. 세상에 공짜가 없듯, 조선은 러시아 공사관에 머문 비용을 치러야 했어. 철도를 만들거나 삼림을 개발하는 권리 등을 열강들에 빼앗겼어. 그리고 나라의 위상도 흔들리지. 이때 고종에게 다시 궁으로 돌아올 것을 요구한 단체가 독립 협회야. 고종도 이에 응답하며 돌아온 후 대한 제국을 선포한 거지.

오늘 열리는 이 집회는 무엇일까요?

Q

난이도 ★★★

다지쌤과 아이들이 과거로 시간 여행을 갔어요. 종로의 시장 거리를 구경하고 있는데, 한 무리의 사람들이 오늘 종로에서 의미 있는 집회가 열린다며 여기에 꼭 참여해 달라고 전단지를 주고 가네요. 오늘 열리는 이 집회는 무엇일까요?

단서

- 만민 공동회는 아관 파천 이후 심해진 열강의 사회, 경제적 개입에 반발하여 일어났다.
- 만민 공동회가 확대되어 민중과 정부 관료가 함께한 관민 공동회가 일어났다.
- 전단지의 내용과 남자가 한 말에 주목해 보자.

❶ 만민 공동회

❷ 관민 공동회

만민 공동회

萬 일만 만 | 民 백성 민 | 共 한가지 공 | 同 한가지 동 | 會 모일 회

079

독립 협회 주최로 열린 민중 집회

계기 러시아의 내정 간섭

1898년 독립 협회가 주최한 민중 집회입니다. 독립 협회의 활동 가운데 가장 주목해야 할 것이 바로 만민 공동회예요. 이 시기에 러시아는 대한 제국에 군사와 재정 고문을 보내 우리의 내정에 적극적으로 간섭했어요. 한러 은행까지 만들려고 했죠. 고종이 러시아 공사관으로 처소를 옮겼던 아관 파천 이후 러시아의 목소리가 커졌거든요. 심지어 부산에 있는 절영도를 조차*해 러시아의 석탄 저장고로 쓰겠다며 압박해 왔습니다. 이에 독립 협회는 서울 종로에서 만민 공동회를 열어 러시아가 대한 제국을 간섭하는 것에 반대하고, 대한 제국의 자주독립을 지키자고 뜻을 모았습니다.

만민 공동회에서는 사람들이 자유롭게 자신의 의견을 밝힐 수 있었어요. 집회가 여러 차례 열리면서 참여하는 사람들의 단결력은 더욱 높아졌어요. 그 결과 러시아 고문단이 물러갔고, 절영도 또한 이용하지 못하게 되었어요. 오늘날 광화문에서 열리는 대규모 집회의 시작이 바로 이 만민 공동회였던 거예요!

*조차(租 조세 조 借 빌릴 차) : 한 나라가 다른 나라 영토의 일부를 빌려 일정한 기간 동안 통치하는 일

관민 공동회

官 벼슬 관 民 백성 민 共 한가지 공 同 한가지 동 會 모일 회

080

민중과 정부 관리들까지 합세하여 열린 대규모 집회

주장 헌의 6조

대한 제국의 관리와 민중들이 함께한 집회입니다. 새롭게 구성된 대한 제국의 내각이 개혁적인 모습을 보이자, 독립 협회는 의회를 설립하기 위해 본격적으로 움직였어요. 의회가 설립되면 모든 일을 의회에서 공개적으로 다룰 수 있기 때문이었죠. 독립 협회에서 추천한 중추원 관료들과 일반 시민이 모인 관민 공동회는 1898년 10월부터 11월까지 진행됐는데, 약 1만 명의 사람들이 모였어요. 개회식에서는 백정 출신의 박성춘이 개회사를 했습니다. 독립 협회는 관민 공동회에서 헌의 6조를 주장하며 나라를 개혁할 수 있는 방안을 고종에게 올렸어요. 헌의 6조에는 앞으로 중추원이란 의회를 통해 정치를 해 나가자는 제안이 담겨 있었습니다. 이걸 보고 고종은 독립 협회가 자신을 몰아내려 한다고 생각했어요. 그래서 보부상*과 보수 세력 단체였던 황국 협회, 군대를 동원해 독립 협회를 강제로 해산시킵니다.

*보부상(褓 보자기 보 負 질 부 商 장사 상) : 봇짐장수와 등짐장수를 통틀어 이르는 말

1898년 10월에 시작
<헌의 6조>
① 외국인에게 의지 금지!
② 외국과의 계약은 대신과 중추원 의장이 합동 서명!
③ 국가 재정 투명하게!
④ 중대 범죄는 공개 재판하고 죄인 말도 들어 주기!
⑤ 벼슬 임명 시 황제 스스로 정하지 말 것!
⑥ 갑오개혁 이후 제정된 규정 꼭 지킬 것!

정답 공개 ❶ 만민 공동회

전단지에 '절영도'가 쓰여 있네요. 러시아는 아관 파천 이후 조선의 내정에 더욱 간섭하고 절영도에 석탄 저장고까지 두려고 합니다. 이에 반발하여 독립 협회는 만민 공동회를 열어 대한 제국의 자주독립을 지키기 위해 노력합니다. 관민 공동회는 만민 공동회 후에 열린 것이므로, 처음 집회가 열린다는 것에서 만민 공동회가 정답임을 알 수 있습니다.

핵심 정리

만민 공동회	관민 공동회
• 독립 협회가 주최한 민중 집회 • 한러 은행 설립, 절영도 조차 등 러시아의 내정 간섭에 대한 반발로 일어남. • 러시아 고문단이 물러가고 한러 은행이 사라짐.	• 민중과 정부 관료들이 함께한 대규모 집회 • 헌의 6조를 발의함. • 고종이 집회를 주최했던 독립 협회를 강제로 해산함.

"만민 공동회는 우리나라 최초의 근대적인 민중 집회였어. 관민 공동회에서 나온 헌의 6조의 내용은 우리나라가 역사상 처음으로 의회가 설립될 단계까지 도달했다는 걸 보여 줬지. 하지만 고종은 이런 민중의 힘을 두려워해서 독립 협회를 해산시키고 말았단다."

재니의 말은 어떤 운동의 취지와 비슷할까요?

Q

난이도 ★☆☆

재니와 잭슨이 오랜만에 외식을 하기로 했어요. 한우를 먹고 싶어 하는 잭슨에게 재니가 한마디 했는데요, 재니의 말은 어떤 운동의 취지와 비슷할까요?

단서

- 국채 보상 운동은 나라의 빚이 크게 늘어나 시작되었다.
- 물산 장려 운동은 우리가 만든 물건을 우리가 사용하기 위해 시작되었다.

❶ 국채 보상 운동　　❷ 물산 장려 운동

국채 보상 운동

國 나라 국 債 빚 채 報 갚을 보 償 갚을 상

081

나라의 빚을 갚기 위해 전개된 국권 회복 운동

인물 서상돈

대한 제국이 일본에 진 나랏빚을 힘을 모아 갚자는 운동입니다. 러일 전쟁이 끝나고 일본은 전쟁에서 쓴 돈을 만회하기 위해 대한 제국에게 차관*을 빌려주고 근대 시설을 도입하도록 강요했어요. 나랏빚은 눈덩이처럼 불어났고, 대한 제국은 일본의 눈치를 볼 수밖에 없었죠.

1907년 대구에서 서상돈을 중심으로 시작된 국채 보상 운동은 나라가 일본에 진 빚을 국민들이 대신 갚자는 운동이었어요. 경제 주권을 지키자는 거죠. 서울에서는 국채 보상 기성회가 조직되었고, 대한매일신보, 황성신문 등 여러 언론 기관은 모금 운동을 적극적으로 뒷받침해 주었습니다. 그러나 일제가 서울에 세운 통감부는 국채 보상 운동을 항일 운동이라고 생각하고, 대한매일신보의 창간자인 양기탁 등을 구속하고 탄압했답니다.

*차관(借 빌릴 차 款 항목 관) : 한 나라의 정부나 기업, 은행이 외국 정부나 기관으로부터 자금을 빌려 옴. 또는 그 자금

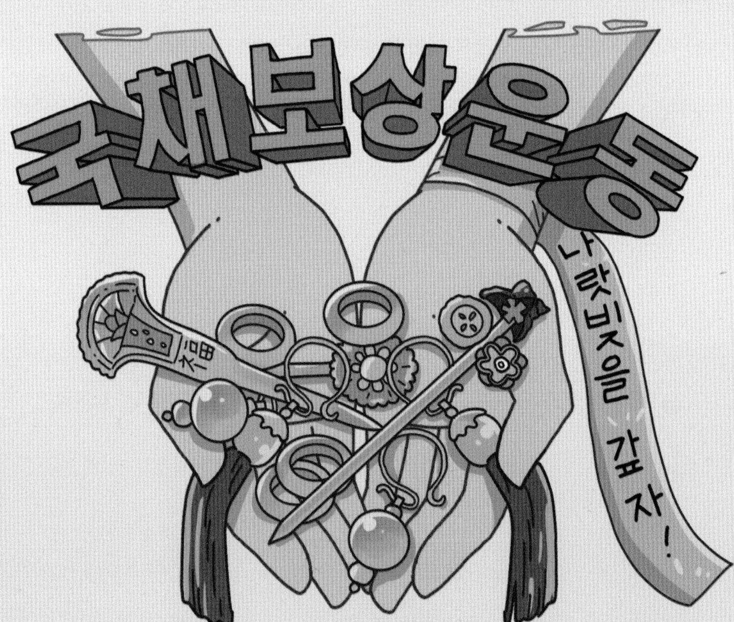

물산 장려 운동

物 물건 물 | 産 낳을 산 | 奬 장려할 장 | 勵 힘쓸 려

082

나라의 경제적 자립을 위한 국산품 애용 운동

인물 조만식

우리가 만든 물건을 우리가 사용하자는 국산품 애용 운동입니다. 일제 강점기인 1920년대 값싼 일본 상품이 들어오면서 우리 민족이 세운 기업들은 어려운 처지에 놓였어요. 그러자 평양에서 조만식 등이 물산 장려 운동을 펼쳤습니다. 이들은 조선 물산 장려회를 만들고 '내 살림 내 것으로!', '조선 사람 조선 것으로!'라는 구호를 외치며 담배와 술을 끊고 절약하자는 운동을 벌였습니다. 이 운동은 전국으로 퍼지면서 많은 사람들의 호응을 얻었어요. 그러나 일제의 감시와 탄압을 받는 가운데 일부 상품들의 가격이 오르는 부작용도 생기면서 성공을 거두지 못했습니다.

정답 공개 ② 물산 장려 운동

재니가 한우를 주문하기 위해 떠올린 것은 물산 장려 운동이었어요. 물산 장려 운동은 민족 경제를 살리기 위해 우리가 만든 물건을 우리가 사용하자는 취지의 운동이에요. '조선 사람 조선 것으로!'라는 구호를 외치며 호응을 얻었지만, 부작용으로 인해 성공을 거두지는 못했답니다.

핵심 정리

국채 보상 운동	물산 장려 운동
• 나라의 빚을 함께 갚아 나아가자는 운동 • 대구에서 시작하여 전국적으로 확산됨.	• 우리가 만든 물건을 우리가 사용해 경제적 자립을 이루자는 운동 • 조선 물산 장려회를 만들어 조직적으로 활동함.

"국채 보상 운동과 물산 장려 운동은 정말 중요해! 나랏빚을 갚자는 운동이 '국채 보상 운동'이고, 국산품 애용 운동이 '물산 장려 운동'이야.
국채 보상 운동은 일본에 나라를 빼앗기기 전인 개화기에 진행되었고, 물산 장려 운동은 일제 강점기인 1920년대에 진행되었단다. 두 운동 모두 일본으로부터 경제적 자립을 위해 민중을 중심으로 일어났어!"

낱말 퍼즐에 들어갈 단어는 무엇일까요?

난이도 ★★☆

잭슨이 '역사 낱말 퍼즐'을 하고 있어요. 한 단어만 풀면 성공인데 헷갈리는 단어가 있는 모양이에요. 잭슨이 풀어야 하는 낱말 퍼즐에 들어갈 단어는 무엇일까요?

단서

- 일제 몰래 활동했던 신민회는 일제가 조작한 어떤 사건을 계기로 단체가 밖으로 드러나면서 해체되었다.
- 공개적으로 활동했던 신간회는 좌우 진영의 독립운동가들이 협력해 만들었고, 내부 분열로 사라졌다.
- 퀴즈의 힌트를 잘 읽어 보자.

❶ 신[민]회

❷ 신[간]회

신민회 新 民 會

새 신 백성 민 모일 회

083

1907년 결성된 항일 비밀 결사 단체

목표 국권 회복, 공화정 국가 수립

1907년에 안창호, 양기탁이 중심이 되어 결성한 비밀 결사 단체입니다. 신민은 '새로운 백성'이라는 뜻인데, 이 단체는 애국 계몽 운동가들이 중심이 되어 나라의 국권을 회복하고 공화정 중심의 나라를 세울 것을 목표로 했어요. 이를 위해 힘과 실력을 기를 목적으로 평양에 대성 학교, 정주에 오산 학교를 세워 교육 사업에 주력했지요. 태극 서관을 운영하며 책도 만들고 민중들을 깨우치려고 노력했습니다. 신민회는 대한 제국의 국권이 일본에 빼앗길 위기에 처하자, 만주로 옮겨 독립운동 기지를 만들고 독립군 양성을 위해 신흥 강습소도 만들었어요. 그러나 1911년 일제가 조작한 105인 사건*을 계기로 신민회의 모습이 밖으로 드러나면서 해체되었습니다.

*105인 사건 : 1911년 조선 총독부가 민족 해방 운동을 탄압하기 위해 데라우치 마사타케 총독의 암살 미수 사건을 조작하여 105인의 독립운동가를 감옥에 가둔 사건

신간회

新 새 신 幹 줄기 간 會 모일 회

084

1927년 좌익과 우익 세력이 합작해 결성한 항일 단체

목표 민족 단결, 자치론자 배척

1927년에 민족주의와 사회주의 독립운동가들이 연합해 만든 단체입니다. 1920년대 국내에 사회주의 사상이 퍼지면서 사회주의 독립운동가들과 민족주의 독립운동가들은 이념이 다르다는 이유로 갈등을 빚어요. 사회주의자는 경제적 평등을 추구했고, 민족주의자는 주로 경제적 자본주의를 추구했거든요. 자본주의는 능력 있는 사람이 많은 자본을 갖는 사회를 지향하니 사회주의와 부딪혔죠. 한편, 일부 민족주의 세력이 자치론*을 주장하자 이에 반대하던 민족주의자들과 사회주의자들은 힘을 합쳐 신간회를 만듭니다. '일제'라는 더 큰 적을 물리치기 위해서 이념 갈등을 극복하고 하나로 뭉친 거예요. 그들은 강연회를 열어 일제의 식민 통치를 비판하고 한국인을 교육했어요. 또한 일제의 수탈에 맞서 농민과 노동자의 이익을 대변하고 노동 분쟁을 지원했어요. 1929년 광주에서 학생들 중심으로 항일 운동이 일어났을 때 신간회는 조사단을 파견합니다. 민중 대회도 준비하지만 일제의 방해로 중단되지요. 그러다 1931년 내부에서 갈등이 일어나 신간회는 사실상 해소*되고 말았어요.

*자치론(自 스스로 자 治 다스릴 치 論 논할 론) : 일제가 허용하는 범위 내에서 자치권을 얻자는 주장
*해소(解 풀 해 消 사라질 소) : 어떤 단체나 조직 따위를 없애 버림.

정답 공개 ❶ 신[민]회

안창호가 소속된 비밀 결사 단체는 신민회에 대한 설명이에요. 신민회는 '새로운 백성'이라는 뜻으로, 애국 계몽 운동을 통해 나라의 주권을 되찾는 것을 목표로 했답니다. '비밀'이라는 단어가 힌트가 될 수 있어요.

핵심 정리

신민회	신간회
• 1907년에 조직된 항일 비밀 결사 단체 • 공화정 국가 설립을 목표로 함. • 학교 설립, 책 출판, 독립운동가 양성 등의 활동을 함.	• 1927년에 조직된 민족주의, 사회주의 합작 항일 단체 • 민족 단결, 자치론자 배척을 목표로 함. • 한국인 교육, 노동 분쟁 및 항일 운동 지원 등의 활동을 함.

“ 신민회는 대한 제국 시기에 결성된 항일 단체이고, 신간회는 일제 강점기에 결성된 항일 단체야. 신민회가 비밀 결사 단체였던 것과 다르게 신간회는 공개적이고 합법적인 단체로, 활발하게 활동했어! 또 신민회는 일제의 105인 사건 조작으로 '해체'되었지만, 신간회는 내부의 분열 등으로 인해 '해소'된 점에서도 차이가 있단다. ”

잭슨이 말한 통치는 일제가 어느 시기에 사용했던 것일까요?

Q

난이도 ★★☆

잭슨이 재니에게 혼나고 있네요. 지난번에 재니가 아끼는 상감 청자 모형과 립밤을 몰래 가져갔던 게 들통났나 봐요. 재니의 응징에 잭슨은 일제의 식민 통치가 생각났는지 한마디 하는데요, 잭슨이 말한 이 통치는 일제가 어느 시기에 사용했던 것일까요?

단서

- 무단 통치는 일제가 우리 민족을 강압적이고 폭력적으로 다스렸던 통치 방식이다.
- 일제는 3·1 운동이라는 우리 민족의 저항에 부딪혀 통치 방식을 무단 통치에서 문화 통치로 바꾼다.

① 1919년 3·1 운동 이전 ② 1919년 3·1 운동 이후

무단 통치 武斷統治

武 호반 무 斷 끊을 단 統 거느릴 통 治 다스릴 치

085

일제가 조선을 무력으로 다스린 통치 방식

시기 1910년대

1910년대에 일제가 헌병을 앞세워 우리 민족을 강압적이고 폭력적으로 다스렸던 통치 방식입니다. 1910년, 일제는 대한 제국의 국권을 강제로 빼앗은 뒤 헌병 경찰을 앞세워 공포 분위기를 만들고 우리 민족의 독립 의지를 꺾으려고 했어요. 헌병은 조선 사람들의 일상생활을 일일이 감시하고 통제했습니다.
또한 조선 사람들에게만 적용되는 '조선 태형령'이라는 법을 만들었습니다. 사람의 신체에 물리적인 고통을 가하는 비인간적인 형벌이었던 태형은 독립운동가들을 괴롭히는 방법이었죠. 뿐만 아니라 일반 관리와 교사들도 제복을 입게 하고 칼을 차게 했답니다.

문화 통치

文 글월 문 化 될 화 統 거느릴 통 治 다스릴 치

086

3·1 운동 이후 일제가 조선에 실시한 통치 방식

시기 1920년대

3·1 운동을 계기로 바뀐 일제의 통치 방식으로, 1920년대에 시행되었습니다. 무단 통치로 우리 민족을 괴롭혔던 일제는 3·1 운동 이후에 통치 방식을 바꾸어야겠다고 생각했습니다. 새로운 총독으로 온 사이토 마코토는 문화 통치라는 방법을 강조하면서 헌병 경찰 대신 보통 경찰 제도를 실시하고 제한적으로 언론, 출판, 집회를 인정하고, 한글 신문과 잡지를 만들 수 있도록 했어요.

그러나 이는 일제의 간사하고 악독한 식민 통치를 숨기기 위한 것이었어요. 일제는 문화 통치를 내세우며 한국인에게 마치 큰 혜택을 주는 것처럼 했지만, 뒤에서는 친일파를 키우고 우리 민족을 분열시키고 이간질하는 데 주력했어요.

정답 공개 ❶ 1919년 3·1 운동 이전

무단 통치는 3·1 운동 이전에 일제가 헌병 경찰을 앞세워 우리 민족을 강압적이고 폭력적으로 다스렸던 방식이에요. 누나의 물건을 몰래 가져간 것에 대한 재니의 짓궂은 응징을 잭슨은 무단 통치에 비유했어요. 좀 과한 비유이긴 하지만 잭슨이 역사와 무척 친해졌네요!

며칠 전
저번에 잭슨이
역사 노트를 빌려 달라면서
이거 주더라고요.
이거 언니 거 맞죠?
나는 하나씩 더 갖고 있어.
그거 너 가져. 대신 잭슨을
좀 놀려 줘야겠네!

핵심 정리

무단 통치	문화 통치
• 1910년대 일제가 조선에 사용한 통치 방식 • 헌병들의 일상생활 감시, 조선 태형령 시행, 칼을 찬 교사들의 수업 등 강압적이고 폭력적으로 이루어짐.	• 1920년대 일제가 조선에 사용한 통치 방식 • 보통 경찰제 실시, 언론, 출판, 집회 제한적 인정 등으로 친일파를 생성하고 민족을 분열시킴.

“무단 통치가 대놓고 우리 민족을 총과 칼로 탄압한 거라면,
무단 통치는 좀 더 교묘한 방식이었어. 문화 통치기에는 헌병 경찰제를 없애고
보통 경찰제를 도입했지만 경찰 관서나 경찰의 수가 더 늘어났지.
문화 통치의 또 다른 이름이 바로 ‘민족 분열 통치’야.
독립을 원치 않는 친일파를 양성해서 우리 민족을 분열시켰어.”

오늘의 역사 수업 주제는 무엇일까요?

Q

난이도 ★★☆

다지쌤이 역사 수업을 하고 있어요. 수학 시간도 아닌데 막대그래프를 보여 주어서 잭슨과 앙투안이 크게 놀랐어요. 그런데 미나는 어떤 그래프인지 금세 눈치를 챘네요. 오늘의 역사 수업 주제는 무엇일까요?

단서

- 토지 조사 사업은 일제가 우리나라의 땅을 빼앗으려고 벌인 대규모 사업이다.
- 산미 증식 계획은 일제가 우리나라의 쌀 생산량을 늘리고, 그 쌀을 자기네 나라로 가져가려고 시행한 계획이다.
- 그래프에서 무엇이 늘고 무엇이 줄었는지 잘 살펴보자.

❶ 토지 조사 사업 ❷ 산미 증식 계획

토지 조사 사업

土 흙 토 | 地 땅 지 | 調 고를 조 | 査 조사할 사

087

일제가 조선의 토지를 빼앗기 위해 벌인 대규모의 조사 사업

기간 1910년~1918년

1910년대 일제가 우리의 땅을 빼앗기 위해 벌인 사업입니다. 조선 총독부는 토지세를 거두어 총독부의 수입을 늘리고, 땅을 빼앗을 목적으로 토지 조사 사업을 실시했어요. 이 사업이 실시되면서 땅을 가진 사람은 정해진 기간 안에 직접 신고하여 자기 땅임을 밝혀야 했지요. 그러나 대부분의 농민들은 글도 잘 몰랐고, 신고 절차도 제대로 알지 못해 신고 기간을 놓치기 일쑤였어요. 이렇게 신고하지 않는 땅은 총독부가 빼앗아 동양 척식 주식회사에 넘겼고, 일본인들이 싼값에 지주가 될 수 있는 길을 열어 주었습니다. 이를 계기로 우리 농민들은 농사짓던 땅에서 쫓겨나는 경우가 많아졌고, 화전민*이나 도시 빈민이 되기도 했지요. 심지어 만주나 연해주로 일자리를 찾아 떠나는 사람도 늘어났습니다.

***화전민**(火 불 화 田 밭 전 民 백성 민) : **산에 불을 지펴 풀과 잡목을 태운 뒤 그곳에 농사를 짓는 사람**

산미 증식 계획

產 낳을 산 | 米 쌀 미 | 增 더할 증 | 殖 불릴 식

088

일제가 조선을 식량 공급지로 만들기 위해 실시한 농업 정책

기간 1920년~1934년, 1940년~1945년

조선을 식량 공급지로 만들기 위해 일제가 실시한 농업 정책입니다. 일제는 일본 땅에 쌀이 부족해지자 1920년부터 1934년까지 한국에서 쌀 생산을 늘려 일본에 가져오기로 합니다. 밭을 논으로 바꾸고, 저수지와 수로 등을 새로 만들고 벼를 일본 사람의 입맛에 맞는 품종으로 개량해 심게 했지요. 쌀 생산량은 이전보다 크게 늘어났지만 벼농사 위주의 농사만 짓다 보니 농업의 단작화*가 이루어져요. 그리고 늘어난 생산량보다 훨씬 더 많은 쌀을 일본에 가져가면서 한국인들의 1인당 쌀 소비량은 오히려 줄어들었죠. 일제는 만주에서 값싼 잡곡을 수입해 한국인들에게 공급하기도 했지만, 우리 농민들의 삶은 더욱 더 어려워졌답니다. 이 정책은 잠시 중단되었다가 1940년에 다시 시행되었어요.

*단작화(單 홑 단 作 지을 작 化 될 화) : 한 가지 종류의 작물만 많이 재배하게 되는 현상

정답 공개 ❷ 산미 증식 계획

그래프에서 우리나라의 쌀 생산량과 쌀 수출량을 확인할 수 있어요. 특히 산미 증식 계획이 시행된 1920년대부터는 쌀의 생산량은 늘었으나 그만큼 일본으로 가져가는 양이 많아서 국내에 쌀 부족 현상이 심해졌답니다.

다음날 학교
식판 반납 →
오늘따라 입맛이 별로 없네.
야! 다 안 먹어? 옛날엔 먹고 싶어도 못 먹었어!
고기반찬만 다 먹음.

핵심 정리

토지 조사 사업	산미 증식 계획
• 일제가 조선 땅을 빼앗기 위해 벌인 대규모 사업 • 토지 신고 절차를 어렵게 하고, 신고하지 않은 땅은 동양 척식 주식회사에 팔아넘김.	• 일제가 조선을 식량 공급지로 만들기 위해 실시한 농업 정책 • 농업의 단작화가 이루어짐.

“토지 조사 사업과 산미 증식 계획으로 우리 농촌은 더욱더 어려워졌어.
토지 조사 사업으로 많은 농민들이 자신의 토지를 잃고 말았어.
산미 증식 계획으로 쌀 생산은 늘었지만 일제가 그만큼 더 많은 양을
수탈해 가면서 우리 농민들은 오히려 쌀 부족 현상에 신음해야 했단다.
그야말로 토지도 빼앗기고, 쌀도 빼앗겼던 수탈의 시대였던 거지.”

상자의 비밀번호는 무엇일까요?

Q

난이도 ★★☆

잭슨의 생일을 맞아 다지쌤이 잭슨의 선물을 준비했어요. 그런데 선물이 든 상자가 자물쇠로 잠겨 있네요. 잭슨은 다지쌤이 남긴 힌트를 보고 자신만만해하네요. 상자의 비밀번호는 무엇일까요?

단서

- 3·1 운동은 전국에서 일어난 대규모의 독립운동이다.
- 6·10 만세 운동은 순종의 장례일을 계기로 일어난 독립운동이다.
- 3·1 운동이 6·10 만세 운동보다 먼저 일어났다.

❶ 301 ❷ 610

3·1 운동

三 석 삼 | 一 한 일 | 運 옮길 운 | 動 움직일 동

089

전국에서 일어난 최대 규모의 독립운동

계획 고종의 장례일

1919년 3월 1일부터 시작된 우리 민족의 독립운동입니다. 제1차 세계 대전이 끝나고 미국 대통령 윌슨은 '민족 자결주의'를 주장해요. '각 민족은 정치적 운명을 스스로 결정할 권리가 있다.'는 거예요. 이런 배경으로 민족 지도자들은 고종 황제의 장례일 때 많은 사람들이 모일 것이라고 예상하고 전국적으로 만세 운동을 계획합니다.

민족 대표 33인이 독립 선언서를 작성했지만 실제 3·1 운동을 확산시킨 이들은 여러분과 같은 학생들이었어요. 3월 1일 탑골 공원에 모인 학생과 시민들은 태극기를 흔들며 만세 시위를 벌였습니다. 평화적인 시위였지만 일제는 헌병과 군대를 동원해 폭력적인 방법으로 시위를 진압했어요. 그러나 만세 운동은 전국 곳곳으로 퍼졌고, 만주, 간도, 연해주 등 나라 밖에 있던 우리 동포들도 '대한 독립 만세'를 외치며 힘을 보탰답니다. 3·1 운동은 10여 년에 걸친 일본의 강압적인 통치에도 우리 민족이 굴복하지 않았다는 걸 보여 준 운동이에요. 일본인이 아닌 조선인으로 살겠다는 우리의 자주적인 민족 선언이었던 거죠.

6·10 만세 운동

六 여섯 육 | 十 열 십 | 萬 일만 만 | 歲 해 세

090

청년과 학생들 중심으로 일어난 독립운동

계획 순종의 장례일

1926년 6월 10일에 순종의 장례일을 계기로 일어난 만세 운동입니다. 대한 제국의 마지막 황제였던 순종이 세상을 떠나자, 국내에서 활동하던 사회주의 및 민족주의 계열의 독립운동가와 학생들은 3·1 운동의 정신을 계승한 만세 운동을 계획했어요.

일제는 3·1 운동 때처럼 만세 운동이 크게 번질 것으로 예상하고, 사전에 일본군 1만 명을 배치했어요. 결국 시작 전에 독립운동가들을 체포하죠. 하지만 학생들은 6월 10일에 만세 시위를 이끌고 장례 행렬이 지나는 곳마다 '대한 독립 만세'를 외쳤답니다. 3·1 운동만큼 전국적으로 확산되지는 못했지만, 이 운동을 주도한 학생들은 자신들이 스스로 독립운동의 중심이 될 수 있다는 자신감을 얻으며 더욱 활발하게 독립운동을 펼칠 수 있었어요.

정답 공개 ❷ 610

'1919년에 일어난 운동을 재현하자!'라는 다지쌤의 힌트는 '6·10 만세 운동'을 의미해요. 1926년 순종의 장례일을 계기로 독립운동가들은 1919년에 일어난 3·1 운동의 정신을 계승하자면서 6·10 만세 운동을 계획하죠. 그러니 상자의 비밀번호는 610이 됩니다. 6·10 만세 운동은 3·1 운동만큼 전국적으로 퍼지진 못했지만, 학생 중심의 독립운동이었다는 것에 큰 의미가 있어요.

핵심 정리

3·1 운동	6·10 만세 운동
• 전국에서 일어난 최대 규모의 독립운동 • '민족 자결주의'의 영향을 받음. • 민족 대표 33인이 독립 선언서를 작성함. • 고종의 장례식에 맞춰 계획함.	• 청년과 학생들 중심으로 일어난 독립운동 • 3·1 운동을 재현하고자 함. • 순종의 장례일에 맞춰 계획함.

> 3·1 운동과 6·10 만세 운동은 독립운동사에 큰 영향을 끼쳤어!
> 3·1 운동 이후 일본은 무단 통치를 중단하고 문화 통치로 바꿔.
> 우리는 3·1 운동을 통해 우리의 독립운동 역량을 하나로 모아 줄 조직이 필요하다는 걸 깨닫지. 그 결과 대한민국 임시 정부가 탄생한단다. 그리고 6·10 만세 운동으로 서로 노선이 달랐던 독립운동가들이 손을 잡고 신간회를 만들지.

앙투안은 탄약을 어디부터 배달해야 할까요?

Q

난이도 ★★☆

앙투안이 '히스토리 VR 어드벤처'라는 신상 게임을 하고 있어요. 게임에서 앙투안은 독립군에게 탄약을 순서대로 배달하는 임무를 받았는데요, 앙투안은 탄약을 어디부터 배달해야 할까요?

단서

- 만주에서 일어난 봉오동 전투에서 독립군 연합 부대는 일본군과 대규모 전투를 벌이고, 승리한다.
- 봉오동 전투에서 패한 일본군은 많은 병력을 만주로 보냈고, 독립군 연합 부대와 일본군은 청산리 대첩으로 맞붙는다.
- 임무를 자세히 읽어 보자.

❶ 봉오동으로 간다. ❷ 청산리로 간다.

봉오동 전투

鳳 봉새 봉 | 梧 오동나무 오 | 洞 골 동 | 戰 싸움 전 | 鬪 싸울 투

091

1920년 6월 만주 봉오동에서 일어난 독립군 연합 부대와 일본군의 전투

인물 홍범도

1920년 6월 만주 봉오동에서 독립군 연합 부대가 일본군을 상대로 승리를 거둔 전투입니다. 3·1 운동 이후 만주에서는 50여 개가 넘는 무장 독립군 부대들이 활동했어요. 홍범도는 자신이 지휘하는 대한 독립군, 최진동의 군무 도독부, 안무의 국민회군 등과 손을 잡고 '대한 북로 독군부'라는 연합 부대를 조직하여 국내로 진격하려고 계획했습니다. 일본군은 그들을 공격하기 위해 봉오동으로 군대를 보냈는데, 독립군 연합 부대는 봉오동에 숨어 있다가 일본군을 유인하고 기습 공격을 했어요. 도망갈 곳이 없었던 일본군은 큰 피해를 입고 물러났지요. 봉오동 전투는 만주에서 독립군 부대가 일본군과 벌인 대규모 전투로, 여기서의 승리는 독립군의 사기를 아주 높였어요.

봉오동으로 모인 독립군 부대

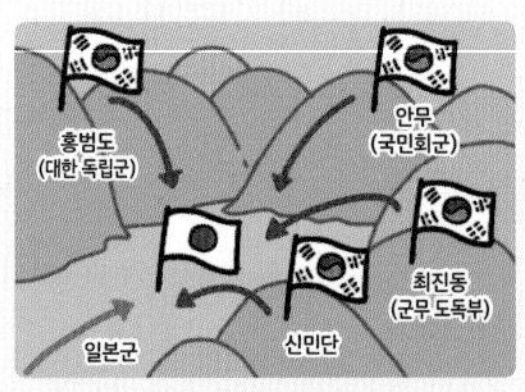

봉오동 전투는 우리 독립군이 일본군 헌병 국경 초소를 습격하며 시작되었다. 독립군 연합 부대는 일본군을 계속 봉오동으로 유인하는 작전을 펼쳤다.

봉오동 전투

홍범도가 대한 북로 독군부라는 독립군 연합 부대를 조직해 봉오동에서 일본군과 싸워 이김.

일제가 중국 건달들에게 훈춘에
지시한 후, 영사관을 지키겠다는

청산리 대첩 青山里大捷 092

青	山	里	大	捷
푸를 청	뫼 산	마을 리	큰 대	이길 첩

1920년 10월 만주 청산리에서 일어난 독립군 연합 부대와 일본군의 전투

인물 김좌진, 홍범도

1920년 10월 독립군 연합 부대가 백두산 부근 청산리 일대에서 일본군과 싸워 크게 승리한 전투입니다. 봉오동 전투에서 대패한 일제는 만주 훈춘에서 자작극을 벌여요. 훈춘에 일본 영사관이 있었는데 중국 건달들에게 돈을 주고 이곳을 습격하게 하죠. 그런 다음 일본은 한국의 독립군에게 공격을 당했다며 가짜 뉴스를 발표하고 이들을 처단하기 위해 만주로 넘어오는 것처럼 명분을 만들어요. 이후 일본은 2만여 명의 군대를 보내 만주의 독립군에게 공격을 퍼붓습니다. 김좌진이 이끄는 북로 군정서와 홍범도가 지휘하는 대한 독립군 등은 이를 피해 부대를 백두산 근처로 옮깁니다. 뒤를 쫓던 일본군과 맞닥뜨린 독립군 연합 부대는 백운평 골짜기에 숨어 있다가 일본군을 공격했어요. 청산리 대첩의 시작을 알리는 이 전투에서 승리한 독립군 연합 부대는 이후 6일 동안 10여 차례에 걸쳐 일본군과 싸워 대승을 거두어요. 청산리 대첩은 일제 강점기 동안 독립군 연합 부대와 일본군이 벌인 가장 큰 싸움이자, 가장 빛나는 승리로 기록되고 있어요.

훈춘 사건

있는 일본 영사관을 습격하라고
명분으로 만주에 군대를 보냄.

청산리 대첩

김좌진의 북로 군정서, 홍범도의 대한 독립군 등
독립군 연합 부대가 청산리에서 일본군과 10여 차례 싸워 크게 이김.

정답 공개 ❶ 봉오동으로 간다.

독립군에게 순서대로 탄약을 배달해야 하는 임무를 받은 앙투안이 먼저 가야 할 곳은 봉오동입니다. 청산리는 봉오동 전투 이후 홍범도와 김좌진 장군을 중심으로 한 독립군 연합 부대가 일본에 대승을 거둔 곳이에요. 그러니까 앙투안은 봉오동에 먼저 들렀다가 청산리로 가야 해요.

핵심 정리

봉오동 전투	청산리 대첩
• 만주 봉오동에서 일어난 독립군 연합 부대와 일본군의 전투 • 홍범도 장군이 이끎. • 이 전투에서 패한 일본이 만주에 병력을 보냄.	• 만주 청산리에서 일어난 독립군 연합 부대와 일본군의 전투. • 김좌진, 홍범도 장군이 이끎. • 일제 강점기 동안 벌인 독립군 연합 부대와 일본군과의 전투 중 가장 큰 전투

“1910년대 나라 바깥에서 열심히 독립운동 기지를 건설한 결과, 1920년대 빛나는 무장 독립 투쟁의 역사가 시작되었어. 봉오동 전투는 독립군과 일본군이 만주 지역에서 맞붙은 큰 전투였어. 여기서의 승리는 독립군에게 자신감을 심어 줬지. 청산리 대첩은 독립군이 일본군과 벌인 전투 중 가장 큰 규모였고, 성과도 가장 컸어. 두 전투 모두 꼭 기억해 두자!”

신문에서 말하는 이 단체는 무엇일까요?

Q

난이도 ★★☆

미나와 잭슨이 타임머신을 타고 약 90년 전 상하이에 왔어요. 그런데 바람이 세게 불어서 신문이 잭슨의 얼굴로 날아왔네요. 한글로 써진 신문에 윤봉길이라는 사람이 일본군에게 폭탄을 던진 사건이 보도되었는데요, 신문에서 말하는 이 단체의 이름은 무엇일까요?

〈○○신문〉

제□□호 1932년 4월 30일

어제 오전 11시 40분경, 이 단체 소속인 윤봉길이 던진 폭탄은 상하이 훙커우 공원에서 열린 일본군의 상하이 점령 기념식 단상 위에서 터졌다. 수많은 일본군 장교와 관리들이 그 자리에서 죽거나 다쳤다. 중국의 백만 대군도 못했던 일을 한 사람의 조선 청년이 해낸 것이다.

단서

- 의열단은 1919년 만주에서 조직되었다.
- 한인 애국단은 1931년 상하이에서 조직되었다.
- 사건 장소 및 신문의 날짜와 관련이 있다.

① 의열단 ② 한인 애국단

의열단

義 옳을 의 烈 매울 열 團 둥글 단

093

1919년 김원봉이 만주에서 조직한 독립운동 단체

인물 김익상, 김상옥, 나석주

1919년 만주에서 김원봉이 조직한 독립운동 단체로, '정의로운 일을 열렬히 실행하는 단체'라는 뜻을 담고 있습니다. 김원봉은 군대를 양성해 일본과 전쟁을 하는 무장 투쟁 방식은 한계가 있다고 생각했어요. 우리가 수적으로도 부족하고, 질적인 무기도 일본에 비해 많이 갖추지 못했으니까요. 김원봉이 생각한 가장 효과적인 방법이 바로 '의열 투쟁'이었습니다. 일제 식민 통치의 핵심이 되는 기관, 인물 등을 제거하는 것이 의열 투쟁이에요. 그래서 의열 투쟁하면 폭탄을 던지는 모습이 떠오르는 거예요.

의열단의 김익상 의사*는 조선 총독부를, 김상옥 의사는 종로 경찰서를, 나석주 의사는 동양 척식 주식회사를 공격했어요. 의열단 소속 의사들은 자신의 목숨을 건 의거* 활동을 통해 독립 의지를 널리 알렸답니다.

*의사(義 옳을 의 士 선비 사) : 나라와 민족을 위해 제 몸을 바쳐 의롭게 일하려는 뜻을 가진 사람

*의거(義 옳을 의 擧 들 거) : 정의를 위해 개인이나 집단이 의로운 일을 도모함.

한인 애국단

韓 나라 한 | 人 사람 인 | 愛 사랑 애 | 國 나라 국 | 團 둥글 단

094

1931년 김구가 상하이에서 조직한 독립운동 단체

인물 이봉창, 윤봉길

1931년 중국 상하이에서 김구가 조직한 독립운동 단체입니다. 1920년대 중반 이후 독립운동의 방법을 놓고 의견이 나뉘면서 대한민국 임시 정부 소속의 많은 독립운동가들이 조직에서 빠져나갔어요. 이런 상황 속에서 임시 정부를 이끌던 김구는 한인 애국단을 만들어 일제의 주요 인물들을 없애려고 했습니다.

1932년 한인 애국단 소속의 이봉창 의사는 도쿄에서 일왕이 지나가는 행렬을 향해 폭탄을 던졌지만 일왕을 제거하지는 못했어요. 그해 4월 중국 상하이 훙커우 공원에서 일왕의 생일과 상하이 사변*의 승리를 축하하는 행사가 크게 열렸는데, 이 자리에서 윤봉길 의사는 단상에 폭탄을 던져 일본의 고위 관료와 군인들을 없앱니다. 이 사건을 계기로 중국 정부는 우리의 독립운동을 적극적으로 지원했습니다.

*상하이 사변 : 1932년과 1937년 두 차례에 걸쳐 일본군이 상하이를 침공해 일어난 중국과 일본의 무력 충돌 사건

정답 공개 ❷ 한인 애국단

사건 장소 및 신문의 날짜와 관련이 있다고 했어요. 1932년 상하이에서 일어난 사건이므로, 상하이에서 조직된 한인 애국단을 떠올릴 수 있습니다. 상하이 훙커우 공원에서 일본군에게 폭탄을 던진 윤봉길 의사는 김구가 조직한 한인 애국단 소속이었어요.

타임머신 여행 후
다지쌤! 윤봉길 의사가 진짜 도시락 폭탄을 던졌어요?
훙커우 공원에서 실제로 던진 폭탄은 수통 모양이었다고 해!

핵심 정리

의열단	한인 애국단
• 1919년에 만주에서 김원봉이 조직한 독립 운동 단체 • 김익상 → 조선 총독부, 김상옥 → 종로 경찰서, 나석주 → 동양 척식 주식 회사에 폭탄 투척	• 1931년 상하이에서 김구가 조직한 독립 운동 단체 • 이봉창 → 도쿄에서 일왕 암살 시도, 윤봉길 → 상하이 훙커우 공원 행사장에 폭탄 투척

" 의열단과 한인 애국단 모두 '의열 투쟁'을 했어. 의열 투쟁은 군대와 같은 집단보다는 개별적인 인물의 의거 활동에 중점을 뒀고, 주요 기관과 인물을 제거하는 거야. 의열단과 한인 애국단의 의열 투쟁은 일제에 큰 위협이 되었고, 이로 인해 당시 김원봉과 김구는 현상금이 제일 높은 사람들에 올랐단다. 민족을 위해 위험한 일까지 마다하지 않은 이분들에게 늘 감사한 마음을 가져야 해. "

잭슨은 어떤 카드를 내야 할까요?

Q

난이도 ★★☆

잭슨과 아이들이 역사 카드놀이를 하고 있어요. 제시된 단어와 어울리는 카드를 내야 하는 게 규칙이에요. 잭슨은 남은 2장의 카드 중 어떤 카드를 내야 할까요?

단서

- 1919년 의열단을 조직했던 김원봉은 개별 투쟁에 한계를 느끼고 19년 후 독립군 부대를 만든다.
- 김구가 이끈 대한민국 임시 정부는 1940년 중국 충칭에 정착해 독립군 부대를 만든다.
- 제시된 단어의 연도에 주목해 보자.

① 김원봉 카드 ② 김구 카드

조선 의용대

朝 아침 조 鮮 고울 선 義 옳을 의 勇 날랠 용 隊 무리 대

095

중국 관내에 생긴 조선인 최초의 독립군 부대

인물 김원봉

1938년에 김원봉이 중심이 되어 중국 관내에 세운 독립군 부대입니다. 1937년 일제가 중일 전쟁을 일으킨 이후 일제는 중국의 수도 난징을 점령했어요. 이에 중국은 우한을 임시 수도로 정했고, 중국에서 활동하던 우리 독립운동가들도 중국 관내 지역인 우한으로 이동했어요. 당시 김원봉은 의열단처럼 개별 투쟁만으로는 한계가 있다고 판단하여 민족 혁명당이라는 조직을 결성했었는데, 우한에 들어가 더 큰 조직인 조선 의용대를 만듭니다.

조선 의용대는 주로 일본군에게 방송을 하거나 일본군 포로를 조사하고, 후방에서 공작* 활동을 펼쳤어요. 이후 조선 의용대 대원들은 화북 지방으로 이동하여 조선 의용대 화북 지대를 만들기도 했습니다.

*공작(工 장인 공 作 지을 작) : 어떤 목적을 위하여 미리 일을 꾸밈.

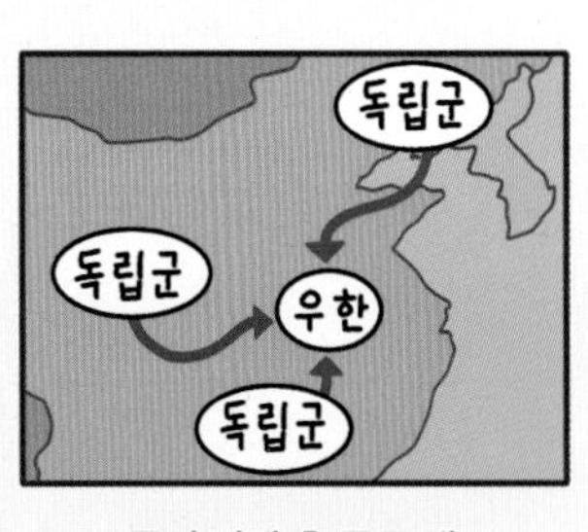

중일 전쟁 후 중국 내
우리 독립군들이 우한으로 이동함.

김원봉이 중국 관내에서
조선 의용대를 조직함.

조선 의용대는 포로 조사와
공작 활동을 펼침.
후에 조선 의용대 일부는
한국 광복군으로 편입됨.

한국 광복군

韓 나라 한 | 國 나라 국 | 光 빛날 광 | 復 회복할 복 | 軍 군사 군

096

중국에서 조직한 대한민국 임시 정부의 독립군 부대

인물 김구

1940년에 대한민국 임시 정부가 만든 독립군 부대입니다. 김구가 이끌던 대한민국 임시 정부는 중국 정부를 따라 이동하다가 충칭에 정착합니다. 이후, 흩어져 있던 독립군을 모으고 총사령관에 지청천, 참모장에 이범석을 세워 한국 광복군을 만들어요. 후에 조선 의용대의 일부도 여기로 편입됩니다.

한국 광복군은 1941년 태평양 전쟁이 일어나자 대일 선전 포고문을 발표하고, 인도·미얀마 전선에 연합국의 일원으로 참전했어요. 이때 일본군 포로를 심문하고, 정보를 수집하고, 전단을 배포하는 일들을 했습니다. 또한 미국과 국내 진공 작전을 계획하여 특수 훈련을 받은 한국 광복군 대원이 국내에 들어가 일제의 주요 시설을 파괴하려고 했어요. 그러나 작전 시작 전에 일본이 항복을 하여 작전은 실행되지 못했습니다.

중국 관내의 독립운동

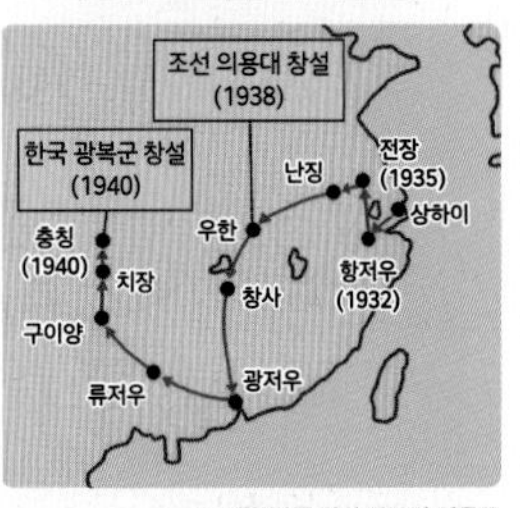

중일 전쟁 후 독립운동가들은 중국에서 활발하게 활동하며 중국군과 함께 일본군에 맞섰다.

한국 광복군은 태평양 전쟁이 일어나자 대일 선전 포고문을 발표함.

연합군의 일원으로 한국 광복군이 인도·미얀마 전선에 참전함.

한국 광복군이 미국과 합동으로 국내 진공 작전을 계획함.

정답 공개 ❶ 김원봉 카드

잭슨이 내야 하는 카드는 김원봉 카드예요. 조선 의용대는 1938년 김원봉이 조직한 중국 관내 독립군 부대예요. 이들은 중국의 임시 수도인 우한에서 활동했어요. 나중에 김구가 조직한 한국 광복군에 조선 의용대 일부가 편입되지만 김원봉이 의열단 조직 이후 19년 후에 부대를 만들었다는 힌트가 있고, 한국 광복군은 1940년에 만들어졌기 때문에 답은 김구가 아닌 김원봉입니다.

핵심 정리

조선 의용대	한국 광복군
• 1938년 중국 관내에 김원봉이 조직한 독립군 부대 • 중국 정부와 연합하여 정보 수집, 공작 활동 등을 펼침. • 후에 부대의 일부가 한국 광복군에 편입됨.	• 1940년 충칭에서 대한민국 임시 정부가 조직한 독립군 부대 • 미국과 연합하여 국내 진공 작전을 계획하지만 일본의 항복으로 시행하지 못함.

처음 한국 광복군을 만들었을 때 군인은 10여 명 정도로, 턱없이 적었어.
당시 일본이 한국의 청년들을 강제로 전쟁터로 끌고 갔거든.
이후 강제로 끌려갔던 청년들이 탈출해 한국 광복군에 합류해.
1942년에 김원봉도 조선 의용대의 일부를 이끌고 한국 광복군에 합류하면서
부대가 커졌단다. 오늘날 대한민국 국군은 한국 광복군의 역사를 계승한 거야!

미나는 잭슨을 보고 무엇을 떠올렸을까요?

Q

난이도 ★★☆

오늘은 신체검사가 있는 날이에요. 앙투안이 잭슨에게 "너는 머리카락 때문에 키가 커 보이는 거야!"라고 말하자 잭슨이 발끈했어요. 실제로는 앙투안이 약간 더 큰 것으로 나왔지만, 잭슨은 인정하지 않네요. 억지를 부리는 잭슨을 보고 미나가 떠올린 것은 무엇일까요?

단서

- 발췌 개헌은 대통령 간접 선거를 직접 선거로 바꾼 개헌안이다.
- 사사오입 개헌은 초대 대통령이 여러 번 대통령을 할 수 있게 한 개헌안이다.
- 발췌 개헌은 자신이 필요한 개헌안만 뽑아서 만든 것이고, 사사오입 개헌은 넷 이하는 버리고 다섯 이상은 열로 한 수학 계산법에서 나왔다.

❶ 발췌 개헌

❷ 사사오입 개헌

발췌 개헌

拔 뽑을 발 萃 모을 췌 改 고칠 개 憲 법 헌

097

1952년 대통령 직선제로 바꾼 첫 번째 헌법 개정

목표 국민의 직접 선거

1952년 대통령 선거를 간선제(간접 선거)에서 직선제(직접 선거)로 바꾼 헌법입니다. 우리는 1945년 해방을 했지만 1950년에 6·25 전쟁이라는 시련을 또 겪지요. 이 개헌안은 부산의 피난 국회에서 통과됐어요. 앞선 1948년 5월 10일, 총선거로 구성된 제헌 국회는 '대한민국'이라는 나라 이름을 정하고, 삼권 분립*과 대통령 간선제를 밝힌 제헌 헌법을 7월 17일에 공포했어요. 국회의원의 간접 선거를 통해 이승만이 초대 대통령이 되었지요.

그런데 6·25 전쟁 직전에 실시된 제2대 국회의원 선거에서 이승만의 반대파 국회의원들이 많이 당선되면서 이승만은 불안해졌어요. 그래서 이승만은 대통령을 국민이 직접 뽑는 직선제로 바꾸려고 했죠. '전쟁 중에는 장수를 바꾸지 않는다.'는 말이 있어요. 전쟁이라는 상황에서 지도자까지 바뀌는 건 너무 큰 변화이기 때문에, 국회의원이 아닌 국민이 직접 대통령을 뽑으면 이승만이 당선될 가능성이 매우 높았거든요. 결국 이승만은 국회에서 토론도 하지 않고 개헌안을 공개 투표로 통과시켜요. 이후 대통령 직선제를 통해 제2대 대통령에 당선되었어요. 발췌 개헌은 정부가 제출한 대통령 직선제 개헌안과 국회에서 제시한 개헌안 중 일부를 발췌, 절충했다고 하여 붙여진 이름이에요.

*삼권 분립(三 석 삼 權 권세 권 分 나눌 분 立 설 립) : 국가 권력을 입법·행정·사법 셋으로 나누어 상호 간 견제, 균형을 유지시킨 조직 원리

사사오입 개헌

四 넉 사 | 捨 버릴 사 | 五 다섯 오 | 入 들 입

098

1954년 초대 대통령 중임 제한을 없앤 두 번째 헌법 개정

목표 초대 대통령의 대통령 중임

1954년 초대 대통령만 중임* 제한을 없애자고 한 개헌안입니다. 제1대와 제2대 대통령을 지낸 이승만은 다시는 대선에 나갈 수 없었어요. 기존 헌법에 따르면 대통령은 딱 2번 까지만 할 수 있었거든요. 그런데 사람의 욕심은 끝이 없죠! 이승만은 또 개헌을 합니다. 1954년 이승만의 지지 세력인 자유당이 초대 대통령에 대해서는 중임 제한을 없애자는 개헌안을 냅니다.

헌법을 바꾸려면 출석한 국회의원의 2/3가 찬성해야 했는데, 표결* 당시 명부에 등록된 국회의원은 203명이었어요. 그중 2/3은 '135.3333……'명이니 136표가 나와야 통과되는 상황이었죠! 개표를 해 보니 135표가 나와 딱 1표가 부족하여 통과되지 못해요. 그런데 다음 날 한 수학자가 수학적으로 사사오입(반올림)에 의하면 '135.3333……'명에서 소수점 이하인 0.3은 버려야 하니, 135명이 맞다고 주장합니다. 이 의견으로 개헌안이 통과되고 결국 이승만은 제3대 대통령에 당선되었어요. 하지만 이후 이승만 대통령은 4·19 혁명*으로 물러나게 됩니다.

*중임(重 무거울 중 任 맡길 임) : 임기가 끝나거나 임기 중에 개편이 있을 때 거듭 자리에 임용함.

*표결(表 겉 표 決 결단할 결) : 회의에서 안건에 대해 찬성과 반대 의사를 표시해 결정함.

*4·19 혁명 : 1960년 4월 19일에 국민들이 이승만 자유당 정부의 독재와 부정부패, 부정 선거에 항의하여 벌인 민주 항쟁

정답 공개 ❷ 사사오입 개헌

소수점 이하를 반올림하면 자신과 앙투안의 키가 똑같다고 말하는 잭슨을 보고 미나는 사사오입 개헌을 떠올렸나 봐요. 사사오입이란 구하는 자리의 수보다 한 자리 아래인 숫자가 넷 이하면 버리고, 다섯 이상이면 반올림하는 수학적 계산이에요.

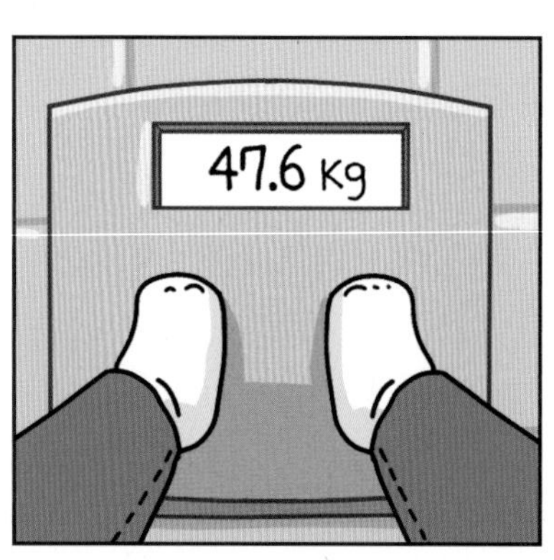

핵심 정리

발췌 개헌	사사오입 개헌
• 대통령 간선제를 직선제로 바꾼 첫 번째 개헌안 • 국회 토론도 거치지 않고 통과됨.	• 초대 대통령 중임 제한을 없앤 두 번째 개헌안 • 사사오입(반올림)이라는 수학적 논리로 통과됨.

“ 헌법을 바꾸는 게 '개헌'인데, 헌법은 법 중의 법, 최고 상위법이라 원래 함부로 바꿀 수 없어. 그러나 우리나라는 장기 집권을 꾀하는 전직 대통령들로 인해 헌법이 9번이나 바뀌었어. 발췌 개헌으로 헌법은 대통령 간선제에서 직선제로 바뀌었고, 사사오입 개헌으로는 초대 대통령에 대한 중임 제한 규정이 사라졌지. 장기 집권을 꾀한 이승만 정부는 4.19 혁명으로 무너진단다! ”

아이들이 모의재판을 하고 있는 이 사건은 무엇과 관련이 있을까요?

Q

난이도 ★☆☆

학교에서 모의재판이 열렸어요. 잭슨이 판사 역할을 맡았고, 검사 역할의 앙투안이 증인 미나를 신문하고 있네요. 아이들이 모의재판을 하고 있는 이 사건은 무엇과 관련이 있을까요?

단서

- 5·18 민주화 운동은 전라남도 광주에서 신군부의 퇴진을 주장하며 일어났다.
- 6월 민주 항쟁은 전국적으로 벌어진 반독재 민주화 운동이다.
- 증인 미나가 말한 지역과 관련이 있다.

① 5·18 민주화 운동

② 6월 민주 항쟁

5·18 민주화 운동

民 백성 민 主 주인 주 化 될 화 運 옮길 운 動 움직일 동

099

1980년 광주에서 일어난 대규모 민주화 운동

기간 1980년 5월 18일~1980년 5월 27일

1980년 5월 광주 시민들이 신군부에 반대하며 일어난 민주화 운동입니다. 1979년 박정희 대통령의 죽음 이후 전두환과 노태우를 비롯한 신군부 세력은 군사 반란을 일으켜 권력을 잡습니다. 학생과 시민들은 민주주의를 요구하는 시위를 벌였고 이는 전국적으로 확대됐지요. 그러나 신군부는 계엄령*을 내려 이를 탄압합니다. 특히 광주에서 저항이 심했는데, 이에 신군부는 5월 18일에 공수 부대를 광주에 보내 학생과 시민들에게 폭력을 휘둘렀어요. 심지어 5월 21일에는 군인들이 시위대를 향해 총을 쏘았습니다. 광주 사람들은 시민군을 만들어 군인들에게 저항하며 평화롭게 치안을 유지하려고 애를 썼어요. 그러나 시민군과 군인들의 협상이 실패하면서 군인들은 5월 27일 탱크를 앞세워 이들을 진압했습니다. 5·18 민주화 운동은 이렇게 끝났지만 1980년대 이후 민주화 운동의 기반이 된 중요한 항쟁이었어요.

*계엄령(戒 경계할 계 嚴 엄할 엄 令 명령할 령) : 국가에 비상사태가 발생할 경우, 군대를 동원하는 조치

6월 민주 항쟁

民 백성 민 主 주인 주 抗 겨룰 항 爭 다툴 쟁

100

1987년 전국에서 일어난 반독재 민주화 운동

기간 1987년 6월 10일~1987년 6월 29일

1987년 전국 곳곳에서 일어난 반독재 민주화 운동입니다. 1980년대 중반을 지나면서 개헌을 통해 대통령을 직접 선출하자는 요구가 나왔어요. 이때까지 박정희와 전두환의 독재 등으로 대통령은 간선제로 선출되고 있었거든요. 1987년에 대통령 직선제 개헌을 요구하는 '천만 명 서명 운동'이 시작됩니다. 여기에 더해 박종철 학생 고문 치사 사건*이 일어나면서 시민들은 더욱더 결집했어요. 하지만 당시 대통령이던 전두환은 간선제를 유지하겠다는 '4·13 호헌 조치'를 발표합니다. 학생과 시민들은 '호헌 철폐', '독재 타도'를 외치며 시위를 계속했어요. 이 과정에서 경찰이 쏜 최루탄에 이한열 학생이 희생당하는 사건이 벌어졌고, 운동은 더욱 격렬해지며 1987년 6월 10일 이후 20여 일 동안 전국적으로 시위가 계속됩니다. 결국 전두환 정부는 '6·29 민주화 선언'을 발표해 대통령 직선제 요구를 받아들였고, 국민들이 대통령을 직접 뽑을 수 있도록 헌법을 개정했습니다.

*박종철 고문 치사 사건 : 1987년 1월 14일 서울대학교 학생 박종철이 민주화 운동을 하는 선배의 소재를 묻는 경찰 조사를 받던 중 고문으로 사망한 사건

정답 공개 ❶ 5·18 민주화 운동

아이들이 하고 있는 모의재판은 1980년 광주에서 일어난 5·18 민주화 운동과 관련이 있습니다. 미나가 말한 '전남 도청'이라는 단어가 힌트가 될 수 있어요. 전남 도청은 시민군과 계엄군의 마지막 항쟁지이기도 했어요. 6월 민주 항쟁은 5·18 민주화 운동이 벌어지고 7년 후에 전국에서 일어난 반독재 운동입니다.

핵심 정리

5·18 민주화 운동	6월 민주 항쟁
• 1980년 광주에서 일어난 민주화 운동 • 신군부에 대한 저항 운동 • 전두환이 광주에 공수 부대를 투입시켜 시민들을 학살함. • 1980년대 이후 민주화 운동의 기반이 됨.	• 1987년 전국에서 일어난 민주화 운동 • 대통령 직선제, 독재 타도를 주장함. • 박종철, 이한열 학생의 희생으로 시위가 더욱 격렬해짐. • 6·29 민주화 선언이 발표돼 대통령 직선제가 실시됨.

"5·18 민주화 운동과 6월 민주 항쟁은 모두 전두환 정권 때 일어났어. 5·18 민주화 운동에서 나오는 키워드가 바로 '시민군'이야. 계엄군에 맞서 시민이 무장했단 걸 기억해야 해. 6월 민주 항쟁의 키워드는 '박종철과 이한열 학생의 희생'이야. 신군부의 무력 진압으로 5·18 민주화 운동은 끝나지만, 이 정신이 이어져 7년 후 6월 민주 항쟁에서는 직선제 개헌을 쟁취해 내지!"

잭슨이 떠올린 것은 무엇일까요?

Q

난이도 ★★☆

다지쌤과 아이들이 식사를 하기 위해 식당에 왔어요. 오늘의 메뉴는 평양냉면인가 봐요. 음식이 나오자 잭슨은 뭔가가 떠올랐는지 당당한 목소리로 뭐라고 소리쳤어요. 잭슨이 떠올린 것은 무엇일까요?

단서

- 남한과 북한의 고위 관료가 7·4 남북 공동 성명을 발표했다.
- 김대중 대통령과 김정일 국방 위원장이 6·15 남북 공동 선언을 발표했다.
- 잭슨의 말에 주목해 보자.

❶ 7·4 남북 공동 성명

❷ 6·15 남북 공동 선언

7·4 남북 공동 성명

共 한가지 공 同 한가지 동 聲 소리 성 明 밝을 명

101

분단 이후 처음 이루어진 남북 관계 발전을 위한 성명

시기 박정희 정부

1972년 7월 4일 박정희 대통령 때 남한과 북한의 대표가 통일의 기본 원칙을 약속하고 발표한 성명입니다. 6·25 전쟁 이후 사이가 좋지 않았던 남한과 북한은 1971년부터 남북 적십자 회담을 열어 통일 문제에 대해 논의했어요. 그리고 남과 북의 고위 관료가 비밀리에 서울과 평양을 오가며 남북 관계는 이전보다 좋아졌답니다. 이후 서울과 평양에서 동시에 통일에 관한 3대 기본 원칙인 자주, 평화, 민족 대단결을 약속한 7·4 남북 공동 성명을 발표했지요. 이 3대 원칙은 우리의 통일 정책에 있어 가장 중요한 기본 원칙이 됩니다.

이후 남북 관계가 개선되어 1980년대 전두환 정부 때는 이산가족 찾기 운동이 추진되기도 했고 1990년대 노태우 정부 시기에 남북한은 국제 연합(UN)에 동시 가입했어요. 이어 남북 기본 합의서를 체결해 양국 화해와 불가침* 및 협력에 대해 논의했어요.

***불가침**(不 아닐 불 可 옳을 가 侵 침노할 침) : **침범하여서는 안 됨.**

통일

남북 적십자 창설(1971)

7·4 남북 공동 성명 발표(1972)

남북한 최초 이산가족 상봉(1985)

남북한 UN 동시 가입(1991)

6·15 남북 공동 선언

共 한가지 공 同 한가지 동 宣 베풀 선 言 말씀 언

102

분단 이후 처음 남북 정상이 만나 작성하고 발표한 선언

시기 김대중 정부

2000년 6월 15일 김대중 대통령 때 남과 북의 정상이 평양에서 발표한 공동 선언입니다. 분단 이후 처음으로 대한민국의 대통령과 북한의 국방 위원장이 평양에서 정상 회담을 가졌어요. 1998년 금강산 관광이 시작되면서 적극적인 화해 협력 정책이 추진되었는데, 이 선언으로 평화 통일을 이루자는 뜻을 더 적극적으로 알린 거예요. 이후 남북 경제 협력 사업의 하나로 개성 공단이 건설되었고 서울과 신의주를 잇는 경의선 철도 복원도 논의했어요.

당시 김대중 정부의 대북 정책을 '햇볕 정책'이라고 부릅니다. 화해와 포용의 자세를 중시했기 때문에 북한에 비료와 식량을 지원하고, 함께 체육 행사를 여는 등 화해 분위기가 조성되었답니다.

이후 2007년에는 노무현 대통령과 김정일 국방 위원장이 제2차 남북 정상 회담을 가졌고, 2018년에는 문재인 대통령과 김정은 국무 위원장이 판문점에서 만났습니다.

사진전

금강산 해로 관광 시작(1998)

6·15 남북 공동 선언 발표(2000)

개성 공단 사업 시작(2003)

경의선 운행 재개(2007)

정답 공개 ❷ 6·15 남북 공동 선언

잭슨이 평양냉면을 보고 떠올린 건 분단 이후 처음으로 남북 정상이 만나 발표한 '6.15 남북 공동 선언'이에요. 당시 김대중 대통령은 이 공동 선언을 위해 평양으로 직접 가서 김정일 국방 위원장을 만났어요. 정말 역사적인 순간이었답니다.

핵심 정리

7·4 남북 공동 성명	6·15 남북 공동 선언
• 분단 이후 최초로 남북한 고위 관료들이 서울과 평양에서 동시에 발표한 성명 • 자주, 평화, 민족 대단결을 내세움.	• 분단 이후 최초로 남북한 정상들이 평양에서 만나 발표한 성명 • 개성 공단, 경의선 철도 복원 등 남북한 공동 사업이 시작됨.

> 1950년대 이승만 정부 시기의 통일 정책은 남한이 전쟁을 통해 북한을 흡수 통일하는 '북진 통일'이었어. 이 시기에는 평화 통일을 주장하는 사람들이 북한의 간첩으로 여겨져 처벌을 받았단다. 그러니 7·4 남북 공동 성명에서 발표한 '평화 통일'이 얼마나 중요한 의미가 있었는지 알겠지? 그래서 이후에 남북한 관계가 크게 발전할 수 있었던 거야.

한국사 종합 테스트

다음 문장을 읽고, 맞는 문장이라면 O, 틀린 문장이라면 X에 체크하세요.

01	주먹도끼는 신석기 시대 때 많이 쓰이던 도구이다.	○	×
02	고조선은 처음에 청동기 문화를 배경으로 세워졌다.	○	×
03	평양으로 도읍을 옮긴 고구려 왕은 광개토 대왕이다.	○	×
04	돌무지덧널무덤에는 껴묻거리가 발견된다.	○	×
05	교종은 경전을 중시하는 불교 종파이다.	○	×
06	교정도감은 문신의 최고 정치 기구이다.	○	×
07	고려 삼사는 언론 기능을 담당했다.	○	×
08	단군 신화가 기록된 책은 『삼국사기』이다.	○	×
09	서원과 향약으로 힘을 키운 세력은 사림이다.	○	×
10	탕평책을 처음 실시한 왕은 정조이다.	○	×
11	갑신정변은 3일 만에 끝났다.	○	×
12	3·1 운동 이후 일제는 조선을 무단 통치로 다스린다.	○	×
13	홍범도는 봉오동 전투와 청산리 대첩에 모두 참전했다.	○	×
14	초대 대통령 중임 제한을 없앤 개헌안은 사사오입 개헌이다.	○	×
15	7·4 남북 공동 성명에서 발표한 통일의 3대 원칙은 자주, 평화, 사랑이다.	○	×

정답 01 × 02 ○ 03 × 04 ○ 05 ○ 06 × 07 × 08 × 09 ○ 10 × 11 ○ 12 × 13 ○ 14 ○ 15 ×

이제 세계사를 배울
시간이야!

투어 버스가 갈 곳은 어디일까요?

난이도 ★★☆

다지쌤과 아이들이 새로 생긴 세계사 테마파크에 놀러 갔어요. 가장 먼저 '문명 환상 특급'을 체험하기로 했어요. 다지쌤과 아이들이 타고 있는 투어 버스는 이제 이 문명을 꽃피운 드넓은 강으로 가 볼 거예요. 투어 버스가 갈 곳은 어디일까요?

단서
- 티그리스강은 지중해 동쪽 메소포타미아 지역에 있다.
- 나일강은 아프리카 북동쪽 이집트 카이로 지역에 있다.
- 어떤 문명을 구경하고 있는지 주변을 살펴보자.

① 티그리스강 ② 나일강

메소포타미아 문명

Mesopotamia 메소포타미아 | 文 글월 문 | 明 밝을 명 | 103

티그리스강과 유프라테스강 유역에서 발달했던 고대 문명

발생 기원전 3500년경

기원전 3500년경 메소포타미아 지역에서 생긴 인류 최초의 문명입니다. 메소포타미아는 '두 개의 강 사이에 있는 지역'이라는 뜻이에요. 그 강이 바로 지중해 동쪽에 있는 티그리스강, 유프라테스강입니다. 이곳은 자주 홍수가 나면서 강이 범람했는데, 이때 기름진 토양이 만들어져 농사짓기에 좋았어요. 하지만 강의 범람은 비정기적이었죠. 게다가 이때만 해도 중동은 사막화되기 전의 땅이어서 외부의 침입이 쉬웠어요. 이런 자연환경으로 이 지역 사람들은 '현세적 세계관'을 가집니다. 현실 살기에 급급하여 죽음 이후의 세상을 생각할 수 없었죠. 거대한 신전인 지구라트를 지어 신에게 행복한 삶을 빌었어요. 비관적이고 현세적 세계관을 잘 보여 주는 문학 작품이 길가메시 서사시예요.

메소포타미아는 제정일치 사회였는데, 진흙판에 쐐기 문자로 제사나 교역 내용을 기록해 공물을 거두고 왕의 통치 내용도 적었어요. 또한 이 지역에서는 점성술이 발달하기도 했답니다.

길가메시 서사시비

전설적인 왕이자 영웅이었던 길가메시의 모험 이야기를 점토판에 쐐기 문자로 기록했다. 인류 최초의 문학 작품으로 알려져 있다.

전쟁 안 나게 해 주세요!
홍수 안 나게 해 주세요!
행복하고 싶어요!

지구라트

적의 잦은 침입

먹을 거 내 놔!

제물을 바쳤으니
농사가 잘되겠지?

쐐기 문자

이집트 문명

Egypt 이집트 | 文 글월 문 | 明 밝을 명

104

나일강 유역에서 발달했던 고대 문명

발생 기원전 3000년경

기원전 3000년경 이집트 나일강 유역에서 발달한 문명입니다. 나일강은 주기적으로 범람했는데, 강의 밑바닥엔 영양가가 가득해서 이러한 강의 범람은 주변 땅을 비옥하게 했고, 농사가 잘되도록 했어요. 또 이집트는 바다와 사막으로 막혀 있어서 외부인의 침입이 어려웠죠. 비옥한 농토와 폐쇄적 지형 덕분에 이집트인들은 평화롭고 풍요롭게 살았어요.

이들은 죽음 이후에도 이처럼 좋은 세상이 계속 이어질 거라고 생각해서 사후 세계를 믿는 '내세적 세계관'을 가졌답니다. 그래서 사람이 죽으면 부활한다는 믿음으로 육체를 보존하기 위해 미라를 만들고, 죽은 사람을 위한 매뉴얼인 '사자의 서'를 만들었죠. 왕권도 강했기 때문에 왕을 태양신 '라'의 아들이라고 여겨 '파라오'라고 불렀어요. 왕이 죽은 후에 거처할 집으로 만든 것이 피라미드이고, 피라미드를 지키는 수호신이 스핑크스예요.

문명의 발상지

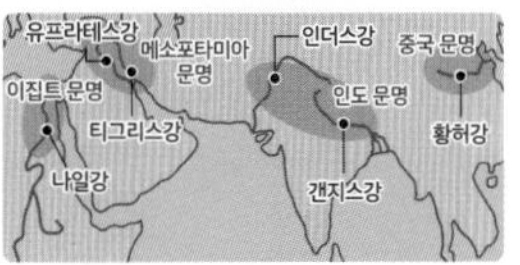

4대 문명의 발생 시기는 조금씩 다르지만 이들 모두 농경에 유리한 큰 강 유역에서 발생하였다.

피라미드
스핑크스
사자의 서
아누비스(죄 측정)
오시리스(재판장)
호루스(검사)
토트(서기)
죽은 사람
나는 태양신의 아들이다!
사후 세계에 잘 도착하세요.
미라 제작
파라오

정답 공개 ② 나일강

세계사 테마파크의 문명 환상 특급은 스핑크스와 미라, 이집트 벽화 등으로 꾸며져 있어요. 이집트 문명을 탐험하고 있다는 것을 알 수 있어요. 이집트 문명이 발달할 수 있었던 것은 나일강 덕분이었습니다. 그러니 다지쌤과 아이들은 나일강에 가게 될 거예요. 티그리스강과 관련 있는 문명은 메소포타미아 문명입니다.

핵심 정리

메소포타미아 문명	이집트 문명
• 기원전 3500년경 티그리스강, 유프라테스강 유역에서 발달한 문명 • 현세적 세계관 • 지구라트, 쐐기 문자 등이 발견됨.	• 기원전 3000년경 나일강 유역에서 발달한 문명 • 내세적 세계관 • 피라미드, 미라, 스핑크스 등이 발견됨.

> 비관적이고 현실적인 메소포타미아 문명에서는 미래에 대한 불안감으로
> 일찍이 점성술과 법이 발달했고, 평화로웠던 이집트 문명에서는
> 예술 작품에 사후 세계에 대한 믿음이 표현되어 있지.
> 두 문명을 묶어 '오리엔트 문명'이라고 하는데,
> 이 오리엔트 문명이 고대 서양 문화 형성에 영향을 주었단다.

앙투안이 발굴한 것은 무엇일까요?

Q

난이도 ★★☆

아이들이 박물관에서 발굴 체험 이벤트에 참여했어요. 1등으로 유물을 발굴하면 상품이 있나 봐요. 정신없이 유물을 찾던 앙투안이 드디어 뭔가를 찾아냈어요. 알 수 없는 문자가 가득 새겨진 거북의 껍질을 발견했네요. 이것은 무엇일까요?

단서

- 일각수는 뿔이 하나 달렸다는 전설 속 동물인데, 고대 인도의 상인들은 일각수와 같은 동물과 문자를 인장에 새겨 상업 활동에 사용했다.
- 갑골 문자는 동물의 뼈에 새긴 문자인데, 한자의 기원이 되었다.
- 문자의 모양과 문자가 어디에 새겨졌는지 자세히 살펴보자.

① 일각수 인장　　② 갑골 문자

인도 문명 印度文明

105

印 도장 인 / 度 법도 도 / 文 글월 문 / 明 밝을 명

인도의 인더스강과 갠지스강 유역에서 발달했던 고대 문명

발생 기원전 2500년경~기원전 1500년경

기원전 2500년경에서 1500년경까지 인도의 인더스강과 갠지스강 유역에서 발달한 문명입니다. 먼저, 기원전 2500년경 인도 북서부의 하라파와 모헨조다로를 중심으로 도시 문명이 일어났는데, 이걸 '인더스 문명'이라고 해요. 이 도시들은 반듯하게 지어진 집과 하수 시설까지 갖춘 계획도시였고, 청동기와 그림 문자를 사용했어요. 이 지역은 상업이 발달해서 바닷길을 이용해 메소포타미아 지역과 활발하게 교류하기도 했어요. 문자와 동물이 새겨진 인장을 만들어 상업 활동을 할 때 쓰기도 했답니다.

기원전 1500년경에는 강한 철제 무기를 들고 온 아리아인으로 인해 인더스 문명은 파괴됩니다. 이들은 중앙아시아에서 이동하여 인더스강 유역을 거쳐 갠지스강 유역에 자리 잡아요. 아리아인들에 의해 성립된 문명이 '갠지스 문명'입니다. 이들은 다수의 원주민을 지배하기 위해 '카스트'라는 신분제를 만들고, 브라만교의 기본이 되는 경전『베다』를 남겼어요.

인더스 상인이 사용한 인장

인더스 상인들은 일각수, 코뿔소 등의 동물이나 기호가 새긴 인장을 거래할 때 사용했다. 주로 진흙, 구리, 돌로 만들었다.

1500년경 아리아인의 이동

인더스강

브라만
크샤트리아
바이샤
수드라
불가촉천민

베다

저희 물건 좋아요!

하수 시설이 갖춰진 계획도시(인더스 문명)

갠지스강

인더스 상인들이 사용한 인장

아리아인이 남긴 신분제(카스트)와『베다』(갠지스 문명)

중국 문명

中 가운데 중 國 나라 국 文 글월 문 明 밝을 명

106

황허강 유역에서 발달했던 고대 문명

발생 기원전 2500년경

중국에서는 기원전 2500년경부터 여러 지역에서 문명이 발생했어요. 특히 기름진 땅에, 농사가 발달했던 황허강 유역에서는 청동기를 사용한 도시 국가가 나타났어요. 중국 역사책에 기록된 가장 오래된 나라인 하는 기원전 2000년경 황허강 유역에 세워졌다고 해요. 기원전 1600년경 상이 들어서면서 황허강 중, 하류를 중심으로 중국 문명은 크게 발전합니다. 상은 제정일치 사회였는데, 왕은 나라에 중요한 일이 있을 때 거북의 껍질이나 동물의 뼈를 화로에 올려놓고, 껍질이 갈라지는 모양을 보고 점을 쳐서 결정했어요. 그 결과 또한 거북의 껍질이나 동물에 뼈에 기록했죠. 이를 '갑골 문자'라고 하는데, 오늘날 한자의 기원이 되었어요.

기원전 1100년경 상을 멸망시킨 주는 넓은 영토를 봉건제로 다스렸어요. 봉건제는 왕이 수도와 주변 지역을 직접 통치하고, 지방은 왕족이나 공신을 제후*로 삼아 다스리게 한 제도예요. 그러나 지방 제후의 세력이 커지면서 주는 점차 약해지고 결국 멸망하게 됩니다.

*제후(諸 모두 제 侯 제후 후) : 봉건 시대에 일정한 영토를 가지고 그곳의 백성을 다스리던 사람

정답 공개 ❷ 갑골 문자

갑골 문자는 거북의 껍질이나 동물의 뼈에서 발견된 고대 문자를 말해요. 중국 문명의 고대 왕조 중 하나인 상에서는 왕이 점친 내용을 기록하는 데 이 갑골 문자를 사용했답니다. 앙투안이 박물관에서 발굴한 것도 문자가 쓰여진 거북의 껍질이었으니, 정답은 갑골 문자겠죠?

핵심 정리

인도 문명	중국 문명
• 기원전 2500년경에서 1500년경까지 인도의 인더스강, 갠지스강 유역에서 발달한 문명 • 계획도시이면서 상업이 발달함(인더스 문명). • 아리아인이 카스트라는 신분제를 만들고, 『베다』 경전을 남김(갠지스 문명).	• 기원전 2500년경 황허강 유역에서 발달한 문명 • 상에서는 오늘날 한자의 기원이 된 갑골 문자가 있었음. • 주에서는 봉건제를 실시함.

“ 인도 문명은 인더스강과 갠지스강 유역에서, 중국 문명은 황허강 유역에서 발달했어. 두 문명 모두 철제 무기의 보급으로 큰 사회적 변화가 있었어. 인도에서는 철기를 사용하는 아리아인들의 이동으로 기존에 있던 인더스 문명이 파괴되고 갠지스 문명이 성립되었지. 중국에서는 기원전 8세기경 철기의 보급으로 혼란기인 춘추 전국 시대가 전개된단다. ”

앙투안의 생각은 어떤 학자와 비슷한가요?

Q

난이도 ★★☆

아이들이 떡볶이를 먹으며 이야기를 나누고 있어요. 곧 중학생이 될 텐데, 훌륭한 중학생의 모습에 대해 각자의 생각을 자유롭게 말하고 있네요. 마치 춘추 전국 시대의 제자백가들이 떠오르는데요, 앙투안의 생각은 어떤 학자와 비슷한가요?

단서
- 노자는 혼란스러운 사회를 바로잡기 위하여 자연스러움을 회복해야 한다고 주장했다.
- 한비자는 엄격한 법과 규칙으로 사회 질서를 바로잡아야 한다고 주장했다.

① 노자　　② 한비자

춘추 전국 시대

春 봄 춘 | 秋 가을 추 | 戰 싸움 전 | 國 나라 국

107

진이 중국을 통일하기 전인 춘추 시대와 전국 시대를 아울러 이르는 말

기간 기원전 770년~기원전 221년

기원전 8세기 초부터 기원전 3세기경, 진시황제가 전국을 통일하기 전까지의 혼란기입니다. 기원전 8세기경 견융족이 쳐들어와 주가 수도를 호경에서 뤄양으로 옮기는데, 이때부터 춘추 시대가 시작돼요. 철기 사용이 많아지면서 혼란과 발전이 공존했어요. 제후들이 각자 왕을 칭하며 들고일어난 거예요. 그리고 철제 농기구의 사용과 소를 이용한 경작으로 잉여 생산물이 증가합니다. 이것을 팔면서 상공업이 발달했고, 교환 수단인 청동 화폐도 만들어져요.

춘추 전국 시대를 통일하기 위해 각 나라는 부국강병*을 내세웠어요. 이때 여러 학파가 등장해 각기 다른 사상을 제시합니다. 이들이 제자백가예요. 대표적으로 예와 덕을 강조한 유가, 엄격한 법을 적용하자는 법가, 자연스러움을 강조한 도가, 차별 없는 사랑을 주장한 묵가가 있어요.

*부국강병(富 부유할 부 國 나라 국 強 강할 강 兵 병사 병) : 나라를 부유하게 만들고 군대를 강하게 함.

춘추 전국 시대의 영역

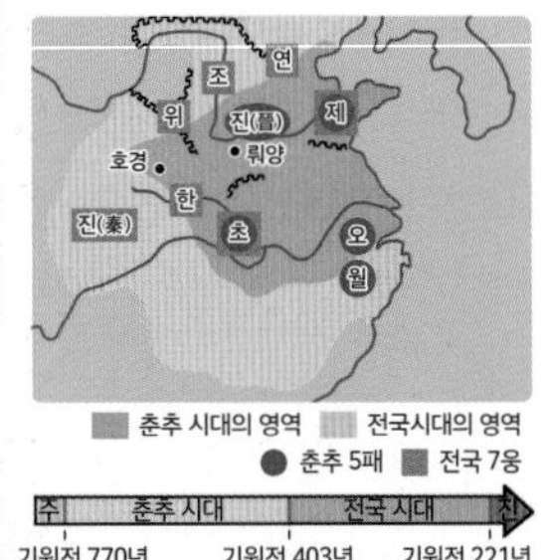

춘추 시대에는 5개의 제후국(춘추 5패)이, 전국 시대에는 7개의 강력한 나라(전국 7웅)가 중국을 이끌었다.

철기 사용이 많아지면서 잉여 생산물이 늘어난 반면, 전쟁도 많아짐.

다양한 제자백가들이 등장함.

위진 남북조 시대

魏 나라이름 위 晉 진나라 진 南 남녘 남 北 북녘 북 朝 아침 조

108

중국 후한의 멸망 후부터 6세기 말 수가 통일하기 전까지의 시기

기간 220년~589년

3세기 초 후한의 멸망 후부터 6세기 말 수가 통일하기 전까지의 시기를 말합니다. 한이 멸망하고 중국은 위·촉·오 삼국으로 분열되는데, 그중에서 위나라 계열의 사마씨 일가가 삼국 시대를 통일하고 진(晉)을 세워요. 그런데 평화도 잠시, 날씨가 추워지자 북방의 오랑캐들이 한족들이 사는 따뜻한 남쪽으로 내려옵니다. 이들이 내려오자 한족들도 이들을 피해 동남쪽의 건강(난징)으로 가서 다시 진을 재건하는데, 이때의 진을 '동진'이라 합니다. 이후 강남 지역에서 발전한 왕조가 '남조'예요.

한편 화북에서는 16개의 국가가 만들어지는데, 선비족이 분열된 나라를 통일합니다. 그 왕조를 '북조'라고 불러요. 이후 이 혼란스러운 시대를 수가 통일하면서 위진 남북조 시대가 끝납니다. 위·촉·오 삼국, 삼국 시대를 통일한 진, 한족이 남쪽에 가서 수립한 남조, 화북 지역에 있던 북조를 모두 합쳐서 '위진 남북조 시대'라고 부르는 거예요.

위진 남북조 시대의 전개

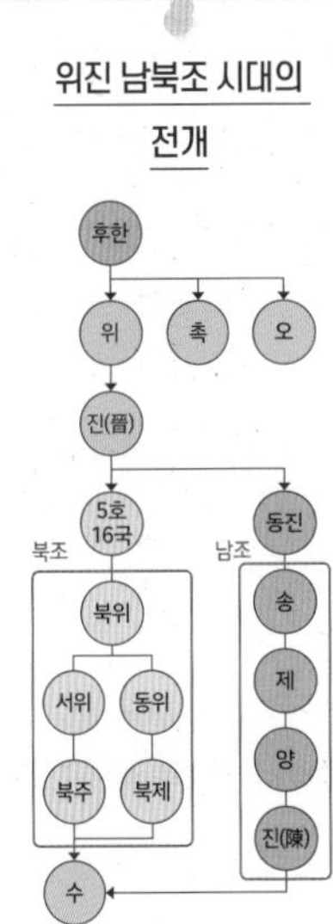

화북 지방에는 북방 민족이 세운 여러 나라가 생겼고, 강남에서는 동진의 뒤를 이은 한족 왕조가 번갈아 들어섰다.

후한 멸망 후 위·촉·오 삼국이 세워짐.

사마씨 일가가 통일해 진(晉)을 세우지만 일찍 무너짐.

화북에는 북방 민족의 북조, 강남에는 한족의 남조가 형성됨.

정답 공개 ② 한비자

춘추 전국 시대에 활동한 한비자는 엄격한 법과 규칙, 처벌이 사회 질서를 바로잡을 수 있다는 법가를 주장했어요. '규칙을 철저히 지켜야 한다.'는 앙투안의 말에서 '한비자'를 연상할 수 있습니다. 따라서 앙투안은 한비자와 비슷한 주장을 하고 있어요.

핵심 정리

춘추 전국 시대	위진 남북조 시대
• 기원전 8세기 초에서 기원전 3세기경 중국의 춘추 시대와 전국 시대를 아우르는 말 • 철기 사용이 많아짐. • 다양한 사상을 가진 제자백가들의 등장(공자→예와 덕, 한비자→법, 노자→자연스러움, 묵자→차별 없는 사랑)	• 3세기 초부터 6세기 말 후한 이후의 위·촉·오-진-남북조 시대를 아우르는 말. • 북방 민족이 화북 지방을 차지하면서 한족이 강남으로 내려감. • 화북의 북조, 강남의 남조가 형성됨.

"중국 왕조의 이름이 '진'이나 '한'처럼 한 글자면 통일 시대! 여러 글자면 분열 시대야.
꼭 기억해! 춘추 전국 시대가 한족끼리의 싸움으로 인한 첫 번째 분열기라면,
위진 남북조 시대는 한족과 북방 민족과의 싸움으로 인한 두 번째 분열기였어.
춘추 전국 시대 때 제자백가가 등장하면서 중국의 사상이 발전했고,
위진 남북조 시대 때는 한족과 북방 민족의 문화가 다채롭게 섞이면서 발전했어."

이 건축물을 만든 사람은 누구일까요?

Q

난이도 ★★☆

다지쌤과 아이들이 중국으로 답사를 떠났어요. 길게 둘러쌓은 건축물을 구경하고 있네요. 이 건축물을 만든 사람은 누구일까요?

단서

- 다지쌤과 아이들이 있는 장소는 중국의 만리장성이다.
- 진시황제는 북방 민족에 대항하기 위해 기존에 있던 장성들을 증축하고 연결했다.
- 한 무제는 북방 민족에 대항하기 위해 서역에 있는 나라와 동맹 체결을 시도했다.

❶ 진시황제

❷ 한 무제

진시황제

秦 나라 이름 진 | 始 처음 시 | 皇 임금 황 | 帝 임금 제

109

기원전 221년 중국을 통일한 최초의 황제

재위 기간 기원전 221년~기원전 210년

중국 최초의 혼란기인 춘추 전국 시대를 통일한 사람입니다. 혼란을 수습한 진의 왕은 왕의 칭호를 '황제'로 바꾸고 자신을 '첫 번째 황제'라는 뜻의 '시황제'로 칭했어요. 그는 황제권을 강화하기 위해 지방 행정 체제로 왕이 관리를 파견하는 군현제를 실시했어요. 또 도형, 화폐, 문자를 통일해 전국에서 통용되는 하나의 기준을 마련했지요.

진시황제는 사상까지 법가로 완전히 통일하기 위해 분서갱유*를 일으킵니다. 법가와 관련된 책이나 실용 서적을 제외한 다른 책을 불태우고(분서), 유학자들을 처형(갱유)했어요. 대외적으로는 당시 중국을 위협하던 흉노를 몰아낸 후, 이들을 견제하기 위해 기존의 장성들을 증축하거나 연결해서 만리장성을 쌓았어요. 하지만 대규모 토목 공사와 가혹한 통치로 인해 진시황제가 죽은 후 중국 최초의 농민 반란인 진승·오광의 난이 일어나 진은 통일한 지 15년 만에 멸망하고 말아요.

***분서갱유**(焚 불사를 분 書 글 서 坑 구덩이 갱 儒 선비 유) : **서적을 불태우고 유생을 구덩이에 묻음.**

한 무제 漢 武 帝

한나라 **한** 호반 **무** 임금 **제**

110

진의 멸망 후 들어선 한의 제7대 황제

재위 기간 기원전 141년~기원전 87년

진이 멸망한 뒤 기원전 202년 유방(고조)이 중국을 재통일합니다. 한 무제는 한의 전성기를 이끈 사람입니다. 무제는 군현제를 전국적으로 실시하고, 통일된 화폐로 오수전을 주조했으며, 유가를 통치 이념으로 삼았어요. 그리고 진시황제처럼 흉노를 토벌하기 위해 서역에 있는 대월지라는 나라와 동맹을 맺으려 했어요. 그래서 대월지로 장건을 파견합니다. 이 과정에서 사막길, 즉 비단길이 개척되었고 입수한 정보를 통해 흉노도 토벌했답니다. 이후 무제는 동아시아와 베트남 북부까지 영토를 넓히고, 고조선을 멸망시킨 뒤 한의 군현을 설치했어요. 위만 조선 때 배웠던 것 기억하죠? 그러나 무제가 죽은 뒤 권력 다툼이 일어나 한은 약해졌고, 왕의 외가 가문 세력인 왕망이 신을 세웁니다.

이후 광무제라는 사람이 다시 세운 나라를 '후한'이라고 부르는데, 후한 이후에는 앞에서 배운 위진 남북조 시대가 열린 것이랍니다.

정답 공개 ❶ 진시황제

진시황제는 북방 민족인 흉노를 막기 위해 춘추 전국 시대에 여러 나라들이 세워 놓았던 성벽들을 연결해 만리장성을 쌓아요. 한 무제는 흉노를 토벌하기 위해 서역과 군사 동맹을 맺으려 하죠. 이때 비단길이 개척되었답니다.

핵심 정리

진시황제	한무제
• 기원전 221년 중국을 통일한 최초의 황제 • 화폐 통일(반량전), 군현제 실시, 통치 이념 법가 • 흉노를 토벌하기 위해 만리장성을 세움. • 무리한 토목 공사, 분서갱유 등으로 민심을 잃음.	• 기원전 202년 세워진 한의 제7대 황제 • 화폐 통일(오수전), 군현제 실시, 통치 이념 유가 • 흉노를 토벌하기 위해 서역과 동맹을 맺고 비단길을 개척함.

> 진시황제와 한 무제는 둘 다 흉노를 토벌하고, 화폐를 통일했으며, 군현제를 실시해.
> 하지만 통치 방식은 달랐어. 진시황제는 강력한 법가로 통치해서 민심을 잃었어.
> 한 무제는 법가에는 강제성이 있어서 처음에는 효과가 좋지만,
> 한계가 있다고 생각했어. 그래서 자발성과 어진 마음을 강조하는 유가로 통치했어.
> 진은 단명하지만 한은 오랫동안 유지되어 중국의 고대 문화를 완성했단다.

잭슨이 떠올린 왕조는 어디일까요?

Q

난이도 ★☆☆

잭슨이 재니의 방에서 뭔가를 찾고 있어요. 어젯밤 재니가 귀가했을 때, 과자 봉지를 들고 방에 들어간 게 생각이 났거든요. 잭슨의 행동을 미리 눈치챈 재니는 방 안 곳곳에 메모를 붙여 놓았어요. 잭슨은 메모를 보고 어떤 왕조를 떠올렸는데요, 잭슨이 떠올린 왕조는 어디일까요?

단서
- 아케메네스 왕조 페르시아에는 '왕의 눈', '왕의 귀'라는 감찰관 제도가 있었다.
- 사산 왕조 페르시아는 중계 무역으로 번성했다.
- 재니가 남긴 쪽지 문구에 주목해 보자.

❶ 아케메네스 왕조 페르시아　❷ 사산 왕조 페르시아

아케메네스 왕조 페르시아 111

기원전 6세기 중엽 서아시아 지역을 통일한 왕조

기간 기원전 525년~기원전 330년

기원전 6세기 중엽 서아시아를 통일하며 등장한 왕조입니다. 아케메네스 왕조 페르시아의 전성기를 주도한 다리우스 1세는 이집트와 지중해 연안에서 인더스강 유역에 이르는 대제국을 만들었어요. 다리우스 1세는 효율적으로 나라를 다스리기 위해 '왕의 길'이라는 도로를 정비하고, 각 지역에 군대를 보내고, 전국을 20여 개의 주로 나누어 총독을 보냈어요. 그리고 '왕의 눈', '왕의 귀'라는 감찰관을 보내 총독을 감시하였지요.

아케메네스 왕조 페르시아는 그들의 지배에 따르고 세금만 잘 내면 정복한 지역 주민의 종교와 관습을 인정해 주는 관용 정책을 펼쳤어요. 이러한 배경으로 이 시기에 조로아스터교가 탄생해요. 불을 숭배하는 것으로 알려져 있는데, 빛의 신 '아후라 마즈다'와 악의 신 '아리만'을 이분법적으로 나누는 종교이지요. 영원할 것 같았던 아케메네스 왕조 페르시아는 후에 알렉산드로스 대왕*에게 정복당하고 맙니다.

*알렉산드로스 대왕 : 기원전 4세기 경 그리스, 페르시아, 인도에 이르는 대제국을 건설한 마케도니아의 왕

왕의 길로 불리는 도로 건설

속주에 총독과 감찰관 파견

각 나라의 문화 인정

사산 왕조 페르시아 112

3세기 초 서아시아 지역에서 페르시아 부흥을 내걸고 등장한 왕조

기간 226년~651년

3세기 초 페르시아 제국의 영광을 되찾는 것을 목표로 등장한 왕조입니다. 아케메네스 왕조 페르시아가 멸망한 뒤 서아시아에서는 파르티아가 등장했는데, 사산 왕조 페르시아는 이를 멸망시키고 메소포타미아 지역에서 인더스 지역에 이르는 제국을 만듭니다. 사산 왕조 페르시아는 중앙 집권적 통치를 실시했고, 동서 교통의 중심지를 장악하여 중계 무역으로 이익을 챙겼습니다. 또한 조로아스터교를 국교로 삼아 빛의 신 아후라 마즈다를 섬기고, 왕조의 왕이 그 유일신의 계시를 받는 사람임을 강조했어요.
로마 제국 및 비잔티움 제국과도 겨룰 만큼 강성했던 사산 왕조 페르시아는 7세기 중엽 이슬람 세력의 공격을 받아 멸망했습니다.

조로아스터교의 국교화

나한테 물건을 줘. 내가 팔아 줄게!
동
서

동서 교역을 담당하는 중계 무역

사산 왕조 페르시아는 중국의 비단, 인도의 면직물과 상아를 비잔티움 제국에 팔았고, 중앙아시아의 여러 나라와 교류했어요.

정답 공개 ① 아케메네스 왕조 페르시아

'재니가 보고 있다.', '재니가 듣고 있다.'는 메모를 보고 잭슨이 떠올릴 수 있는 것은 '왕의 눈', '왕의 귀'를 파견한 아케메네스 왕조 페르시아입니다. 이들은 총독을 감시하는 역할을 했어요.

핵심 정리

아케메네스 왕조 페르시아	사산 왕조 페르시아
• 기원전 6세기 중엽 서아시아를 통일한 왕조 • '왕의 길'이라는 도로를 정비함. • 속주에 총독과 총독을 감시하는 감찰관을 파견함. • 조로아스터교가 탄생하고, 관용 정책을 펼침. • 알렉산드로스 대왕의 침공으로 멸망함.	• 3세기 초 서아시아에 등장한 왕조 • 동서 중계 무역을 함. • 조로아스터교를 국교로 함. • 이슬람 세력의 공격으로 멸망함.

> 두 제국 모두 종교를 통치에 이용해. 아케메네스 왕조 페르시아 때는 타 종교에 관용 정책을 펼치면서 조로아스터교가 등장했고, 사산 왕조 페르시아 때는 조로아스터교를 국교화하면서 다른 종교는 탄압했지. 또한 둘 다 많은 전쟁을 치렀어. 결국 두 왕조는 각각 알렉산드로스의 침공과 이슬람 세력의 공격으로 멸망해.

미나를 보며 앙투안은 뭐라고 했을까요?

난이도 ★★☆

내일은 잭슨과 앙투안 반에서 상식 쪽지 시험이 있는 날이에요. 잭슨과 앙투안이 연구소에 남아서 공부를 하고 있네요. 미나는 친구들을 위해 일일 선생님을 자처했어요. 엄격한 선생님으로 변한 미나를 보며 앙투안이 한마디 하는데요, 앙투안은 뭐라고 했을까요?

단서	
	• 아테네와 스파르타는 고대 그리스의 대표적인 도시 국가 중 하나이다.
	• 아테네는 역사상 민주 정치를 최초로 실시했다.
	• 스파르타는 강력한 군사 제도를 바탕으로 나라를 이끌어 나갔다.

① 아테네

② 스파르타

아테네

Athenae
아테네

113

고대 그리스에서 직접 민주 정치를 최초로 실시한 도시 국가

인구 구성 시민 > 노예

고대 그리스에서 민주 정치가 발달했던 대표적인 폴리스입니다. 기원전 8세기 무렵 그리스 지역에서는 작은 도시 국가들이 생겼어요. 바로 '폴리스'라고 하는데요, 그중 하나였던 아테네는 상업이 발달하면서 부를 쌓은 평민들이 정치에 참여하려는 요구가 높아졌어요. 그래서 솔론이라는 정치인은 재산 소유 정도에 따라 평민들이 정치에 참여할 수 있도록 했어요. 이를 돈(금)에 의한 정치라고 해서 '금권 정치'라고 해요.

이후 페리클리스를 중심으로 아테네의 민주 정치는 꽃을 피워요. 민회가 법을 만들고, 나라의 중요 정책은 시민들이 민회에서 토론과 투표를 통해 결정했어요. 또한 독재를 막기 위해 위험하다고 여겨지는 사람의 이름을 도자기 파편에 적어 6천 표가 넘으면 국외로 처방하던 '도편 추방제'라는 제도도 있었죠. 하지만 아테네의 민주 정치에는 성인 남성 시민만 참여할 수 있었고, 여성 시민, 노예, 외국인들은 참여하지 못했습니다.

스파르타

Sparta
스파르타

114

고대 그리스에서 군사력이 가장 강했던 도시 국가

인구 구성 시민<노예

아테네와 함께 고대 그리스의 대표적인 폴리스 중 하나입니다. 스파르타는 소수의 이주민이 다수의 원주민을 다스렸어요. 그래서 강력한 군사 제도를 바탕으로 나라를 이끌어 갔어요. 남자의 경우, 7살이 되면 훈련소로 들어가 혹독한 훈련을 받아야 했어요. 춥고 더운 것에 강해야 한다며 제대로 된 옷도 주지 않았지요. 20살이 되면 훈련소를 졸업하고 정식 군대에 갔죠. 30살이 된 남성은 비로소 스파르타 시민으로 인정받았고요. 이렇게 60살까지 계속 군인으로 복무하여 군사 훈련을 받았답니다. 정말 대단하죠? 이는 다수의 원주민을 효율적으로 다스리기 위해 나라에 절대적으로 충성하고 복종하도록 한 것이에요. 그 덕분에 스파르타는 그리스의 폴리스 중에서 가장 강력한 군대를 가질 수 있었고, 주변 지역을 정복해 가면서 세력을 넓힐 수 있었어요.

고대 지중해의 주요 폴리스

고대 지중해에는 200개가 넘는 폴리스들이 있었다. 이들은 4년마다 올림피아 제전을 열어 동족 의식을 확인했다.

정답 공개 ② 스파르타

그리스 도시 국가인 스파르타는 나라 자체가 하나의 커다란 군대나 마찬가지였어요. 남자들은 어릴 때부터 엄격한 훈련을 받았고, 이 덕분에 스파르타는 그리스에서 가장 강한 군대를 가질 수 있었어요. 앙투안은 엄격한 모습의 미나를 보며 스파르타를 떠올렸나 보네요.

아테네	스파르타
• 민주 정치가 발달한 고대 그리스의 폴리스 • 투표, 민회 등 민주 정치를 시작함. • 성인 남성 시민만 정치에 참여함.	• 군사력이 강했던 고대 그리스의 폴리스 • 소수의 이주민이 다수의 원주민을 다스림. • 어릴 때부터 강한 군사 훈련을 받음.

아테네와 스파르타의 주된 경제 활동은 각각 해상 무역과 농업이었어.
당연히 아테네가 더 부유했지. 또한 아테네와 스파르타의 시민 비율은 각각
54%와 6%였어. 그러니 아테네의 부유한 시민들은 노예에게 일을 맡기고
정치에 참여한 반면, 스파르타는 소수의 지배층이
다수의 피지배층을 다스려야 해서 군인의 역할이 컸던 거야.

미나가 설명하는 이 종교는 무엇일까요?

Q

난이도 ★★☆

아이들이 단어 맞추기 놀이를 있네요. 훌륭한 짹짹이들답게 오늘 배운 걸 복습하고 있는 모양이에요. 스케치북에 적힌 단어를 미나가 설명하고 잭슨이 맞혀야 하는데, 미나가 설명하는 이 종교는 무엇일까요?

단서

- 불교는 기원전 6세기경 석가모니가 자비와 평등을 강조하며 창시한 종교이다.
- 힌두교는 브라만교에 다양한 민간 신앙이 결합된 종교이고, 신분제를 인정했다.
- 굽타 왕조는 신분을 나누는 카스트 제도를 중요하게 여겼다.

① 불교　　② 힌두교

마우리아 왕조

Maurya 마우리아 | 王 임금 **왕** | 朝 아침 **조**

115

기원전 4세기경 고대 인도를 최초로 통일한 왕조

기간 기원전 317년~기원전 180년

찬드라굽타 마우리아가 인도 북부에 세운 왕조입니다. 여러 나라로 분열돼 있던 인도에 마우리아 왕조가 등장하게 된 것은 알렉산드로스 대왕의 원정 때문이었어요. 외부의 침입은 인도 내부의 단결을 가져왔고, 찬드라굽타 마우리아는 인도를 통일하며 마우리아 왕조를 세웁니다.

마우리아 왕조의 전성기를 이끈 왕은 아소카왕이에요. 그는 전쟁의 신이었어요. 데칸고원 이남 지역을 제외한 전 인도를 통일하죠. 하지만 영토 확장 과정에서 전쟁의 참혹함을 깨달은 아소카왕은 상좌부 불교에 귀의*합니다. 상좌부 불교는 개인의 해탈을 목표로 하는 종교예요. 불교에서는 사람이 깨달음을 얻어 해탈을 하면 육신이 사라진다고 생각했어요. 육신이 사라진 자리에 깨달음의 증표로 남는 게 사리였으니 마우리아 왕조에서는 부처의 사리를 보관하는 탑(스투파)이 많이 만들어져요. 대표적인 게 아소카왕 때 만들어진 산치 대탑이에요. 또한 불교의 가르침과 왕의 정책을 새긴 돌기둥도 많이 세워졌어요. 상좌부 불교는 바닷길을 통해 동남아시아로 전파되었죠.

*귀의(歸 돌아갈 귀 依 의지할 의) : 종교적 진리를 깊이 믿고 의지하는 일

아소왕의 돌기둥
이제 전쟁은 끝!
불교를 널리 전파하라!
산치 대탑
동남아시아에
불교를 포교하러 가자!
아소카왕

굽타 왕조

Gupta 굽타 | 王 임금 왕 | 朝 아침 조

116

4세기 초 인도 북부를 통일한 왕조

기간 320년~550년

찬드라굽타 1세가 4세기 초 인도 북부를 통일하고 세운 왕조입니다. 굽타 왕조는 찬드라굽타 2세 때 북인도 대부분을 차지하고 남쪽으로 영토를 확장하면서 대제국으로 발전했어요.

굽타 왕조 때는 힌두교가 확산되었는데, 힌두교는 브라만교를 바탕으로 다양한 민간 신앙과 불교가 합쳐진 종교예요. 브라만교는 여러 신을 모시는 다신교였어요. 그중 현실의 질서를 유지하는 신인 비누슈가 왕의 모습으로 세상에 나타날 수 있다고 믿었어요. 왕실의 권위를 높이는 종교였으니 힌두교는 왕실의 보호를 받아 성장했어요. 힌두교는 아리아인이 만든 브라만교를 기본으로 하기 때문에 신분 제도인 카스트도 인정했어요. 신분에 따라 할 수 있는 직업이 확고하게 고정되었고, 그에 따라 사람을 차별하는 관습이 점차 강해집니다.

한편, 아잔타 석굴 사원의 벽화가 제작되고, 대서사시 『라마야나』가 쓰여지는 등 굽타 왕조는 인도의 고전 문화가 발전한 시기이기도 합니다.

정답 공개 ② 힌두교

미나가 설명한 것처럼 굽타 왕조 때 인도 전역에 퍼진 종교는 힌두교랍니다. 굽타 왕조에서는 힌두교 신이 왕의 모습으로 나타났다고 믿었어요. 힌두교는 아리아인이 만든 브라만교를 기본으로 했기 때문에, 힌두교를 믿었던 굽타 왕조는 신분 제도인 카스트를 인정했어요. 마우리아 왕조 때는 자비와 평등을 강조한 불교가 널리 퍼졌어요.

핵심 정리

마우리아 왕조	굽타 왕조
• 기원전 4세기경 고대 인도를 최초로 통일한 왕조 • 아소카왕 때 전성기를 누림. • 상좌부 불교가 유행하여 산치 대탑, 불교의 가르침이 적힌 돌기둥 등이 만들어짐.	• 4세기 초 인도 북부를 통일한 왕조 • 찬드라굽타 2세 때 전성기를 누림. • 힌두교가 확산되고, 카스트 제도가 확고하게 자리 잡음. • 고전 문화가 발전함.

“ 마우리아 왕조에서 불교가 발전했지만, 오늘날 인도 국민 대부분이 믿는 힌두교가 탄생한 것은 굽타 왕조 때야. 힌두교는 인도의 고유 종교인 브라만교에 불교와 인도의 민간 신앙이 섞인 종교야. 굽타 왕조 때 불교는 이론 중심으로 내용이 점점 어려워지면서 대중들의 관심에서 멀어졌어. ”

잭슨과 미나가 보고 있는 도자기는 어느 시대 때 만들어졌을까요?

Q

난이도 ★★☆

오랜만에 다지쌤과 아이들이 중국 역사 박물관에 놀러 갔어요. 잭슨과 미나가 낙타 모양을 한 도자기에 푹 빠진 것 같네요. 잭슨과 미나가 보고 있는 도자기는 어느 시대 때 만들어졌을까요?

사람들이 낙타를 타고 있어.
저 사람은 아랍 사람처럼 턱수염이 수북해.
중국 문화와 서역 문화가 더해져 만들어진 도자기야.

단서

- 수는 남북조 시대를 통일하고 대운하를 건설해 남북 간 교류를 활발하게 했다.
- 당은 수 다음에 세워졌고, 수도인 장안에는 세계 각지의 사람들이 모여들어 국제적 문화가 형성되었다.
- 다지쌤의 말에 주목해 보자.

❶ 수

❷ 당

117

589년 중국의 남북조 시대를 통일한 왕조

기간 589년~618년

589년 중국의 남조와 북조로 분열된 남북조 시대를 통일한 나라입니다. 수를 세운 문제는 토지 제도와 군사 제도를 다듬어 중앙 집권 체제를 정비하고 시험을 통해 관리를 뽑는 과거제를 실시했어요.

위진 남북조 시대를 배울 때 한족이 남쪽으로 내려가서 강남 지역이 발달했다고 배웠던 것 기억하지요? 양제 때는 화북과 강남 지역을 연결하는 대운하를 만들어 남북 간의 교류를 활발하게 했습니다. 그러나 이 과정에서 운하 공사에 동원된 백성들의 불만이 커졌고, 여러 차례 계속된 고구려 원정이 실패하면서 곳곳에서 농민들의 반란이 일어났어요. 결국, 수는 나라를 세운 지 30년여 만에 멸망하고 맙니다.

수

과거제 실시

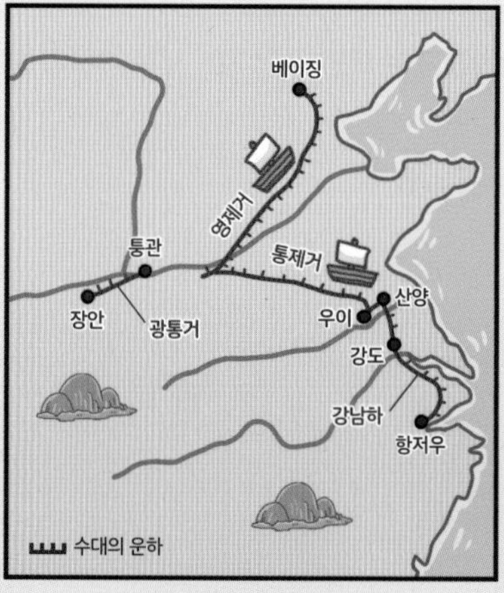

대운하 건설

고구려 원정

당 唐

당나라 당

118

618년 수가 무너지고 세워진 왕조

기간 618년~907년

618년 장안을 수도로 삼아 세운 나라입니다. 당 태종은 율령을 정비해 나라를 다스렸고, 북방 민족을 상대로 영토 확장에 나서 동양과 서양이 교류할 수 있는 길도 확보했어요. 고종 때는 신라와 연합해 고구려, 백제를 공격하지요. 당은 토지를 균등하게 분배하는 균전제를 실시해 농민들에게 토지를 나누어 주고, 대가로 조용조의 세금을 거두었어요. 그리고 전쟁이 나면 농민을 병사로 복무시키는 부병제를 실시했죠.

당의 수도 장안에는 세계 각지의 사람들이 모여들었어요. 여러 종교도 발전하면서 국제적 문화가 형성됩니다. 이때 중국의 문화가 주변국에 많은 영향을 주기도 했어요. 그러나 8세기 중반에 절도사* 안녹산과 그의 부하인 사사명이 일으킨 안사의 난으로 위기를 맞고, 농민 반란인 황소의 난으로 점차 쇠퇴하면서 결국 907년에 멸망했답니다.

*절도사(節 마디 절 度 법도 도 使 부릴 사) : 당의 변방에 설치해 군대를 거느리고 그 지방을 다스리던 관아 또는 그 으뜸 벼슬

당

토지, 조세, 군사 제도 개선

신라와 연합하여
백제와 고구려 공격

국제적 문화가 발달한
계획도시 장안

정답 공개 ❷ 당

다지쌤과 아이들이 보고 있는 것은 당삼채예요. 흰색, 갈색, 녹색 세 가지 색을 주로 사용해 만든 당의 대표적인 도자기입니다. 아랍 사람처럼 턱수염이 수북한 사람의 모습과 낙타, 서역 악기 등을 통해 중국과 서역의 문화 교류를 알 수 있답니다. 당 때는 국제적인 문화가 형성되었어요.

수	당
• 589년 남북조 시대를 통일한 왕조 • 과거제 실시, 대운하 건설, 고구려 원정 등을 함.	• 618년 수가 무너지고 세워진 왕조 • 균전제, 조용조, 부병제를 실시함. • 국제적인 문화가 형성됨.

"수와 당 모두 통일 왕조야. 하지만 두 나라의 존속 기간은 천지 차이! 수는 대운하 건설과 같은 대규모 토목 공사를 해서 백성들의 원성을 샀어. 고구려 원정도 실패하면서 금방 무너지지. 반면 당은 개방적이고 국제적인 문화를 발전시키면서 약 300여 년 가까이 유지되었지. 당대에 형성된 동아시아 문화권 덕분에 한국, 일본, 베트남, 중국이 같은 문화권이란다."

이 문자는 일본의 어느 시대와 관련이 있을까요?

Q

난이도 ★★★

다른 나라 문화에 관심이 많은 앙투안이 최근에 일본어 공부를 시작했어요. 잭슨의 눈에는 문자가 특이해 보이나 봐요. 그런 잭슨에게 앙투안이 "일본의 가나 문자는 한자를 변형해 만든 거야."라고 말했어요. 깜짝 놀란 잭슨. 과연 이 문자는 일본의 어느 시대와 관련이 있을까요?

단서

- 나라 시대에는 외국의 문물, 특히 중국 당의 문물을 적극적으로 받아들였다.
- 헤이안 시대에는 일본의 전통 문화가 발달했다.
- 가나 문자는 일본의 고유한 문자이다.

❶ 나라 시대 ❷ 헤이안 시대

나라 시대

Nara 時 代
나라 때 시 대신할 대

119

일본의 시대 구분 중 하나로, 8세기 초 나라 지방을 수도로 삼았던 시대

기간 710년~794년

일본에서 헤이조쿄(나라)로 수도를 옮기며 시작된 시대입니다. 4세기경부터 일본은 최초의 통일 정권인 야마토 정권을 중심으로 강력한 중앙 집권 국가를 만들기 위해 노력했어요. 이러한 노력의 결실로 다이카 개신*이 단행되었어요. 결국 8세기 초에 중앙 집권 국가를 목표로 헤이조쿄로 수도를 옮기면서 나라 시대가 시작됩니다. 헤이조쿄는 앞에서 배운 당의 수도 장안을 본떠 만들어졌답니다. 한가운데로 곧게 뻗은 주작대로를 중심으로 천황이 사는 궁과 사원, 귀족의 저택이 바둑판처럼 있었죠.

나라 시대에는 당과 신라로 보내는 사신인 견당사와 견신라사를 통해 선진 문물을 적극적으로 받아들였어요. 그 결과 불교가 발달했고, 일본 고대 역사와 신화를 정리한 역사책인 『일본서기』, 시를 모아 엮은 『만엽집』도 쓰여졌어요.

*다이카 개신 : 7세기 중엽 일본에서 일어난 정치상의 개혁. 중국 당의 율령 체제를 본떠 중앙 집권 체제의 토대를 마련함.

견당사와 견신라사의 파견

당의 장안을 본뜬 헤이조쿄

당나라 문자인 한자로 쓰여진 책들

헤이안 시대 Heian 時 代

헤이안 때 시 대신할 대

120

일본의 시대 구분 중 하나로, 8세기 말 헤이안 지방을 수도로 삼았던 시대

기간 794년~1185년

일본에서 8세기 말 나라 지역에서 헤이안쿄(교토)로 수도를 옮기면서 시작된 시대입니다. 8세기 후반이면 일본이 열심히 벤치마킹하던 당나라가 안사의 난으로 위기를 맞는 시기예요. 망해 가는 나라를 배울 수는 없으니 9세기 말에는 중국에 보내는 사절단, 즉 견당사의 파견도 중단합니다. 자연스럽게 당나라 풍의 문화인 당풍이 아니라 일본의 전통을 강조하는 국풍 문화가 발전하지요. 이 시기에 한자를 변형해 만든 일본 고유의 문자인 가나 문자가 만들어졌고, 가나 문자로 소설도 쓰여져요. 건축에서도 일본의 고유 특색이 두드러지게 됩니다.

한편, 중앙 집권 체제가 무너지면서 지방의 유력자들은 자신의 재산과 생명을 지켜 줄 무사를 고용합니다.

당나라가 망해 간대!
국풍
국풍
본채가 중앙에 있고, 별채가 양옆으로 배치된 ㄷ자 형식의 일본식 건축
한자 女 止 仁
가나 め と に
겐지 이야기
무서워!
일본 고유의 가나 문자
가나 문자로 쓰여진 소설책
무사의 등장

정답 공개 ❷ 헤이안 시대

가나 문자는 일본인들이 한자를 변형해서 만든 일본만의 고유 문자예요. 국풍 문화가 유행했던 헤이안 시대에 만들어진 것이랍니다.

그날 밤

나라 시대	헤이안 시대
• 8세기 초 수도를 헤이조쿄(나라)로 삼은 시대 • 견당사, 견신라사 등을 통해 선진 문물을 받아들임.	• 8세기 말 수도를 헤이안쿄(교토)로 삼은 시대 • 전통을 강조하는 국풍 문화가 등장함.

> 일본은 독특하게도 수도의 변천을 통해서 시대를 구분한단다. 우리가 살펴본 나라 시대와 헤이안 시대는 문화가 달랐어. 나라 시대 때는 당나라를 벤치마킹했기 때문에 '당풍'이, 헤이안 시대 때는 일본의 고유한 문화인 '국풍'이 유행했지. 나라 시대 때는 견당사를 계속 파견했지만, 9세기 말 헤이안 시대 때는 파견을 중단했다는 것도 이와 관련 있지.

미나가 든 청기와 백기는 각각 누구를 상징할까요?

Q

난이도 ★★☆

아이들이 다지쌤과의 역사 수업 후 '청기 백기 들기 게임'을 하고 있어요. 교황과 왕(황제)이 대립한 두 사건 이후 권력이 강해진 사람의 깃발을 들어야 하는 게 규칙이에요. 미나는 두 번 모두 정답을 맞혔는데요, 미나가 든 청기와 백기는 각각 누구를 상징할까요?

단서

- 카노사의 굴욕은 성직자 임명권을 놓고 황제와 교황이 다툰 사건이며, 황제가 교황을 찾아가 무릎을 꿇은 사건이다.
- 아비뇽 유수는 로마 교황청이 프랑스 아비뇽으로 옮겨져 프랑스 왕의 감시까지 받게 된 사건이다.

① 청기 : 왕(황제), 백기 : 교황

② 청기 : 교황, 백기 : 왕(황제)

카노사의 굴욕

Canossa 카노사 | 屈 굽힐 굴 | 辱 욕될 욕

121

황제가 카노사에 있던 교황을 찾아가 용서를 구한 사건

발생 1077년

신성 로마 제국의 황제가 교황에게 굴복한 사건입니다. 중세 시대 유럽은 크리스트가 공인*되면서 교황이 유럽의 정신적 지주 역할을 하고 있었어요. 당시 성직자를 임명할 수 있는 권한은 왕이 가지고 있었는데, 돈을 받고 성직을 사고파는 일이 많아지면서 문제가 생겼습니다. 11세기 후반 교황 그레고리우스 7세는 교회를 개혁할 목적으로 왕이 가진 성직자 임명권을 금지한다고 선언했어요. 신성 로마 제국의 황제였던 하인리히 4세는 반발했지만, 교황 그레고리우스 7세는 황제를 파문*해 버리고 맙니다. 파문을 당한다는 것은 더 이상 크리스트 신자가 아니라는 거니 종교가 큰 힘을 가지고 있던 당시 사회에서는 무서운 일이었죠. 결국 황제는 카노사성에 머물고 있던 교황을 찾아가 무릎을 꿇고 사과하는 굴욕을 겪었어요. 이게 카노사의 굴욕입니다. 이후 12세기 초반에는 성직자 임명권을 교회만이 가질 수 있게 되었습니다.

*공인(公 공평할 공 認 알 인) : 국가나 공공 단체 등으로부터 어느 행위나 물건이 인정받음.

*파문(破 깨뜨릴 파 門 문 문) : 신도로서의 자격을 빼앗고 내쫓는 일

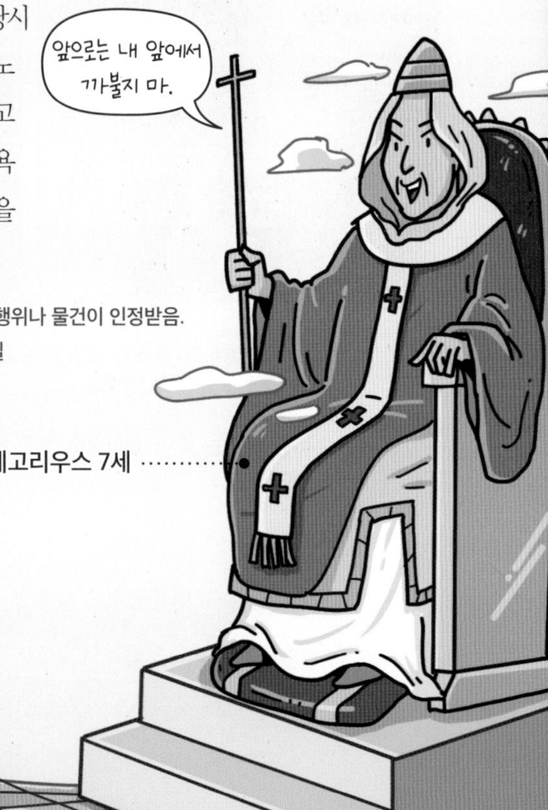

앞으로는 내 앞에서 까불지 마.
교황 그레고리우스 7세
제가 다 잘못했습니다.
신성 로마 제국 황제 하인리히 4세

아비뇽 유수

Avignon 아비뇽 | 幽 가둘 유 | 囚 가둘 수

122

교황청을 로마에서 아비뇽으로 옮겨 약 70년 동안 머무르게 한 사건

기간 1309년~1377년

황제권이 강화되고 교황권이 쇠퇴하게 되는 결정적인 사건입니다. 크리스트교와 이슬람교의 종교 전쟁인 십자군 전쟁이 실패한 이후 국왕의 권력은 강해진 반면, 교황의 권위와 봉건 영주 세력은 약해졌어요. 그러는 가운데 14세기 초 성직자에게 세금을 부과하는 문제로 교황과 프랑스 국왕이 대립하는 일이 벌어졌어요. 이 과정에서 교황이 뺨을 맞고 감금을 당하는 등 모욕을 당합니다. 결국 교황은 이 싸움에서 졌고, 교황청이 로마에서 프랑스의 아비뇽으로 옮겨지기까지 했습니다. 강제로 가두거나 옮기는 걸 '유수'라고 표현해요. 그래서 약 70년 동안 교황이 아비뇽에 살았던 이 사건을 아비뇽 유수라고 하는 거예요. 심지어 아비뇽 유수가 끝난 후에는 로마와 아비뇽에 두 명의 교황이 공존하는 교회 대분열의 시대가 벌어지기도 했습니다. 이 과정에서 결국 교황권은 크게 약화되었지요.

이제 로마가 아닌 프랑스 아비뇽에 있어!
프랑스 국왕 필리프 4세
아이고, 내 신세야.
아비뇽 교황청
아비뇽에 머문 첫 번째 교황 클레멘스 5세

정답 공개 ② 청기 : 교황, 백기 : 왕(황제)

카노사의 굴욕은 신성 로마 제국의 황제가 카노사에 머물고 있던 교황을 찾아가 무릎을 꿇고 용서를 빈 사건이에요. 이를 계기로 교황의 권위가 높아졌죠. 아비뇽 유수는 교황청이 아비뇽으로 옮긴 것으로, 반대로 왕의 권위가 막강해졌답니다. 미나가 두 번 모두 정답을 맞혔다고 했으니, 카노사의 굴욕에서 든 청기는 '교황', 아비뇽 유수에서 든 백기는 '왕(황제)'을 뜻합니다.

핵심 정리

카노사의 굴욕	아비뇽 유수
• 신성 로마 제국 황제가 카노사에 있던 교황을 찾아가 용서를 구한 사건 • 성직자 임명권을 놓고 황제와 교황이 대립하며 발생함. • 교황의 권위가 올라감.	• 교황청을 프랑스 아비뇽으로 옮겨 70년 동안 머무르게 한 사건 • 성직자 세금 부과 문제를 놓고 프랑스 왕과 교황이 대립하며 발생함. • 왕의 권위가 올라감.

"두 사건은 모두 교황과 왕(황제)의 세력 다툼으로 인해 발생했어. 카노사의 굴욕은 성직자 임명권인 '서임권'을 두고, 아비뇽 유수는 교회에 세금을 부과하는 '과세권'을 두고 대립했지. 기억하기 어렵다면, 교황의 권위만 기억해. 카노사의 굴욕으로는 교황의 권위가 높아졌고, 아비뇽 유수로는 교황의 권위가 낮아졌어. 왕(황제)의 권위는 그 반대라고 생각하면 된단다."

잭슨은 지금 무엇에 대해 배우고 있을까요?

Q

난이도 ★☆☆

오늘도 잭슨이 열심히 다지쌤의 수업을 듣고 있어요. 그런데 옆에서 지켜보던 고양이 룰루의 눈에는 잭슨의 머릿속이 훤히 보이는 모양이에요. 잭슨은 지금 무엇에 대해 배우고 있을까요?

단서

- 십자군 전쟁은 크리스트교도와 이슬람 세력 간에 벌어진 종교 전쟁이다.
- 백년 전쟁은 프랑스의 왕위 계승권과 '어떤 지역'을 두고 영국과 프랑스가 오랫동안 대립한 전쟁이다.
- 잭슨의 머릿속을 잘 관찰해 보자.

❶ 십자군 전쟁 ❷ 백년 전쟁

십자군 전쟁

十 열 십 | 字 글자 자 | 軍 군사 군 | 戰 싸움 전 | 爭 다툴 쟁

123

서유럽의 크리스트교도들이 성지를 되찾기 위해 이슬람 세력과 200년 동안 다툰 전쟁

기간 1096년~1270년

11~13세기에 크리스트교도들이 성지인 예루살렘을 되찾는다는 명분으로 일으킨 전쟁입니다. 이슬람 세력이었던 셀주크 튀르크는 당시에 예루살렘을 차지하고, 서유럽의 크리스트교인들이 성지 순례를 하지 못하게 했어요. 거기다 셀주크 튀르크가 같은 크리스트교 국가인 비잔티움 제국을 위협해 오자, 로마 교황은 크리스트교 형제를 도와 예루살렘을 되찾자고 하죠.

서유럽의 왕과 제후들이 가슴에 십자가를 단 '십자군' 군대를 예루살렘으로 보내면서 약 200년 동안 십자군 전쟁이 계속됩니다. 한때 십자군이 예루살렘을 되찾기도 했지만 결국에는 성공하지 못했어요. 이후 교황의 권위가 약해지고, 제후와 기사 세력도 약해지지요. 종교 전쟁이라는 이름으로 시작됐지만 전쟁 과정에서 십자군들은 여성에 대한 범죄를 일으키고, 재물을 함부로 약탈하기도 했어요.

십자군 원정로

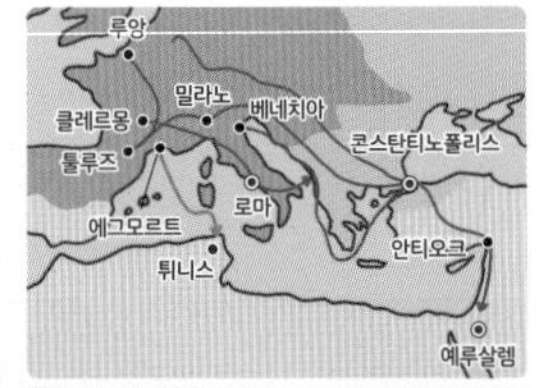

십자군 전쟁은 200년 가까이 지속되었는데, 결국 실패로 끝났다.

백년 전쟁 百年戰爭 124

일백 백 / 해 년 / 싸움 전 / 다툴 쟁

영국과 프랑스 벌인 100년 동안의 전쟁

기간 1337년~1453년

1337년에서 1453년까지 계속된 영국과 프랑스 사이의 전쟁입니다. 이 전쟁은 두 국가 간의 왕위 계승과 영토에 대한 다툼으로 일어났어요. 영국 왕이었던 에드워드 3세는 프랑스 왕 샤를 4세의 조카로, 아들이 없던 샤를 4세를 이어 프랑스 왕이 될 수 있었지만 프랑스 귀족들의 반대로 왕위에 오르지 못합니다. 이게 갈등의 시작이에요. 또한 플랑드르 지역은 프랑스 땅이었는데, 경제적으로는 영국의 지배를 받았어요. 양털로 옷을 만드는 양모 산업이 발달한 곳이다 보니 이 지역의 지배를 둘러싸고 양국은 대립했어요. 거기다 프랑스는 자국 내 영국 땅인 가스코뉴 지역을 내놓으라고 하죠. 이곳이 유럽 최대의 포도주 생산지였거든요.

전쟁 초기에는 영국이 압도적으로 우세했지만 프랑스에서 잔 다르크가 활약하면서 결국 프랑스가 승리합니다. 잔 다르크의 활약을 보면서 프랑스인들은 민족 의식이 강해졌고, 전쟁을 수습하는 과정에서 중앙 집권까지 이뤘어요. 한편, 영국도 곧이어 벌어진 장미 전쟁*의 결과로 헨리 7세가 튜더 왕조를 열면서 중앙 집권 국가의 토대를 닦았답니다.

*장미 전쟁 : 흰 장미를 문장으로 하는 요크 가문과 붉은 장미를 문장으로 하는 랭커스터 가문 사이에서 왕위 계승 문제를 둘러싸고 일어난 전쟁

정답 공개 ❷ 백년 전쟁

다지쌤의 수업을 듣는 동안 잭슨의 머릿속에는 플랑드르, 잔 다르크, 영국, 프랑스 같은 단어들로 가득 찼네요. 이 단어들은 모두 백년 전쟁과 관련 있는 단어들이에요. 그러니까 지금 잭슨은 백년 전쟁에 대한 수업을 듣고 있나 봐요.

핵심 정리

십자군 전쟁	백년 전쟁
• 크리스트교도들이 성지인 예루살렘을 되찾기 위해 이슬람 세력과 약 200년 동안 벌인 종교 전쟁 • 성지 탈환에 실패하면서 교황과 교회의 권위가 하락함.	• 프랑스의 왕위 계승과 영토 지배권을 두고 영국과 프랑스가 약 100년 동안 벌인 전쟁 • 전쟁 수습 과정에서 중앙 집권 국가의 토대가 마련됨.

"십자군 전쟁과 백년 전쟁은 유럽 중세 시대에 큰 변화를 가져온 사건이야. 십자군 전쟁으로 그동안 전성기를 누렸던 교황권이 약해지고, 기사들도 오랜 전쟁으로 힘을 잃게 돼. 이때 어부지리로 권력이 강해지는 사람이 있었어. 바로 왕이지. 상대적으로 왕권이 강해지면서 중앙 집권의 모습이 나타난 거야. 이러한 모습은 백년 전쟁으로 확고해졌단다."

오른쪽 그림은 어느 시대의 미술 작품일까요?

Q

난이도 ★★☆

잭슨, 미나, 앙투안이 미술관에서 그림을 보고 있어요. 두 작품 모두 세 명의 여신이 그려져 있는데, 아이들은 오른쪽 그림을 더 좋아하는 것 같네요. 오른쪽 그림은 어느 시대의 미술 작품일까요?

단서

- 중세 시대의 미술은 인물의 구조와 움직임을 최대한 절제하여 표현했다.
- 르네상스 시대의 미술은 인물의 구조와 움직임을 보다 생동감 있게 표현했다.
- 오른쪽 그림에 그려진 여신들이 왼쪽 그림에 그려진 여신들보다 동작이 더 크다.

❶ 중세 시대

❷ 르네상스 시대

르네상스

Renaissance
르네상스

125

14세기에서 16세기 이탈리아를 중심으로 일어난 문화 부흥 운동

인물 레오나르도 다빈치

'다시'를 의미하는 're'와 '탄생'을 의미하는 'naissance'가 합쳐진 말로, 고전 문화를 다시 살리자는 운동입니다. 이탈리아에서 시작되었죠. 14세기 무렵 이탈리아는 지중해 무역을 통해 풍요롭게 살고 있었고, 고대 로마의 문화유산도 많이 보존하고 있었어요. 게다가 비잔티움 제국이 멸망하는 과정에서 학자들이 이탈리아로 많이 이주해 왔고, 그에 따라 고전 문화 연구도 활발히 진행되었지요.

르네상스는 인간의 자유와 존엄성을 가치 있게 여긴 그리스·로마 문화를 다시 살리자는 운동이었어요. 또한 신 중심에서 벗어나 인간의 개성과 능력을 중시하는 '인문주의'를 지향했어요. 레오나르도 다빈치, 미켈란젤로, 라파엘로 등 유명한 예술가들이 르네상스 시기를 빛냈습니다.

종교 개혁

宗 마루 종 | 敎 가르칠 교 | 改 고칠 개 | 革 가죽 혁

126

16세기 부패한 가톨릭 교회를 반대하며 일어난 개혁 운동

인물 루터

세속화된 교회를 비판하며 개혁을 요구한 사건입니다. 중세가 끝날 무렵 교회는 점점 권력과 손을 잡으면서 타락했어요. 이런 가운데 교황 레오 10세는 성 베드로 성당을 고쳐 짓는 데 필요한 돈을 마련하기 위해 면벌부*를 팔았답니다.

독일의 루터는 『95개조 반박문』을 발표해 교회의 면벌부 판매를 비판합니다. 구원은 성경에 근거해서 이루어지는 것이지, 면벌부를 산다고 얻을 수 있는 게 아니란 거죠. 루터의 주장은 많은 지지를 받았고, 결국 루터파는 1555년 아우쿠스부르크 화의에서 공식적으로 인정받아요. 알프스 이북에서 발달한 르네상스는 종교 개혁에 영향을 주기도 했어요. 대표적인 인물이 어리석은 신을 찬양한다는 뜻의 『우신예찬』을 쓴 에라스뮈스인데요, 그의 사상은 루터에게도 영향을 줬답니다.

또한 스위스에서는 칼뱅이 '인간의 구원은 이미 정해져 있다.'는 예정설을 주장하며 종교 개혁을 일으켰고, 영국에서는 국왕 헨리 8세가 스스로 교회의 수장이 되어 영국 국교회를 만들었습니다.

***면벌부**(免 면할 면 罰 벌할 벌 符 부호 부) : **죄를 면한다는 증거로 발행되는 증서**

루터의 「95개조 반박문」 발표

칼뱅의 예정설

영국 국교회

정답 공개 ② 르네상스 시대

중세 시대에 그려진 작품 속 인물들은 대개 무표정이고, 동작도 크지 않아요. 인간의 욕구와 감정을 절제하는 것을 미덕이라고 여겼기 때문이죠. 하지만 르네상스 시대 때는 인간의 개성과 감정을 중요하게 여겼기 때문에 인물을 그릴 때 실제 사람의 움직임과 비슷하게 그리고 다채로운 표정으로 그렸어요. 따라서 동작이 크고, 생동감 있게 그려진 오른쪽 그림은 르네상스 시대에 그려졌겠네요!

핵심 정리

르네상스	종교 개혁
• 14세기에서 16세기에 일어난 문화 부흥 운동 • 고전 문화 부활, 인문주의 지향 • 레오나르도 다빈치, 미켈란젤로, 라파엘로 등 예술가들의 활약이 두드러짐.	• 16세기 면벌부를 판매한 로마 카톨릭 교회에 대한 개혁 운동 • 루터가 「95개조 반박문」을 발표함. • 칼뱅의 예정설, 헨리 8세의 영국 국교회 등이 등장함.

"르네상스와 종교 개혁의 공통 키워드는 '인쇄술'의 발전이야. 인쇄술의 발전으로 가속화된 지식의 보급은 르네상스를 빠르게 확산시켰어. 또, 발전된 인쇄술 덕분에 「루터의 95개조 반박문」이나 그가 번역한 독일어 성경이 사람들에게 퍼질 수 있었지. 또한 르네상스가 종교 개혁에 영향을 주기도 했단다."

아이들은 뭐라고 대답해야 할까요?

난이도 ★★☆

아이들이 중국사 수업을 듣고 있어요. 그런데 다지쌤이 수업 도중 돌발 퀴즈를 냈어요. 복습이라며 갑자기 임진왜란과 이순신 장군을 화면에 띄운 후 "임진왜란, 이순신 장군과 관련 있는 중국의 왕조는 어디일까요?"라고 물었어요. 아이들은 뭐라고 대답해야 할까요?

단서
- 명은 원을 몰아내고 중국 한족이 세운 왕조이다.
- 청은 명이 멸망한 후 중국을 다스렸던 마지막 왕조이다.
- 임진왜란 당시 조선이 어느 나라와 사대 관계를 맺고 있었는지 기억해 보자.

❶ 명 ❷ 청

明
밝을 명

127

1368년 주원장이 원을 북쪽으로 몰아내고 세운 중국의 통일 왕조

기간 1368년~1644년

1368년 중국 한족이 세운 나라입니다. 주원장이 건국한 명은 영락제 때 자금성을 짓고 수도를 베이징으로 옮기면서 더욱 발전하였습니다. 영락제는 환관 정화에게 대규모의 함대를 이끌고 멀리 항해를 나가도록 했어요. 정화의 함대는 동남아시아에서 인도양, 심지어 아프리카 동부 해안까지 다녀오며 명의 국력을 보여 주었습니다. 그러나 영락제 이후 북쪽에서는 몽골이 공격해 오고, 동남 바닷가에서는 왜구가 쳐들어오기까지 했어요. 조선에서 임진왜란이 일어나자 명의 만력제는 대규모 군대를 보내 도와줬는데, 이때 돈을 많이 쓰게 되면서 결국 나라 살림이 어려워집니다. 이후 곳곳에서 농민 봉기가 일어났고, 농민군이 베이징을 점령하면서 명은 멸망했습니다.

자금성 건설

대규모 항해 시도(정화의 항해)

임진왜란 참전

청 清 맑을 청

128

1616년 여진족이 세운 중국의 마지막 왕조

기간 1616년~1912년

1616년부터 1912년까지 중국을 다스렸던 마지막 왕조입니다. 누르하치는 만주에 흩어져 살던 여진족을 통합해 1616년 후금을 세웠어요. 1636년에 후금은 나라 이름을 '청'으로 바꾼 뒤, 세력을 확대해 나갔어요. 이후 1644년 명이 멸망하자 청은 베이징을 수도로 삼고 중국 전역을 지배합니다. 강희제, 옹정제, 건륭제를 거치며 전성기를 누렸어요.

청은 한족 학자들에게 책을 편찬하게 하고, 만주족과 한족을 중요한 관직에 똑같이 등용하는 회유책(만한 병용제)과 한족의 문화를 탄압하고 변발을 강요하는 강경책을 적절히 사용하며 다수의 한족을 다스렸어요. 그러나 19세기에 서양 열강들이 중국에서 이권을 챙길 목적으로 싸우면서 청은 혼란에 빠졌고, 공화정을 외치는 신해혁명*이 일어나자 역사 속으로 사라졌습니다.

*__신해혁명__(辛 여덟째 천간 신 亥 열두 번째 지지 해 革 가죽 혁 命 목숨 명) : **신해년인 1911년에 일어난 중국의 민주주의 혁명. 청나라를 멸망시키고 중화민국을 성립함.**

만주족
관직
한족
우리 청은 새로운 중국!
조선은 이제
청의 신하!
남한산성
청
이발소
윙~
병자호란 후
소현 세자와 봉림 대군이
청으로 끌려간 거야.
소현 세자
봉림 대군
청

만한 병용제(회유책)

병자호란

변발 강요, 중국 문화 탄압 등(강경책)

정답 공개 ① 명

임진왜란 당시 조선과 사대 관계를 맺고 있던 명은 왜군이 조선을 쳐들어오자 지원군을 보내옵니다. 조선과 청이 관련된 사건은 병자호란입니다.

핵심 정리

명	청
• 1368년 한족이 세운 왕조 • 자금성 건설, 정화의 항해 등 영락제 때 전성기를 누림. • 임진왜란 때 조선을 도움. • 농민 봉기가 일어나면서 멸망함.	• 1616년 여진족이 세운 중국의 마지막 왕조 • 한족에게 회유책과 강경책을 사용함. • 병자호란 때 조선을 침략함. • 신해혁명이 일어나면서 멸망함.

> 명은 '한족의 나라'였어. 다시 한족의 나라를 만든 만큼 한족의 전통을 부활시키려고 했지. 성리학을 통치 이념으로 삼았고, 유교적 덕목을 백성들에게 보급했어. 반면 청은 만주족이 세운 나라였기 때문에, 한족과 만주족이 잘 융합할 수 있도록 했어. 만한 병용제를 통해 한족도 중요한 관직에 등용했지. 명의 지배층이었던 신사층의 특권을 그대로 인정해서 청의 지배 체제 속으로 흡수한 거야.

미나와 잭슨이 만난 사람은 누구일까요?

Q

난이도 ★★★

미나와 잭슨이 일본의 도쿄로 시간 여행을 갔어요. 기자와 카메라맨이 되어 역사 속 인물을 인터뷰하고 있네요. 미나와 잭슨이 도쿄에서 만난 이 사람은 누구일까요?

단서

- 도요토미 히데요시는 일본의 전국 시대를 통일하고 조선, 명까지 진출하기 위해 임진왜란을 일으켰다.
- 도쿠가와 이에야스는 도요토미 히데요시가 죽은 후 때를 기다리다 일본을 재통일해 에도 막부를 세웠다.
- 도요토미 히데요시와 도쿠가와 이에야스의 성격이 어떨지 생각해 보고, 남자의 대답에 주목해 보자.

① 도요토미 히데요시

② 도쿠가와 이에야스

도요토미 히데요시

129

일본의 전국 시대를 통일한 무사

관련 임진왜란

일본의 전국 시대를 통일하고, 1592년 임진왜란을 일으킨 인물입니다. 헤이안 시대 때 무사가 등장했던 것을 기억하죠? 헤이안 시대 후반에는 귀족들이 무사 계급을 이루어 무사단으로 발전해요. 그래서 12세기 말 가마쿠라 막부, 14세기 초 무로마치 막부라는 무사 정권이 세워지지만, 15세기 중엽부터는 각 지역의 무사들이 힘을 겨루며 싸우는 전국 시대가 열립니다.

오다 노부나가의 부하였던 도요토미 히데요시는 오다 노부나가가 죽은 뒤 세력을 잡고 1590년에 전국 시대를 통일합니다. 오다 노부나가는 부하의 손에 죽었는데, 도요토미 히데요시는 이런 하극상*을 막기 위해 농민과 무사의 신분을 분리하는 병농 분리 정책을 시행했어요. 농민들이 무기를 갖지 못하도록 한 거죠.

한편, 도요토미 히데요시는 임진왜란을 일으키지만 정유재란 중에 죽게 되고, 왜군은 조선에서 물러납니다. 도요토미 히데요시는 "두견새가 울지 않을 땐 울게 하라!"라는 말을 했는데요, 꾀가 많은 그의 성격을 보여 주는 재미있는 일화랍니다.

*하극상(下 아래 하 剋 이길 극 上 윗 상) : 계급이나 신분이 낮은 사람이 윗사람을 꺾고 오름.

도쿠가와 이에야스

130

일본 에도 막부의 초대 쇼군

관련 통신사

1603년 일본의 에도 막부를 수립한 인물입니다. 도요토미 히데요시가 죽고 도쿠가와 이에야스는 일본을 재통일하고, 에도(도쿄)에서 새로운 막부를 열어요. 이 막부는 약 250년간 이어졌는데, 쇼군(장군)과 다이묘(영주)가 주종 관계를 이루었어요. 쇼군이 중앙을 지배했고, 다이묘들은 '번'이라고 불리는 영지에 대한 지배권을 인정받았는데, 쇼군의 막부와 다이묘의 번으로 구성된 체제가 막번 체제예요.
도쿠가와 이에야스는 산킨코타이 제도를 만듭니다. 다이묘가 자신의 영지인 번에서 1년 근무하면 에도로 올라와서 쇼군을 모시는 거예요. 다이묘가 한 곳에서 오랫동안 근무하면 세력을 기를 수 있으니 순환 근무를 시켜 힘을 기르지 못하게 했어요. 에도로 올라올 때 부하나 시종을 모두 데리고 행렬을 했는데, 이때 막대한 비용이 쓰였답니다. 그래서 '조닌'이라는 상공업자들에게 돈을 빌리기도 했어요. 다이묘 행렬이 머물 수 있도록 숙소와 음식점이 생겨나서 이 시기에 상업이 발달했어요. 또한 이 막부 때 조선의 통신사 파견도 재개되지요.
두견새가 울지 않을 때 도쿠가와 이에야스는 뭐라고 했을까요? 바로 "기다리지 뭐."라고 했대요. 인내심이 강한 그의 성격을 알 수 있습니다.

정답 공개 ② 도쿠가와 이에야스

통일을 하기 위해 '인내하면 된다.'라는 말이 황당하게 들리죠? 도쿠가와 이에야스가 두견새가 울지 않을 때 "기다리지 뭐."라고 한 것은 그의 성격을 엿볼 수 있는 재미있는 일화입니다. 에도에서 때를 기다리던 도쿠가와 이에야스는 도요토미 히데요시가 죽은 후, 에도 막부를 세웁니다.

핵심 정리

도요토미 히데요시	도쿠가와 이에야스
• 이어진 일본의 전국 시대를 통일한 무사 • 하극상을 막기 위해 병농 분리를 시행함. • 임진왜란을 일으킴.	• 도요토미 히데요시가 죽은 후 에도 막부 수립한 무사 • 막번 체제와 산킨코타이 제도로 권력을 중앙으로 집중시킴. • 조선에 요청하여 통신사 파견을 재개함.

"일본의 전국 시대 때 기억해야 할 세 명의 무사는 오다 노부나가, 도요토미 히데요시, 도쿠가와 이에야스야. 오다 노부나가는 전투 실력이 뛰어났지만 믿었던 부하에게 죽게 돼. 그래서 도요토미 히데요시는 하극상을 막기 위해 병농 분리 정책을 했고, 도쿠가와 이에야스가 세운 에도 막부도 이 정책을 계승해 운영했단다."

재니는 어느 나라로 여행을 다녀온 걸까요?

Q

난이도 ★★☆

재니가 해외여행을 다녀왔나 봐요. 동생 잭슨에게 여행지에서 사 온 기념품을 전해 주고 있어요. 기차 모양의 기념품인데요, 재니는 어느 나라로 여행을 다녀온 걸까요?

단서

- 증기 기관차는 산업 혁명 때, 공장에서 만든 물건을 다른 지역으로 빨리 옮기는 데 이용되었다.
- 산업 혁명은 영국에서 가장 먼저 일어났고 프랑스, 미국 등으로 확산되었다.

❶ 영국　　❷ 프랑스

상업 혁명

商 장사 상 業 업 업 革 가죽 혁 命 목숨 명

131

신대륙의 발견과 신항로 개척으로 인해 상업 활동에 큰 변화를 이룬 혁명

시기 15세기 말

15세기 말 서유럽에서 일어난 상업 중심의 변화입니다. 십자군 전쟁으로 지중해 무역이 이루어지면서 향신료, 비단 같은 아시아의 물건이 유럽에서 인기를 끕니다. 그런데 지중해 무역은 이탈리아와 이슬람 상인이 독점 중이어서 다른 국가들은 아시아와의 직접 교역로를 찾아 나섭니다. 그러던 중 그동안 몰랐던 대륙이 발견되고 신항로가 개척되면서 유럽은 큰 변화를 겪어요. 대서양이 무역의 중심지가 되면서 대서양 연안의 포르투갈, 에스파냐, 영국 등이 아시아, 아프리카, 아메리카에서 식민지를 찾아 경쟁하죠.

유럽과 아프리카, 아메리카를 연결하는 삼각 무역이 전개되고 대량의 금과 은이 유럽에 유통되면서 물가가 갑자기 오르게 됩니다. 상공업자들은 엄청난 부를 쌓죠. 이때 근대적 기업이 등장하는데, 여러 상인이 돈을 모아 기업에 투자해 그걸 증명하는 증서를 나누어 가졌어요. 이게 바로 주식이에요. 또한 어음을 교역에 사용하고 보험도 등장했어요. 이처럼 상공업과 금융업이 발달한 사건이 상업 혁명입니다.

산업 혁명

產 낳을 산 業 업 업 革 가죽 혁 命 목숨 명

132

기술 혁신으로 생산력이 증가하고 사회, 경제 구조의 변화를 이룬 혁명

시기 18세기 말

18세기 말, 기술 발달로 일어난 사회, 경제 구조의 큰 변화를 말합니다. 영국에서 처음 시작되었어요. 이 시기 영국에서는 농민들이 도시로 몰려들면서 도시에 많은 노동력을 제공했어요. 지하자원도 풍부하여 산업이 발달할 수 있는 기반이 마련되었지요.

당시에 면직물의 수요가 늘어났는데 이를 대량으로 만들어 낼 수 있는 증기 기관이 등장하면서 산업화의 속도는 빨라졌어요. 나중에는 증기 기관이 더욱 발달하면서 증기 기관 기차와 배를 통해 공장에서 만든 상품을 더 많이, 더 빨리 다른 지역으로 옮길 수 있었어요. 이로 인해 시장이 넓어졌고, 교역량도 늘었죠. 철도를 깔고 공장을 세우려면 많은 돈이 필요했으므로, 큰돈을 빌릴 수 있는 은행도 세워집니다. 멀리 떨어져 있는 사람에게 소식을 전할 수 있는 전신과 전화도 이때 발명되었답니다. 19세기 전반에는 벨기에와 프랑스, 미국 등으로, 19세기 후반에는 독일, 러시아, 일본 등으로 산업 혁명이 확산되었어요.

정답 공개 ❶ 영국

증기 기관차는 연료만 넣어 주면 밤새 철도를 달릴 수 있었어요. 그래서 산업 혁명 때 대량 생산된 물건들을 다른 지역으로 빨리 옮길 수 있었답니다. 산업 혁명이 맨 처음 일어난 곳은 영국이고, 영국에서 증기 기관차가 처음 발명됩니다.

상업 혁명	산업 혁명
• 신항로 개척으로 신대륙이 발견되면서 상업 활동에 큰 변화를 이룬 혁명 • 주식, 보험, 근대적 기업 등이 등장함.	• 기술 혁신으로 생산력이 확대된 혁명 • 증기 기관 기차나 배로 인해 물건의 이동이 빨라짐. • 시장이 넓어짐.

"신항로 개척으로 상업 혁명이 일어났어. 오늘날 자본주의 사회를 구성하는 금융 제도, 상공업을 뒷받침하는 시스템 등이 이때 마련돼. 대표적인 게 주식과 보험이야. 상업 혁명으로 근대 자본주의의 토대가 마련되었다면, 후에 나온 산업 혁명으로 자본주의가 완성되었단다."

아이들이 보고 있는 영화의 주인공은 누구일까요?

난이도 ★★☆

아이들이 오랜만에 잭슨네 집에서 영화를 보고 있어요. 미나가 영화 속 인물에 깊이 감동했는지 갑자기 주인공의 대사를 따라 하고 있어요. 아이들이 보고 있는 영화의 주인공은 누구일까요?

단서

- 엘리자베스 1세는 영국의 절대 왕정을 대표하는 여왕이다.
- 루이 14세는 프랑스의 절대 왕정을 대표하는 왕이다.
- 미나가 어떤 왕이라고 말했는지 살펴보자.

① 엘리자베스 1세　　② 루이 14세

엘리자베스 1세

Elizabeth 엘리자베스 | 一 한 일 | 世 인간 세 | 133

영국의 절대 왕정 전성기를 이끈 여왕

재위 기간 1558년~1603년

영국 절대 왕정의 전성기를 이끈 여왕입니다. 엘리자베스 1세의 아버지는 유명한 바람둥이 왕인 헨리 8세였어요. 그래서인지 엘리자베스 1세는 "나는 국가(영국)와 결혼했다!"라고 선언하고, 스스로를 '처녀왕'으로 선포하며 강력한 영국을 만들기 위해 노력했지요.

엘리자베스 1세는 신대륙인 아메리카 대륙으로 진출하고 싶었는데, 이때 아메리카 대륙은 에스파냐가 차지하고 있었어요. 1588년, 두 나라는 칼레 해전으로 충돌합니다. 여기서 영국군이 에스파냐의 무적함대를 격파하면서 영국은 해상권을 장악했고, 아메리카 대륙으로 진출할 수 있었죠. 영국은 이후에 '해가 지지 않는 나라'라는 별명을 갖게 됩니다. 해가 동쪽에서 떠서 서쪽으로 질 때까지 영국 땅이 아닌 곳이 없을 정도로 많은 식민지를 확보했던 거죠. 영국은 여러 식민지를 관리하기 위해 1600년에 세계 최초로 식민지 관리 회사인 동인도 회사를 설립합니다.

나는 국가와 결혼했다!
엘리자베스 1세
칼레 해전에서 에스파냐 무적함대 격파, 해상권 장악
동인도 회사
식민지
세계 최초의 식민지 관리 회사, 동인도 회사 설립

루이 14세

Louis 루이 | 十 열 십 | 四 넉 사 | 世 인간 세

134

프랑스의 절대 왕정 전성기를 이끈 왕

재위 기간 1643년~1715년

프랑스의 절대 왕정 전성기를 이끈 왕으로, 스스로를 '태양왕'이라고 칭한 왕입니다. 루이 14세의 취미는 발레 공연이었는데, 항상 태양 역할을 맡았지요. 루이 14세는 '짐이(내가) 곧 국가'라며 프랑스의 절대 왕정을 완성시켰답니다.

루이 14세는 재무 장관으로 콜베르를 등용했어요. 콜베르는 중상주의 경제 정책을 시행했는데, 중상주의는 '상업을 제일 중시한다.'는 뜻이에요. 국가가 적극적으로 경제에 개입해 상업 활동을 통해 부를 축적하려고 했어요. 그러기 위해서는 수출은 최대한 장려하고, 수입은 억제해야 했죠. 중상주의는 절대 왕정의 큰 특징이기도 해요. 실제로 이때 프랑스의 재정은 크게 늘어납니다. 늘어난 재정을 기반으로 루이 14세는 엄청나게 화려한 베르사유 궁전을 세웠어요. 웅장하고 화려한 바로크 양식의 대표적 건물인 베르사유 궁전은 프랑스의 절대 왕정을 상징하는 중요한 건축물입니다.

정답 공개 ❶ 엘리자베스 1세

미나가 외친 대사인 "나는 처녀왕이다. 나는 국가와 결혼했다!"라는 대사는 영국의 엘리자베스 1세와 관련된 말이에요. 그만큼 헌신적으로 평생 나라를 위해 살겠다는 그녀의 의지가 담긴 말이죠.

핵심 정리

엘리자베스 1세	루이 14세
• 영국의 절대 왕정 전성기를 이끈 여왕 • 에스파냐 무적함대를 격파하고 해상 무역권을 장악함. • 동인도 회사를 설립함.	• 프랑스의 절대 왕정 전성기를 이끈 왕 • 콜베르를 등용해 중상주의 정책을 실시함. • 베르사유 궁전을 세움.

엘리자베스 1세와 루이 14세의 공통점은 세 가지야. 첫째, 왕권신수설을 믿었어. 왕권은 신에게서 받은 권력이기 때문에 그 어떤 것도 왕의 권력에 맞설 수 없다는 거야. 둘째, 왕의 명령만 떨어지면 즉각 출동하는 군대인 '상비군'과 국왕의 명령을 받은 관료들이 행정 실무를 하는 '관료제'가 있었다는 거야. 셋째, 두 사람 모두 중상주의 경제 정책을 통해 국가를 부유하게 했어.

아이들은 어떤 혁명과 관련된 장면을 지켜보고 있는 걸까요?

Q

난이도 ★★☆

사람들이 어딘가에 잔뜩 모여 있어요. 다지쌤과 아이들도 사람들 틈에 끼어 있네요. 틀림없이 뭔가 엄청난 일이 일어나고 있는 모양이에요. 다지쌤과 아이들은 지금 어떤 혁명과 관련된 장면을 지켜보고 있는 걸까요?

단서

- 영국 혁명은 의회와 왕이 대립하면서 일어났다.
- 프랑스 혁명은 시민들이 낡은 신분 제도에 반발하여 일어났다.
- 앙투안의 말에 주목해 보자.

❶ 영국 혁명　　❷ 프랑스 혁명

영국 혁명 英國革命 135

英 꽃부리 영 國 나라 국 革 가죽 혁 命 목숨 명

영국에서 일어난 청교도 혁명과 명예혁명을 아울러 이르는 말

기간 1642년~1649년(청교도 혁명), 1688년(명예혁명)

영국에서 일어난 청교도 혁명과 명예혁명을 이르는 말입니다. '청교도'는 영국의 개신교 신자들이에요. 엘리자베스 1세가 죽고 스코틀랜드 출신 왕인 제임스 1세가 즉위하면서 왕과 의회가 부딪혀요. 스코틀랜드는 왕권이 강했기 때문에 제임스 1세는 왕권신수설을 주장하면서 의회와 충돌했고, 청교도를 탄압했어요. 갈등은 그의 아들 찰스 1세 때 더 심해져요. 의회를 무시하면서 함부로 세금을 걷는 찰스 1세로 인해 영국은 왕에 반대하는 의회파와 왕을 지지하는 왕당파로 나뉘죠. 여기서 크롬웰이 활약해 의회파가 승리합니다. 그 결과, 영국은 왕이 없는 공화정이 됐지만, 크롬웰이 지나치게 금욕적인 정치를 해서 그가 죽고 왕정이 다시 복고*됩니다.

그러다 제임스 2세가 또다시 의회를 무시하고 친가톨릭 정책을 펼치면서 의회와 대립해요. 화가 난 의회는 제임스 2세의 딸 메리와 그녀의 남편 윌리엄을 공동 왕으로 세웁니다. 이것을 피 한 방울 흘리지 않고 혁명이 일어났다고 해서 '명예혁명'이라고 해요. 이후 메리와 윌리엄은 의회의 권리를 존중하는 권리 장전을 승인했어요. 정치의 중심을 왕에서 의회로 옮긴 입헌 군주제가 마련된 거죠!

*복고(復 회복할 복 古 옛 고) : 과거의 모양, 정치, 사상 따위로 돌아감.

찰스 1세와 의회의 갈등으로 청교도 혁명이 일어남.

왕정 복고 후 제임스 2세와 의회가 대립함.

공화정이 수립되지만 크롬웰이 지나친 금욕 정치를 함.

명예혁명이 일어나고 이후 권리 장전이 승인됨.

프랑스 혁명

France 프랑스 | 革 가죽 혁 | 命 목숨 명

136

프랑스에서 일어난 시민 혁명

기간 1789년~1799년

프랑스에서 일어난 시민 혁명입니다. 당시 프랑스 사회의 신분은 3개로 나뉘어져 있었어요. 제1 신분은 성직자, 제2 신분은 귀족, 제3 신분은 평민이죠. 제1과 제2 신분은 전체 인구의 2%밖에 안 됐지만 무려 국토의 40%를 소유했고, 세금도 내지 않았죠. 그러나 제3 신분인 평민들은 각종 세금을 내는 등 차별 대우를 받았어요. 이러한 구체제의 모순으로 제3 신분이 정부에 반기를 들지요.

제3 신분 대표들이 자신들을 대변하는 국민 의회를 만들고 헌법을 바꾸려고 하자, 왕은 군대를 동원하여 이를 해산시키려고 하죠. 성난 시민들은 대항하기 위해 무기를 챙긴 후 구제도의 상징인 바스티유 감옥을 습격했어요. 이렇게 시작된 혁명은 전국으로 퍼집니다. 이 과정에서 국민 의회는 「인간과 시민의 권리 선언」을 발표합니다.

1792년, 새 의회인 국민 공회는 공화정을 선포하지만 혁명 세력이 급진적인 개혁을 해 나가자 혁명에 반대하는 사람들도 생겨났어요. 또한 반혁명 세력을 제거하는 과정에서 가혹하게 탄압하는 공포 정치가 시행되기도 했답니다.

성직자
귀족
데헷
우리만 세금 내고 억울해!
프랑스
세금
평민
인간과 시민의 권리 선언
인간은 자유롭게, 그리고 평등한 권리를 가지고 태어났다.
단두대→
혁명은 힘들구나.
혁명의 길

낡은 신분 제도에 반발해 평민들이 국민 의회를 선포함.

「인간과 시민의 권리 선언」이 발표됨.

혁명이 과격해지며 공포 정치가 이루어짐.

국민 의회 강제 해산 소식에 반발하며 시민군이 바스티유 감옥을 습격함.

정답 공개 ② 프랑스 혁명

아이들은 지금 「인간과 시민의 권리 선언」을 선포하는 모습을 보고 있어요. 흔히 '인권 선언문'이라고도 하죠. 프랑스 혁명이 진행되는 과정에서 선포된 「인간과 시민의 권리 선언」에는 자유와 평등같이 인간이 누려야 할 기본적인 권리에 대해 조목조목 적혀 있답니다.

핵심 정리

영국 혁명	프랑스 혁명
• 왕과 의회의 갈등으로 일어난 청교도 혁명과 명예혁명을 아울러 이르는 말 • 청교도 혁명 후 공화정이 수립되지만 크롬웰 사후 왕정이 복고됨. • 왕정 복고 후 명예혁명을 일으켜 권리 장전을 승인받고 입헌 군주제를 수립함.	• 낡은 신분 제도에 대한 반발로 일어난 시민 혁명 • 제3 신분이 국민 의회를 구성하고, 「인간과 시민의 권리 선언」을 발표함. • 혁명 과정에서 공포 정치도 이루어짐.

영국 혁명과 프랑스 혁명은 유럽에서 일어난 대표적인 혁명으로 많은 공통점이 있어. 첫째, 혁명 전개 과정에서 공화정이 수립되었다는 거야. 영국 혁명 중에는 크롬웰이 공화정을 이끌어 나갔고, 프랑스 혁명 중에는 국민 공회가 공화정을 선포했단다. 둘째, 국왕이 처형되었어. 영국에서는 찰스 1세가, 프랑스에서는 루이 16세가 단두대에서 생을 마감했단다.

앙투안은 뭐라고 말했을까요?

Q

난이도 ★★☆

다지쌤과 아이들이 피자 가게에 가서 피자를 시켰어요. 그런데 주문한 피자를 점원이 아닌 기계가 갖다주었어요. 다른 아이들은 신기해하는데, 앙투안은 불안해하며 "현대판 ☐ 운동이 일어날지도 몰라."라고 말하네요. 앙투안은 뭐라고 말했을까요?

단서

- 러다이트 운동은 기계 때문에 일자리를 잃은 노동자들이 일으킨 운동이다.
- 차티스트 운동은 노동자들이 자신들의 선거권 확대를 위해 일으킨 운동이다.
- 피자 가게에서 벌어지는 상황이 둘 중 어느 것과 더 비슷한지 살펴보자.

① 러다이트

② 차티스트

러다이트 운동

Luddite 러다이트 | 運 옮길 운 | 動 움직일 동

137

1811년에 시작된 영국 노동자들의 기계 파괴 운동

기간 1811년~1817년

산업 혁명 이후 영국에서 일어난 기계 파괴 운동입니다. 산업 혁명 이전의 산업은 가족들이 옹기종기 모여 옷감을 짜던 방식인 가내 수공업이 대부분이었습니다. 그러나 기계가 점점 발달하면서 가내 수공업은 사라지고 여기에 몸담았던 사람들은 자신의 원래 일자리를 잃거나 공장 노동자로 전락*했지요. 산업 혁명으로 대량 생산이 가능해졌지만, 노동자들은 위험하고 더러운 곳에서 하루 12시간 이상씩 일하고, 적은 임금을 받았으며, 다치거나 병이 나도 제대로 보상받지 못했어요. 그리고 기계를 가지고 공장을 운영하는 일부의 자본가만 부를 독점했지요. 노동자들은 이러한 생활이 기계 탓이라고 생각했어요. 그래서 기계를 파괴하는 러다이트 운동을 벌였답니다.

*전락(轉 구를 전 落 떨어질 락) : 나쁜 상태나 타락한 상태에 빠짐.

차티스트 운동

Chartist 차티스트 | 運 옮길 운 | 動 움직일 동

138

1830년대에 시작된 영국 노동자들의 선거권 확대 요구 운동

기간 1838년~1848년

영국의 노동자들이 선거권 확대를 요구한 운동입니다. 차티스트는 '인민헌장*(차트)을 든 사람들'이라는 뜻이에요. 1832년 영국에서는 제1차 선거법이 개정되면서 도시의 중산층이 선거에 참여할 수 있게 됩니다. 그러나 노동자들은 여전히 선거권이 없었어요. 이에 반발한 노동자들은 선거권을 확대하고 정치적 권리를 얻기 위해 인민헌장을 작성하고 배포했어요. 인민헌장은 노동자들이 보통 선거에 입각한 완전한 의회 민주주의를 요구하며 작성한 문서예요. 노동자들은 인민헌장을 의회에 제출하기 위해 서명 운동까지 벌였어요. 하지만 이는 받아들여지지 않았죠. 차티스트 운동은 비록 성공하지 못했지만 이후 지속적으로 선거법을 개정하면서 영국의 노동자와 농민들도 선거권을 가지고 투표를 할 수 있게 되었답니다.

영국의 선거법 개정

1832년
도시 신흥 상공업자, 중산층
▼
1867년
도시 노동자
▼
1884년
농촌, 광산 노동자
▼
1918년
만 21세 이상 남성,
만 30세 이상 여성
▼
1928년
만 21세 이상 남녀

정답 공개 ❶ 러다이트

앙투안은 점원이 아닌 기계가 서빙하는 모습을 보며 영국의 러다이트 운동을 떠올렸나 봐요. 러다이트 운동은 산업 혁명으로 원래의 일자리를 잃고 공장 노동자로 전락한 사람들이 기계를 파괴한 운동을 말해요. 서빙하는 기계가 늘어나면 그 일을 하던 점원이 일자리를 잃을 테니 말이죠.

핵심 정리

러다이트 운동	차티스트 운동
• 영국 노동자들의 기계 파괴 운동 • 산업 혁명 후 일자리를 잃거나 열악한 환경에서 일하게 된 노동자들이 일으킴.	• 영국 노동자들의 선거권 확대 요구 운동 • 노동자들이 인민헌장을 작성하고, 의회에 제출하기 위해 서명 운동을 함. • 운동은 실패하지만 이후 선거법 개정에 영향을 끼침.

> 두 운동은 모두 '노동' 문제를 해결하기 위한 움직임이야. 생산 현장에 기계가 도입되면서 예전의 수공업자들, 특히 숙련공들은 일자리를 잃었어. 이들은 일자리를 잃은 원인이 기계라고 생각해서 기계를 파괴했지. 하지만 이것이 본질적인 해결책이 될 수 없다는 것을 안 노동자들은 자신들의 의견을 정치에 반영하기 위해 참정권을 요구하며 차티스트 운동을 벌인 거야.

다지쌤은 중국의 어떤 운동을 설명하고 있는 걸까요?

Q

난이도 ★★☆

잭슨이 다지쌤의 인강을 듣고 있어요. 오늘은 중국사 수업이 있는 날이에요. 다지쌤이 칠판에 '중체서용'이라는 한자를 썼는데요, 다지쌤은 중국의 어떤 운동을 설명하고 있는 걸까요?

단서

- 양무운동은 중국의 전통은 유지하고, 서양의 기술만을 수용하자는 운동이다.
- 변법자강 운동은 중국의 모든 제도를 바꿔야 한다고 주장한 개혁이다.
- 한자의 뜻과 다지쌤의 말에 주목해 보자.

❶ 양무운동 ❷ 변법자강 운동

양무운동

洋 큰 바다 양 | 務 힘쓸 무 | 運 옮길 운 | 動 움직일 동

139

19세기 후반 청에서 서양 기술의 수용을 주장하며 일어난 근대화 운동

인물 이홍장, 증국번

중국 청에서 부국강병을 위해 일어난 근대화 운동입니다. 양무운동의 계기가 된 사건은 아편 전쟁이에요. 아편은 마약의 일종인데, 아편 전쟁은 영국이 무역 손실을 회복하기 위해 중국에 불법적으로 아편을 수출하면서 일어난 전쟁이었어요. 이 전쟁은 2차례에 걸쳐서 전개됩니다.

제1차 아편 전쟁에서 졌을 때만 해도 심각하게 생각하지 못하다가, 제2차 아편 전쟁에서도 패하자 청은 위기를 느낍니다. 이때 서양 무기의 위력을 실감한 이홍장, 증국번 등의 지식인들이 양무운동을 주도하죠.

'양무'는 서양의 무기, 기술 등을 받아들이자는 거예요. 여기서는 '중국의 전통과 제도, 가치를 지키되, 서양의 기술을 받아들인다.'는 중체서용을 내세웁니다. 정신이나 문화, 제도 등은 중국이 훨씬 뛰어나니 그대로 두고 서양의 기술만 흡수하자는 거죠. 이후 청은 근대적인 군수 공장을 세우고, 철도, 증기선, 광산 등도 개발해요. 하지만 반쪽짜리 개혁이었죠. 이후 프랑스와의 청프 전쟁, 일본과의 청일 전쟁에서 청이 연이어 패배하면서 그 한계가 분명히 드러나게 됩니다.

변법자강 운동

變 변할 변 | 法 법 법 | 自 스스로 자 | 彊 굳셀 강

140

19세기 후반 청에서 일어난 사회 전반에 걸친 개혁 운동

인물 캉유웨이, 량치차오

서양의 기술뿐만 아니라 제도, 사상까지 받아들이자는 개혁 운동입니다. 청일 전쟁 이후 외세의 침략이 심해지면서 중국인들은 이대로 있다가는 청이 멸망할 수도 있다고 생각했어요. 캉유웨이와 량치차오 등 지식인들은 일본의 근대화 개혁인 메이지 유신처럼 청의 정치, 교육, 법 등 모든 제도를 근본적으로 바꾸어야 한다고 주장했어요. 당시 황제였던 광서제가 이들을 지원해 주면서 여러 개혁이 단행되었어요. 이들은 입헌 군주제 실시와 의회 설치를 주장했죠. 그러나 서태후를 비롯한 보수 세력들이 반발하면서 100여 일 만에 실패로 끝나고 맙니다.

변법자강 운동까지 실패하자 희망을 잃은 중국 민중은 반외세 운동인 의화단 운동을 일으켜요. 하지만 의화단 운동마저 서구 열강에 진압당하고, 1911년 신해혁명이 일어나면서 청은 멸망합니다.

정답 공개 ❶ 양무운동

중체서용은 양무운동의 주요한 내용입니다. '중국의 전통과 제도, 가치를 지키면서 서양의 기술만을 받아들인다.'는 의미입니다.

핵심 정리

양무운동	변법자강 운동
• 19세기 후반 청에서 서양 기술의 수용을 주장하며 일어난 운동 • 중체서용을 내세움.	• 19세기 후반 청에서 서양 기술과 제도를 모두 수용하자고 주장하며 일어난 운동 • 입헌 군주제, 의회 설치 등을 주장함.

"양무운동과 변법자강 운동의 계기는 모두 '전쟁'이야. 제2차 아편 전쟁의 패배로 양무운동이, 청일 전쟁의 패배로 변법자강 운동이 시작된 거지. 두 운동의 결정적인 차이는 '정치 제도'에 있어. 양무운동에서는 황제 통치를 그대로 유지하자고 했고, 변법자강 운동에서는 '입헌 군주제'라는 새로운 정치 체제를 시행하자고 했지. 두 운동 모두 실패하면서 결국 신해혁명으로 청이 막을 내려."

화면 속 깃발은 무엇을 상징하는 걸까요?

Q

난이도 ★★☆

월드컵을 맞아 다지쌤과 아이들이 연구소에 모여서 축구 경기를 보고 있어요. 카메라가 응원석을 비춰 주었는데 갑자기 모두 화를 냈어요. 응원석의 어떤 관람객이 특이한 문양의 깃발을 흔들고 있지 뭐예요. 이 깃발은 무엇을 상징하는 걸까요?

단서

- 파시스트당은 이탈리아의 전체주의 정당이고, 군국주의는 군사력을 중시하는 전체주의의 특징이다.
- 전체주의는 국가나 민족과 같은 전체를 개인보다 중요하게 여긴다.
- 어느 나라와 경기를 하고 있는지 화면을 잘 살펴보자.

① 이탈리아 파시스트당의 상징

② 일본 군국주의의 상징

제1차 세계 대전

141

1914년 3국 동맹국과 3국 협상국이 일으킨 세계 전쟁

기간 1914년~1918년

1914년부터 4년간 일어난 세계 전쟁입니다. 제국주의는 강한 군사력으로 다른 나라를 지배하려는 것인데, 유럽의 제국주의 국가들은 19세기 후반부터 세력을 넓히며 대립하기도, 동맹을 맺기도 했어요. 뒤늦게 제국주의 경쟁에 뛰어든 독일은 오스트리아·헝가리 제국, 이탈리아와 3국 동맹을 맺고, 이에 맞서 영국, 프랑스, 러시아는 3국 협상을 맺어 3국 동맹에 대항했지요. 그러다 1914년 '유럽의 화약고'라고 불린 발칸 반도에서 사라예보 사건*이 일어나요. 당시 발칸 반도에서는 러시아와 세르비아가 중심이 된 범슬라브주의, 독일과 오스트리아·헝가리 제국이 중심이 된 범게르만주의가 팽팽하게 대립했거든요. 사라예보 사건 후 오스트리아·헝가리 제국은 세르비아에 선전 포고를 했고 3국 동맹과 3국 협상으로 얽힌 영국, 프랑스, 러시아, 독일 등이 가담하면서 전쟁이 일어나요.

그런데 1917년, 독일의 무제한 잠수함 작전*으로 자국민이 공격받는 일이 벌어지자 미국도 연합국으로 참전했어요. 이후 동맹국들이 항복하면서 전쟁이 끝납니다. 그 뒤 베르사유 조약이 체결되어 독일은 전쟁 배상금을 내야 했어요.

*사라예보 사건 : 1914년 6월 28일 오스트리아의 황태자 부부가 보스니아의 수도 사라예보에서 세르비아의 청년에게 암살된 사건

*무제한 잠수함 작전 : 특정 해역의 해상 교통을 금지하고, 그곳을 통과하는 선박은 적국, 중립국을 가리지 않고 잠수함으로 공격하는 전술

제2차 세계 대전

142

1939년 추축국과 연합국이 일으킨 세계 전쟁

기간 1939년~1945년

1939년부터 6년간 추축국과 연합국이 일으킨 세계 전쟁입니다. 추축국은 이탈리아, 독일, 일본이에요. 세계 경제가 무너졌던 대공황을 극복하기 위해 이탈리아, 독일, 일본은 전쟁을 일으켜요. 전쟁에 국민들을 동원하기 위해 강조된 사상이 전체주의예요. 전체인 국가가 제일 중요하므로 개인인 국민은 국가를 위해 희생해야 한다는 거죠. 이탈리아에는 무솔리니의 파시스트당, 독일에는 히틀러의 나치당, 일본에는 군국주의가 있어요. 독일이 폴란드를 침공하자 영국과 프랑스가 독일에 선전 포고를 하지만, 1년도 안 되어 독일은 프랑스 파리까지 점령하지요. 1941년에 일본이 태평양 전쟁*을 일으키면서 미국이 참전합니다. 독일은 이탈리아, 일본과 함께 미국, 영국, 소련 연합군에 맞서지요. 전쟁 후반 소련이 스탈린그라드 전투에서 독일을 이기면서 연합군은 이탈리아의 항복을 받습니다. 이후 노르망디 상륙 작전을 성공시키며 프랑스도 독일의 지배에서 해방됩니다. 미드웨이 해전에서 미국에 진 일본은 끝까지 버텼으나 미국이 일본에 원자 폭탄을 떨어뜨리자 일본도 항복했고 전쟁은 연합국의 승리로 끝났습니다.

*태평양 전쟁 : 1941년부터 1945년까지 일본과 연합국 사이에 벌어진 전쟁. 일본의 미국 하와이 진주만 기습으로 시작됨.

대공황 후 전체주의 등장

독일의 파리 점령(1940)

일본의 진주만 기습(1941)

연합국의 반격(1942~1945)

정답 공개 ② 일본 군국주의의 상징

화면 속 관람객이 들고 있는 깃발은 욱일기예요. 욱일기는 일본 군국주의와 전체주의의 상징입니다. 일본은 욱일기를 휘날리며 우리나라를 비롯해 중국, 동남아시아 등을 침략했답니다.

제1차 세계 대전	제2차 세계 대전
• 1914년 3국 동맹국과 3국 협상국이 일으킨 세계 전쟁 • 사라예보 사건으로 시작됨. • 미국이 참전한 후 동맹국들이 항복하고 베르사유 조약으로 이어짐.	• 1939년 추축국과 연합국이 일으킨 세계 전쟁 • 전체주의 국가들에 의해 시작됨. • 태평양 전쟁으로 이어지고 미국이 참전함. • 연합국들의 연이은 승리로 전쟁이 끝남.

" 제1차 세계 대전과 제2차 세계 대전은 모두 '독일'이 전쟁을 일으켰고, '영국'과 '프랑스'가 이에 맞섰지만 고전했으며, '미국'의 참전으로 판도가 바뀌었어. 제1차 세계 대전 이후 국제 사회는 평화 유지를 위해 국제 연맹을 만들었어. 하지만 여기에는 군대가 없었기 때문에 한계가 있었지. 그래서 제2차 세계 대전 이후에 만들어진 국제 연합에는 UN군이 생겼어. "

잭슨이 한 말은 무엇일까요?

Q

난이도 ★☆☆

학교에서 작은 축제가 열렸어요. 잭슨은 이 축제에 참여해 레모네이드를 만들어 팔았답니다. 그런데 레모네이드를 사 먹는 사람이 별로 없었어요. 알고 보니 주변에 음료를 파는 친구들이 많았던 거예요. 실망한 잭슨이 "☐ 같은 건가……."라고 말했는데, 잭슨이 한 말은 무엇일까요?

단서

- 생산은 늘었는데 소비가 이를 따르지 않아 경제가 어려워진 것이 대공황이다.
- 뉴딜 정책은 국가가 시장 경제에 적극적으로 개입하는 정책이다.
- 잭슨의 상황이 어떤 것과 비슷한지 고민해 보자.

① 대공황 ② 뉴딜 정책

대공황

大 큰 대 恐 두려울 공 慌 어리둥절할 황

143

1929년 미국에서 시작된 큰 규모의 경제 공황

관련 제2차 세계 대전

1929년 미국에서 시작되어 세계 경제가 아주 어렵게 된 상태를 말합니다. 제1차 세계 대전 이후 미국은 세계 경제를 이끌면서 엄청난 이익을 얻었어요. 경제 호황을 누리면서 기업은 공장도 많이 짓고 생산을 늘려 갔어요. 그러나 늘어난 생산에 비해 소비가 이를 뒷받침해 주지 못했고, 창고에는 팔지 못한 물건들이 쌓여 갔어요. 결국 기업의 주가가 폭락하고 미국 경제가 빠른 속도로 나빠지면서 대공황이 발생했답니다. 많은 기업과 은행, 공장들은 문을 닫을 수밖에 없었고, 실업자가 늘어나면서 대공황의 여파는 미국 경제에 의지하던 유럽의 여러 나라로 확산되었습니다.

한편, 대공황을 극복하기 위해 몇몇 나라는 전쟁을 일으켰는데, 이는 앞에서 배운 제2차 세계 대전으로 이어졌답니다.

소비가 생산을 따르지 못해 쌓여 가는 재고

공장 폐쇄

주가 하락과 실업자의 증가

뉴딜 정책

New Deal 뉴딜 | 政 정사 정 | 策 꾀 책

144

1933년 대공황에 대처하기 위해 미국이 시행한 부흥 정책

인물 루스벨트

대공황을 극복하기 위해 미국의 루스벨트 대통령이 펼친 정책입니다. 대공황 이전에 미국은 시장의 자율성을 중시하면서 나라가 간섭하지 않는 자유방임 정책을 추진했어요. 그러나 대공황이 시작되면서 나라가 경제에 적극적으로 개입하여 조정하는 역할이 필요했어요. 이것이 뉴딜 정책이에요. 경제학자 케인스의 '큰 정부' 개념도 이때 나왔지요.

루스벨트 대통령은 일자리를 만들기 위해 테네시강에 댐을 건설하는 공공사업을 하고, 연금과 실업 보험 정책을 통해 사회 보장 제도를 실시했어요.

한편, 대공황을 극복하기 위해 영국과 프랑스는 본국과 식민지를 함께 묶는 블록 경제를 실시합니다. 블록 경제는 해당 구역 안의 교역은 자유롭게 하고, 구역 밖 국가에 대해서는 무역 장벽을 쌓는 거예요. 이는 자국 시장의 문을 꽁꽁 걸어 잠그고 생산된 물건을 그 안에서만 소비하겠다는 생각이었지요.

정답 공개 ❶ 대공황

팔아야 할 레모네이드는 많은데 잘 팔리지 않아 상품이 잔뜩 쌓여 있는 상황이 대공황과 비슷하네요. 다지쌤의 수업을 열심히 듣는 잭슨도 그걸 알고 있었던 모양이에요. 대공황이 발생하자 많은 회사가 문을 닫았고 사람들은 일자리를 잃었어요. 이 여파는 전 세계로 확산되었어요.

핵심 정리

대공황	뉴딜 정책
• 1929년 미국에서 시작된 경제 공황 • 생산량이 증가했지만 소비가 이를 뒷받침하지 못해 발생함. • 실업자 증가, 주가 하락 등 전 세계적으로 확산됨.	• 1933년 대공황에 대처하기 위해 시행한 경제 부흥 정책 • 미국의 루스벨트 대통령이 시행함. • 공공사업, 연금, 실험 보험 등이 생김.

“대공황과 뉴딜 정책으로 ‘큰 정부’가 등장했어. 정부가 시장에 개입해야 한다는 거야. 정부와 시장이 새로운 관계를 형성했다는 의미에서 ‘뉴딜 정책’이라고 부른 거야. 공공사업으로 일자리를 만든 루스벨트의 정책은 큰 정부의 아주 대표적인 모습이야. 이 정책으로 사회 보장 제도도 도입되었고, 현대 복지 국가가 발전했단다.”

지폐 속 인물은 누구일까요?

Q

난이도 ★★☆

앙투안이 가족들과 함께 타이완 여행을 하고 있어요. 야시장에서 음식을 사고 아빠가 계산을 하기 위해 지폐를 꺼냈어요. 그런데 지폐 속에 얼마 전 다지쌤 수업 시간에 배웠던 인물이 그려져 있었어요. 이 인물은 누구일까요?

단서

- 장제스는 중국 공산당과의 내전에서 패배해 새로운 곳에서 정부를 세운 사람이다.
- 마오쩌둥은 국민당과의 내전에서 승리해 중국 본토에서 새로운 정부를 세운 사람이다.
- 앙투안이 어느 나라를 여행하고 있는지 주목해 보자.

① 장제스

② 마오쩌둥

장제스

Jiang Jieshi
장제스

145

중화민국의 총통 겸 국민당 총재

재임 기간 1948년~1975년(총통)

장제스(장개석)은 중국 국민당을 이끌고 중화민국(오늘날의 타이완)의 총통을 지낸 인물입니다. 1919년에 일어난 반제국주의 운동인 5·4 운동을 계기로 중국에서 국민당과 공산당이 결성됩니다. 국민당은 자유로운 경제 활동을 중시하는 자본주의 국가를 지향했고, 공산당은 경제적 평등을 추구하는 사회주의 국가를 지향했으니 두 세력은 본질적으로 달랐지요. 그럼에도 불구하고 국민당과 공산당은 더 큰 적을 타도하기 위해 두 차례나 손을 잡아요. 제1차 국공 합작은 1924년에 이루어졌어요. 당시 중국을 어지럽히던 군인 무리인 군벌과 싸우기 위해 힘을 합하죠. 하지만 이후 국민당의 총사령관 자리에 오른 장제스가 공산당을 몰아내면서 1927년 국공 합작은 깨집니다.

1937년 일본의 침략에 대항하기 위해 또다시 제2차 국공 합작이 이루어지지만 일본이 태평양 전쟁에서 패망하면서 합작도 깨지게 되죠. 결국 국민당과 공산당 사이에 내전이 벌어졌고, 여기서 국민당이 패배하면서 장제스는 타이완으로 이동하여 중화민국을 세웁니다. 장제스는 중화민국의 총통 겸 국민당 총재를 지내다 세상을 떠났어요.

마오쩌둥

Mao Zedong
마오쩌둥

146

중화 인민 공화국을 세운 초대 주석

재임 기간 1949년~1959년

마오쩌둥(모택동)은 오늘날의 중국인 중화 인민 공화국 정부를 세운 인물입니다. 국민당과 공산당의 내전은 냉전*이 시작되면서 일어났어요. 마오쩌둥은 공산당을 이끌면서 국민당과의 내전에서 승리를 거둔 뒤 중화 인민 공화국 정부를 수립하죠. 이후 토지 개혁과 은행 및 기업의 국유화*를 추진하고, 경제 성장 운동인 대약진 운동을 시작했어요. '인민공사'라는 집단 농장이 만들어졌죠. 마오쩌둥은 대약진 운동으로 쌀과 철의 생산을 크게 늘려 보려 했으나 자연재해 등으로 실패하고 맙니다. 이후 마오쩌둥은 권력을 잃게 되지요.

1966년 마오쩌둥은 권력을 되찾기 위해 사상적, 정치적 투쟁인 문화 대혁명을 일으킵니다. 사회주의의 순수성을 되찾자는 명분을 내세웠지만 사실은 마오쩌둥의 반대파를 없애는 작업이었어요. 마오쩌둥을 숭배하는 홍위병들이 이 운동을 주도해 나가죠. 이로 인해 중국의 전통문화가 파괴되고 많은 예술인과 지식인이 억압을 받았어요.

*냉전(冷 찰 냉 戰 싸움 전) : 무력을 사용하지 않고 경제, 외교, 정보 등을 수단으로 하는 국제적 대립. 특히 제2차 세계 대전 이후 공산주의 진영과 자본주의 진영 간의 대립을 뜻함.

*국유화(國 나라 국 有 있을 유 化 될 화) : 나라의 소유가 됨.

정답 공개 ❶ 장제스

장제스는 국민당과 공산당 사이에서 벌어진 내전에서 패하고 타이완으로 건너가 중화민국을 세웠어요. 앙투안은 지금 타이완을 여행하고 있으니 지폐 속 인물은 마오쩌둥이 아닌 장제스예요. 내전 이후 중국 본토에는 사회주의 국가인 중화 인민 공화국이, 타이완에는 자본주의 국가인 중화민국이 세워졌답니다.

핵심 정리

장제스	마오쩌둥
• 중화민국의 총통 겸 국민당 총재 • 내전에서 패배하여 타이완에서 중화민국을 수립함.	• 중화 인민 공화국을 세운 초대 주석 • 국공 내전에서 승리하고 중화 인민 공화국을 수립함. • 문화 대혁명을 일으킴.

“이제 왜 중화 인민 공화국은 사회주의 국가이고, 타이완은
자본주의 국가가 되었는지 알겠지? 지금도 중국은 '하나의 중국'을 내세우면서
타이완을 독립된 국가로 인정하지 않고 있어.
중국과 타이완 양국 간에 이런 역사적 배경이 있다는 걸 기억해.”

미나의 선언은 무엇과 비슷할까요?

Q

난이도 ★☆☆

다지쌤과 아이들이 야구장에 갔어요. 잭슨과 앙투안이 어느 팀이 우승하는지를 두고 다투고 있네요. 이를 지켜보던 미나는 둘의 다툼에 끼어들지 않겠다고 선언했어요. 미나의 선언은 무엇과 비슷할까요?

단서

- 트루먼 독트린은 공산주의 세력이 커지는 것을 막겠다는 미국의 외교 원칙이다.
- 닉슨 독트린은 아시아의 분쟁에 개입하지 않겠다는 미국의 정책이다.
- 미나의 말이 어떤 선언과 비슷한지 생각해 보자.

❶ 트루먼 독트린 ❷ 닉슨 독트린

트루먼 독트린

Truman Doctrine
트루먼 독트린

147

1947년 공산주의 세력의 확산을 막기 위해 미국이 발표한 선언

결과 냉전 강화

공산주의의 확산을 막기 위해 미국 대통령이 발표한 미국의 외교 원칙입니다. '독트린'은 정책상의 원칙을 뜻해요. 제2차 세계 대전이 끝나고 서유럽보다 경제적으로 낙후*되어 있던 동유럽은 소련의 경제 지원을 받아야 했어요. 그 과정에서 자연스럽게 동유럽은 공산화되었고, 남유럽인 그리스, 터키까지 공산화가 되려는 상황이었죠. 당시 미국의 대통령이었던 트루먼은 유럽의 공산화를 막기 위해 트루먼 독트린을 발표합니다. 경제적 사정이 어려운 서유럽 국가에 대해 미국이 경제적으로 돕겠다는 거죠. 이 원조* 계획을 '마셜 계획'이라고 합니다. 이후 미국을 비롯한 자본주의 진영은 북대서양 조약 기구(NATO)를 만들어 집단 방어 체제를 구축하게 됩니다.

*낙후(落 떨어질 낙 後 뒤 후) : 기술이나 문화, 생활 수준이 일정한 기준에 미치지 못하고 뒤떨어짐.
*원조(援 도울 원 助 도울 조) : 물품이나 돈 따위로 도와줌.

닉슨 독트린

Nixon Doctrine
닉슨 독트린

148

1969년 아시아의 분쟁에 개입하지 않겠다고 미국이 발표한 선언

결과 냉전 완화

미국의 닉슨 대통령이 발표한 외교 원칙입니다. 1960년대 중반 이후에는 냉전 체제를 주도했던 미국과 소련의 영향력이 줄어들면서 서서히 변화가 나타났어요. 소련의 영향력 아래 있었던 동유럽 공산권 국가들 중에 소련에 대항하는 나라도 생겨났죠. 또한 당시 미국은 베트남이 공산 국가가 되는 것을 막기 위해 베트남 전쟁에 참여했는데 고전을 면치 못하고 있었어요.

1969년 미국 대통령 닉슨은 미국이 다른 나라에 군대를 보내는 것은 피하고, 아시아의 방위는 아시아 국가 스스로의 힘으로 지키는 것을 원칙으로 하는 닉슨 독트린을 발표하였습니다. 이후 미국은 베트남 전쟁에서 철수했고, 중국과 외교 관계를 맺었으며, 냉전의 대립을 떠나 평화로운 분위기를 만드는 데 노력했습니다.

정답 공개 ❷ 닉슨 독트린

잭슨과 앙투안의 다툼에 끼어들지 않겠다는 미나의 선언이 닉슨 독트린과 비슷하네요. '독트린'이란 정책상의 원칙을 의미하는 단어예요. 닉슨 독트린은 미국이 다른 나라에 군대를 보내는 것을 피하고 아시아의 분쟁에 개입하지 않겠다는 정책을 뜻한답니다.

핵심 정리

트루먼 독트린	닉슨 독트린
• 1947년 트루먼 대통령이 공산주의 확산을 막기 위해 발표한 선언 • 북대서양 조약 기구(NATO)와 마셜 계획 등으로 냉전 체제가 강화됨.	• 1969년 닉슨 대통령이 아시아의 분쟁에 끼어들지 않겠다고 발표한 선언 • 베트남 전쟁에서 미국이 철수하고 중국과 외교를 맺는 등 냉전 체제가 완화됨.

" 냉전은 영어로 'Cold War'야. 공산주의와 자본주의라는 이념으로 대립한 차가운 전쟁이라는 거지. 트루먼 독트린 발표 후 한국에서는 6·25 전쟁이 일어났고, 독일 베를린에는 장벽이 세워졌어. 반대로 닉슨 독트린 발표 후에는 베트남 전쟁이 끝났고, 베를린 장벽이 붕괴되면서 독일이 통일되었지. 트루먼 독트린은 냉전의 강화, 닉슨 독트린은 냉전의 완화로 기억해! "

재니가 한 말은 누구의 주장일까요?

Q

난이도 ★☆☆

잭슨과 재니가 '알까기'를 하고 있어요. 재니가 공격하려는 순간, 잭슨이 게임 규칙에 대해 한마디 하자 문장 수집가 재니는 "검은 고양이든 흰 고양이든 쥐만 잘 잡으면 되는 법!"이라고 받아쳤어요. 이 말은 누구의 주장일까요?

단서

- 고르바초프는 개혁과 개방을 외치며 소련에 시장 경제 원리를 도입했다.
- 덩샤오핑은 자본주의든 사회주의든 상관없다는 흑묘백묘론을 주장했다.
- 재니는 이기는 데 도움이 되면 엄지든 검지든 뭐든 괜찮다는 의미로 한 말이다.

❶ 고르바초프

❷ 덩샤오핑

고르바초프

Gorbachev
고르바초프

149

소련에 개혁과 개방 정책을 추진한 지도자

재임 기간 1985년~1991년(소련 공산당 서기장), 1990년~1991년(초대 대통령)

1980년대 개혁과 개방 정책을 추진하며 소련을 개혁한 지도자입니다. 1970년대 이후 대표적인 사회주의 국가였던 소련은 경기 침체에 빠지면서 위기가 닥쳤어요. 공산당을 중심으로 하는 지배 체제와 나라가 주도하는 계획 경제 때문이었어요.

1980년대 중반에 소련의 지도자가 된 고르바초프는 공산당 지도층의 부정부패를 없애려고 노력했어요. 그리고 '개혁(페레스트로이카)'과 '개방(글라스노스트)'을 외치며 시장 경제 원리를 도입하고 소련이 겪고 있는 한계를 극복하려고 했죠. 또한 동유럽 국가들을 더 이상 간섭하지 않겠다고 했어요. 이후 소련의 연방 안에 있던 여러 나라들이 독립을 외치면서 소련의 세력권에서 떨어져 나갔고, 1991년 독립 국가 연합(CIS)이 결성되면서 소련은 역사 속으로 사라졌습니다.

덩샤오핑

Deng Xiaoping
덩샤오핑

150

중국에 시장 경제 원리를 도입한 지도자

재임 기간 1983년~1990년(중화 인민 공화국 중앙 군사 위원회 주석)

덩샤오핑(등소평)은 중국에 시장 경제 원리를 도입하고 개혁을 이끈 지도자입니다. 마오쩌둥 사망 이후 권력을 차지한 덩샤오핑은 사회주의 체제를 지키면서 중국의 경제 성장을 꿈꿨어요. 그는 1978년 개혁과 개방을 선언했는데요, "검은 고양이든 흰 고양이든 쥐만 잘 잡으면 그만이다."라고 말하며 중국이 부강할 수 있다면 자본주의든 사회주의든 상관없다고 했어요.

덩샤오핑은 중국의 동남부 해안에 경제특구를 만들고 외국인이 자유롭게 기업과 공장을 운영할 수 있도록 했어요. 또한 기업가와 농민이 이윤을 추구할 수 있게 하고 세금 제도와 금융을 개혁했어요. 이렇게 자본주의 시장 원리를 도입한 이후 중국은 빠른 속도로 성장하여 오늘날 경제 대국이 될 수 있었답니다.

정답 공개 ❷ 덩샤오핑

'검은 고양이든 흰 고양이든 쥐만 잘 잡으면 된다.'는 말은 덩샤오핑이 주장한 흑묘백묘론이에요. 이 말은 중국에 도움이 된다면 자본주의든 사회주의든 상관없다는 뜻이에요. 그러니까 재니는 이기는 데 도움이 된다면 엄지든 검지든 무엇이든 괜찮다는 뜻으로 이 말을 사용했나 보네요. 역시 원조 짝짝이이자, 멋진 문장 수집가 재니다워요!

핵심 정리

고르바초프	덩샤오핑
• 소련에 개혁과 개방을 추진한 지도자 • 공산당 부정부패, 계획 경제, 동유럽 국가 정치 간섭 등을 없애려고 함. • 이후 소련 연방 안에 있던 국가들이 독립하며 소련이 해체됨.	• 중국에 시장 경제 원리를 도입한 지도자 • 경제특구를 만들어 외국 자본을 중국에 유입시킴.

고르바초프와 덩샤오핑은 모두 사회주의 국가에서 개혁과 개방을 추진했어. 두 사람 모두 자본주의적인 요소들을 일정 부분 도입하면서 기업의 이윤 추구를 보장했지. 소련은 고르바초프의 개혁 이후 연방의 여러 국가가 독립하면서 해체되었어. 중국 또한 덩샤오핑의 개혁 이후 정치에서도 민주화, 자유화를 요구하는 톈안먼 사건이 일어났지만 정부에서 무력으로 진압한단다.

세계사 종합 테스트

다음 문장을 읽고, 맞는 문장이라면 O, 틀린 문장이라면 X에 체크하세요.

01	지구라트는 이집트 문명과 관련 있다.	○	×
02	메소포타미아 문명은 현세적 세계관을 가졌다.	○	×
03	아리아인은 철제 무기를 사용했다.	○	×
04	위진 남북조 시대에는 제자백가들이 많이 등장했다.	○	×
05	진시황제는 분서갱유를 일으켰다.	○	×
06	사산 왕조 페르시아는 관용 정책을 펼쳤다.	○	×
07	그리스의 폴리스 중 소수의 이주민이 다수의 원주민을 다스린 곳은 아테네이다.	○	×
08	마우리아 왕조는 힌두교, 굽타 왕조는 불교와 관련 있다.	○	×
09	나라 시대의 수도는 당의 장안과 닮았다.	○	×
10	카노사의 굴욕은 교황의 권위 상승으로 이어졌다.	○	×
11	증기 기관은 상업 혁명 때 처음 등장했다.	○	×
12	영국 혁명 때 「인간과 시민의 권리 선언」이 발표됐다.	○	×
13	사라예보 사건은 제1차 세계 대전과 관련 있다.	○	×
14	뉴딜 정책은 큰 정부와 관련 있다.	○	×
15	트루먼 독트린으로 냉전 체제가 완화된다.	○	×

정답 01 × 02 ○ 03 ○ 04 × 05 ○ 06 × 07 × 08 × 09 ○ 10 ○ 11 × 12 × 13 ○ 14 ○ 15 ×

사진 제공 | **26쪽** 찍개, 슴베찌르개, 주먹도끼 **27쪽** 갈판과 갈돌, 빗살무늬 토기, 가락바퀴 **30쪽** 반달 돌칼, 민무늬 토기, 비파형 동검 **31쪽** 세형 동검 **106쪽** 나전경함, 청동 은입사 포류수금문 정병 **107쪽** 백자 철화 끈무늬 병, 백자 청화 용무늬 항아리 **110쪽** 건원중보, 해동통보 **111쪽** 조선통보 **179쪽** 지게 ⓒ국립 중앙 박물관

54쪽 무구정광대다라니경 **55쪽** 팔만대장경, 합천 해인사 대장경판 **63쪽** 철감 선사 탑 **138쪽** 소수 서원 현판 ⓒ문화재청

30쪽 고인돌 **46쪽** 수렵도 **47쪽** 천마도 **62쪽** 불국사 3층 석탑 **71쪽** 척경입비도 **114쪽** 천산대렵도 **143쪽** 삼전도비 **146쪽** 하멜 동상 **147쪽** 아담 샬 **232쪽** 길가메시 서사시비, 쐐기 문자 **233쪽** 사자의 서 **236쪽** 인더스 인장 ⓒwikimedia commons

발행일 2023년 5월 20일

글 | 이다지
그림 | 김용길
감수 | 최태선
스토리 | 김우람

발행인 | 손은진
개발 책임 | 김문주
개발 | 정미진, 서은영, 민고은
디자인 | 이정숙, 이솔이
제작 | 이성재, 장병미

발행처 | 메가스터디(주)
주소 | 서울시 서초구 효령로 304 국제전자센터 24층
대표전화 | 1661-5431
홈페이지 | http://www.megastudybooks.com
출판사 신고 번호 | 제 2015-000159호
출간제안/원고투고 | writer@megastudy.net

역사 연표

한국사

- 약 70만 년 전 구석기 문화 등장
- 약 1만 년 전 신석기 문화 등장
- 2333 고조선 건국
- 2000년경 청동기 문화 보급
- 400년경 철기 문화 보급
- 194 위만의 집권
- 108 고조선 멸망
- 57 신라 건국
- 37 고구려 건국
- 18 백제 건국

- 372 고구려, 불교 전래, 태학 설치
- 384 백제, 불교 전래

- 427 고구려, 평양 천도
- 433 나제 동맹 성립
- 475 백제, 웅진 천도
- 520 신라, 율령 반포
- 527 신라, 불교 공인
- 532 금관가야 멸망
- 538 백제, 사비 천도
- 552 백제, 일본에 불교 전파
- 562 대가야 멸망

- 612 고구려, 살수 대첩
- 645 고구려, 안시성 전투
- 660 백제 멸망
- 668 고구려 멸망
- 676 신라, 삼국 통일
- 698 발해 건국
- 751 불국사 건립, 석굴암 창건

연도

기원전 ▸ 기원후 ▸ 400 ▸ 600

세계사

- 3500년경 메소포타미아 문명 시작
- 3000년경 이집트 문명 시작
- 2500년경 중국, 인도 문명 시작
- 770 춘추 전국 시대 시작
- 753 로마 건국
- 525 아케메네스 왕조 페르시아, 서아시아 지역 통일
- 492 페르시아 전쟁(~479)
- 334 알렉산드로스 동방 원정 시작
- 264 포에니 전쟁(~146)
- 221 진(秦), 중국 통일
- 202 한, 중국 통일
- 27 로마, 제정 시작

- 226 사산 왕조 페르시아 건국
- 235 로마, 군인 황제 시대 시작
- 304 중국, 5호 16국 시대 시작
- 313 로마, 크리스트교 공인
- 320 인도, 굽타 왕조 수립
- 395 로마 제국, 동서 분열

- 476 서로마 제국 멸망
- 589 수, 중국 통일

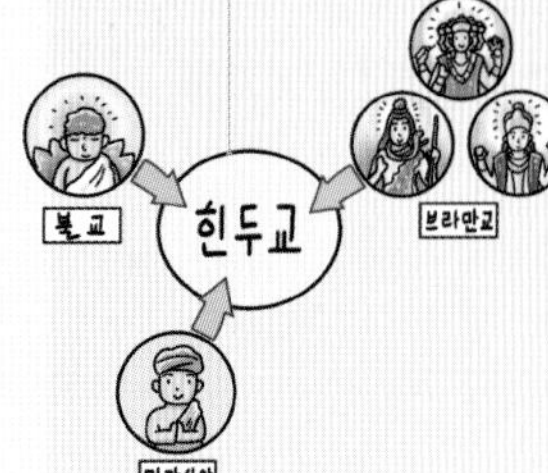
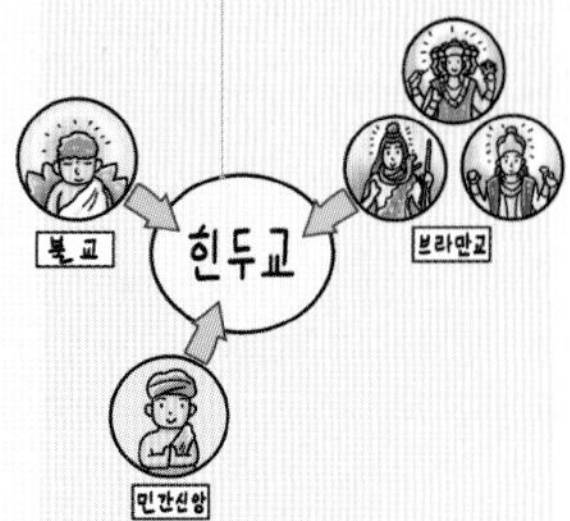

- 618 당 건국
- 622 헤지라 (이슬람 기원 원년)
- 645 일본, 다이카 개신
- 710 일본, 나라 시대 시작
- 794 일본, 헤이안 시대 시작

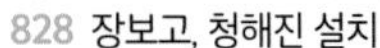

828 장보고, 청해진 설치

900 견훤, 후백제 건국

901 궁예, 후고구려 건국

918 왕건, 고려 건국

926 발해 멸망

936 고려, 후삼국 통일

956 노비안검법 실시

958 과거제 실시

993 거란의 1차 침입

1010 거란의 2차 침입

1018 거란의 3차 침입

1019 귀주 대첩

1107 윤관, 여진 정벌

1126 이자겸의 난

1135 묘청의 서경 천도 운동

1145 김부식, 『삼국사기』 편찬

1170 무신 정변

1196 최충헌 집권

1198 만적의 난

1231 몽골의 1차 침입

1236 팔만대장경 조판 (~1251)

1257 최씨 무신 정권 종결

1270 개경 환도, 삼별초의 대몽 항쟁

800 | 1000 | 1100 | 1200

800 카롤루스 대제, 서로마 황제 대관

843 베르됭 조약

870 메르센 조약

875 당, 황소의 난(~884)

960 송 건국

1037 셀주크 튀르크 건국

1054 크리스트교 동서 분열

1077 카노사의 굴욕

1096 십자군 전쟁(~1270)

1115 여진, 금 건국

1122 보름스 협약

1127 북송 멸망, 남송 시작

1206 칭기즈 칸, 몽골 통일

1271 원 건국

1279 남송 멸망

1299 오스만 제국 건국

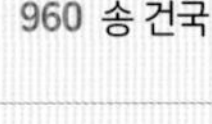